职业教育项目式教学系列规划教材·汽车类专业系列

# 汽车机械基础

王成波　主编

黄金龙　陆志琴　沈妙君　副主编

科学出版社

北京

# 内 容 简 介

本书是根据教育部最新颁布的《中等职业学校汽车运用与维修专业领域技能型紧缺人才培养训练指导方案》要求，并参照有关汽修行业的职业鉴定规范而编写的。

本书主要内容包括：简单组合体三视图的识读、图样基本表示法的认识、汽车零件的测绘、零件图识读、简单装配图的识读、轴与轴承的认识与选用、键与销的认识与选用、螺纹的认识与选用、常用机构的认识与选用、带与链传动的认识与选用、齿轮传动的认识与选用、液压和液力传动认识、汽车常用材料认识等。

本书采用项目引领、任务驱动的教学模式，通过实践操作引入专业知识，使理论知识与实际应用能够更好地结合起来，适应中等职业学校学生的就业岗位需求。

本书可作为中等职业学校汽车类专业教材，也可作为汽车行业岗位培训教材或自学用书。

**图书在版编目（CIP）数据**

汽车机械基础/王成波主编. —北京：科学出版社，2010.
（职业教育项目式教学系列规划教材 · 汽车类专业系列）
ISBN 978-7-03-027142-6

Ⅰ.①汽⋯ Ⅱ.①王⋯ Ⅲ.①汽车—机械学—专业学校—教材
Ⅳ.①U463

中国版本图书馆 CIP 数据核字（2010）第 057391 号

责任编辑：陈砺川 / 责任校对：王万红
责任印制：吕春珉 / 封面设计：耕者设计

**科 学 出 版 社** 出版
北京东黄城根北街 16 号
邮政编码：100717
http://www.sciencep.com
三河市骏杰印刷有限公司印刷
科学出版社发行 各地新华书店经销

\*

2010 年 5 月第 一 版 开本：787×1092 1/16
2019 年 1 月第九次印刷 印张：16 1/2
字数：382 000
**定价：39.00 元**
（如有印装质量问题，我社负责调换〈骏杰〉）
销售部电话 010-62134988 编辑部电话 010-62135763-8020

# 前　言

本书是根据教育部最新颁布的《中等职业学校汽车运用与维修专业领域技能型紧缺人才培养培训指导方案》编写的，并参照了有关汽修行业的职业鉴定规范。其内容定位紧扣"以能力为本位，以就业为导向"的职业教学目标，坚持"够用，适用，实用"的原则，采取项目化的编写方式，把基础学科与专业学科有机、有序地结合在一起，改变了专业基础学科抽象难懂的状况，提高了学生的学习兴趣和效率，最大程度地满足了学生就业、升学的需要。

"汽车机械基础"是汽车类专业的基础课程。本书内容包括机械制图、金属材料、常用机械和机构、液压和液力传动等知识。其目的在于培养学生在汽车维修电工、汽车维修机工、汽车美容与装潢、汽车钣金、汽车涂装、汽车商务等专业方向的基本职业能力，为后续汽车专业知识的学习做前期准备，同时培养学生具有一定的动手能力、逻辑思维和解决问题的能力。

本书具有下列特点。

1）突出了实践在课程中的主体地位，加大了实践实操的学时。采用项目引领、任务驱动的教学模式，使理论与实践结合，使教学更具针对性和实用性。

2）表述准确、深入浅出、图文并茂，减少了文字篇幅，便于学生理解、掌握和应用。

3）每个任务结束时，均设计了工作页、任务测评表及相应的习题，以规范教学并巩固学生的学习。

使用本书建议如下。

1）由具有丰富实际操作经验和汽车专业知识的"双师型"教师任教。

2）采用现场式、小班化教学，教学场所最好选在配备多媒体设备，并能满足实物展示、学生分组实训的理论实践一体化场地进行。

建议学时安排如下：

| 项　目 | 项目名称 | 工作任务模块 | | 参考学时 |
|---|---|---|---|---|
| 1 | 识读简单组合体的三视图 | 任务一 | 三视图的识读 | 6 |
| | | 任务二 | 泥切组合体的模型 | 3 |
| 2 | 认识图样的基本表示法 | 任务一 | 认识机件外部形状的表达 | 3 |
| | | 任务二 | 认识机件内部形状的表达 | 7 |
| 3 | 测绘汽车零件 | 任务一 | 走进"工程语言"世界 | 3 |
| | | 任务二 | 测绘衬套零件 | 4 |

| 项　目 | 项目名称 | 工作任务模块 | | 参考学时 |
|---|---|---|---|---|
| 4 | 识读零件图 | 任务一 | 识读简单的零件图 | 5 |
| | | 任务二 | 识读零件图的技术要求 | 6 |
| 5 | 识读简单的装配图 | 任务一 | 识读标准件和常用件的画法 | 5 |
| | | 任务二 | 识读汽车部件的装配图 | 3 |
| 6 | 轴与轴承的认识与选用 | 任务一 | 常用轴的认识与选用 | 3 |
| | | 任务二 | 常用轴承的认识与选用 | 3 |
| 7 | 键与销的认识与选用 | 任务一 | 常用键的认识与选用 | 3 |
| | | 任务二 | 常用销的认识与选用 | 2 |
| 8 | 螺纹的认识与选用 | 任务 | 常用螺纹的认识与选用 | 4 |
| 9 | 常用机构的认识与选用 | 任务一 | 平面连杆机构的认识 | 3 |
| | | 任务二 | 凸轮机构的认识 | 4 |
| 10 | 带与链传动的认识与选用 | 任务一 | 常用带传动的认识与选用 | 3 |
| | | 任务二 | 常用链传动的认识与选用 | 2 |
| 11 | 齿轮传动的认识与选用 | 任务 | 齿轮传动的认识与选用 | 5 |
| 12 | 液压和液力传动的认识 | 任务一 | 液压千斤顶的应用 | 6 |
| | | 任务二 | 液压制动装置的拆装 | 3 |
| 13 | 汽车常用材料的认识 | 任务一 | 发动机结构认识 | 3 |
| | | 任务二 | 汽车内、外饰件的认识 | 3 |
| | | 任务三 | 更换汽车发动机机油 | 4 |
| 合　计 | | | | 96 |

　　本书由王成波任主编，黄金龙、陆志琴、沈妙君任副主编。

　　由于编者水平有限，希望各教学单位在选用本书后，能反馈教学中使用情况，并提出宝贵的修改意见和建议，以便再版修订时改正。

王成波

2010 年 1 月

# 目  录

前言

**项目 1  识读简单组合体的三视图** ··················································· 1
    任务一  三视图的识读 ······················································ 2
    任务二  泥切组合体的模型 ················································· 8

**项目 2  认识图样的基本表示法** ···················································· 14
    任务一  认识机件外部形状的表达 ········································· 15
    任务二  认识机件内部形状的表达 ········································· 19

**项目 3  测绘汽车零件** ···························································· 32
    任务一  走进"工程语言"世界 ············································ 33
    任务二  测绘衬套零件 ···················································· 42

**项目 4  识读零件图** ······························································ 47
    任务一  识读简单的零件图 ················································· 48
    任务二  识读零件图的技术要求 ··········································· 59

**项目 5  识读简单的装配图** ························································ 71
    任务一  识读标准件和常用件的画法 ······································· 72
    任务二  识读汽车部件的装配图 ··········································· 81

**项目 6  轴与轴承的认识与选用** ···················································· 90
    任务一  常用轴的认识与选用 ·············································· 91
    任务二  常用轴承的认识与选用 ··········································· 100

**项目 7  键与销的认识与选用** ····················································· 114
    任务一  常用键的认识与选用 ············································· 115
    任务二  常用销的认识与选用 ············································· 121

**项目 8  螺纹的认识与选用** ······················································· 129
    任务  常用螺纹的认识与选用 ············································· 130

**项目 9  常用机构的认识与选用** ··················································· 144
    任务一  平面连杆机构的认识 ············································· 145
    任务二  凸轮机构的认识 ················································· 153

**项目 10　带与链传动的认识与选用** ……………………………………… 162
　　任务一　常用带传动的认识与选用 ………………………………… 163
　　任务二　常用链传动的认识与选用 ………………………………… 172
**项目 11　齿轮传动的认识与选用** …………………………………………… 181
　　任务　齿轮传动的认识与选用 ……………………………………… 182
**项目 12　液压和液力传动的认识** …………………………………………… 196
　　任务一　液压千斤顶的应用 ………………………………………… 197
　　任务二　液压制动装置的拆装 ……………………………………… 204
**项目 13　汽车常用材料的认识** ……………………………………………… 223
　　任务一　发动机结构认识 …………………………………………… 224
　　任务二　汽车内、外饰件的认识 …………………………………… 235
　　任务三　更换汽车发动机机油 ……………………………………… 244
**参考文献** ……………………………………………………………………… 258

# 项目 1

## 识读简单组合体的三视图

# 任务一　三视图的识读

## 任务分析

　　汽车是由许多形状各异的零部件组成的，而各个零部件结构形状的表达一般是采用正投影原理绘制的三视图，即用平面图形来表达实物的空间形体。图 1-1 是一张组合体的三视图（见图 1-1），能想象出该组合体的立体形状吗？

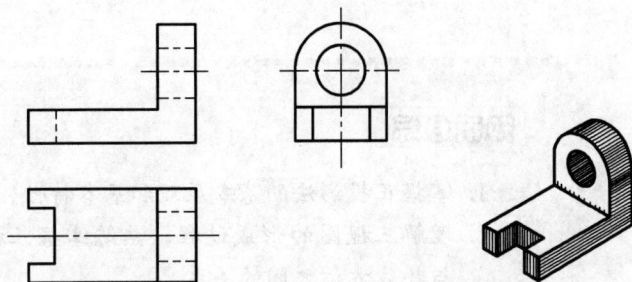

图 1-1　简单组合体的三视图

　　通过对简单组合体的形体分析和三视图的绘制，掌握三视图的投影规律，并能画出各种简单零件的三视图。

## 任务教学方式

| 教 学 步 骤 | 时 间 安 排 | 教 学 方 式 |
|---|---|---|
| 阅读教材 | 课余 | 自学、查资料 |
| 知识讲授 | 学时数 4 | 通过教师讲授来认识与学习三视图，并结合多媒体课件演示，让学生掌握正投影的原理、三视图的相关知识，并能画出各种简单零件的三视图 |
| 任务操练 | 学时数 2 | 对简单组合体的实物分析，画出其三视图。进一步了解三视图的投影规律及方位关系 |

## 任务实施

### 一、投影概述

　　1. 投影法的概念

　　一种用投影线通过物体在给定投影平面上作出物体投影的方法，称为投影法。

**2. 投影法的种类**

投影法分为两种。

1）中心投影法。投影线从一点发出的投影法是中心投影法，如图 1-2 所示。

2）平行投影法。投影线相互平行，在投影面上作出物体投影的方法，称为平行投影法。

其中，平行投影法中又分为两种。

•正投影：投影线方向垂直于投影面，如图 1-3 所示。

•斜投影：投影线方向倾斜于投影面，如图 1-4 所示。

图 1-2 投影概念（中心投影法）

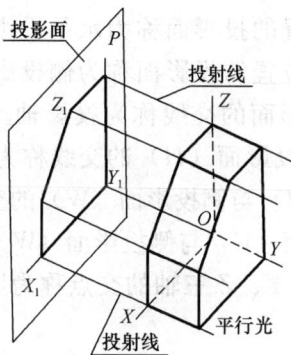

图1-3 投影概念（正投影法）

图 1-4 投影概念（斜投影法）

在机械制图中应用的是正投影法，平时所说的投影即正投影。

**3. 正投影的基本特性**

1）真实性。当直线或平面平行于投影面时，则直线的投影反映实长，平面的投影反映实形，如图 1-5（a）所示。

2）积聚性。当直线或平面垂直于投影面时，则直线的投影积聚成一点，平面的投影积聚成一直线，如图 1-5（b）所示。

3）类似性。当直线或平面倾斜于投影面时，直线的投影仍为直线，但小于实长；平面的投影面积变小，形状与原来形状相似，如图 1-5（c）所示。

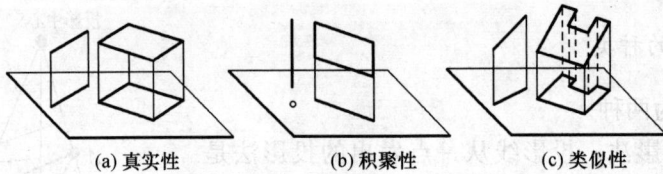

(a) 真实性　　　　　　　　(b) 积聚性　　　　　　　　(c) 类似性

图 1-5　正投影的基本特性

## 二、三视图的形成及投影规律

### 1. 三视图的形成

在正投影中只用一个视图是不能确定物体的形状和大小的，如图 1-6 所示。两个形状不同的物体，因为它们的某些尺寸相等，所以它们在投影面 $P$ 上的投影完全相同。为了确切表示物体的总体形状，需要在另外的方向再进行投影。在实际绘图中，常用的是三视图。

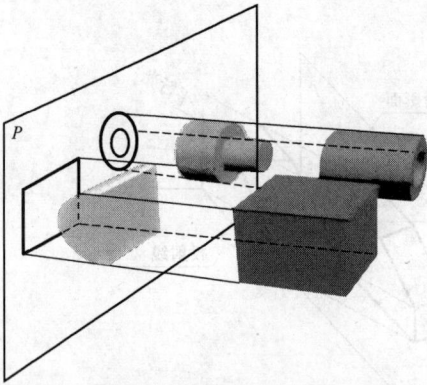

图 1-6　一个视图不能确定物体形状

为了表达物体的形状，通常采用互相垂直的三个投影面，建立一个三投影面体系，如图 1-7 所示。正立位置的投影面称为正投影面，用 $V$ 表示；水平位置的投影面称为水平投影面，用 $H$ 表示；侧立位置的投影面称为侧投影面，用 $W$ 表示。两投影面的交线称为投影轴。正投影面（$V$）与水平投影面（$H$）的交线称为 $X$ 轴；水平投影面（$H$）与侧投影面（$W$）的交线称为 $Y$ 轴；正投影面（$V$）与侧投影面（$W$）的交线称为 $Z$ 轴。$X$、$Y$、$Z$ 三轴的交点称为原点，用 $O$ 表示。

为了获得三视图，把物体放在所建立的三个投影面体系中间，用正投影的方法，分别由前向正投影面投影所得图形为主视图；由上向水平投影面投影所得图形为俯视图；由左向侧投影面投影所得图形为左视图。此三投影称为物体的三视图。

### 2. 三视图投影规律

物体有长、宽、高三个方向的大小，通常规定：物体左右之间的距离为长，前后之间的距离为宽，上下之间的距离为高。从三视图的形成过程可以看出：主视图反映物体的长度和高度，俯视图反映物体的长度和宽度，左视图反映物体的高度和宽度，如图 1-8 所示。由此，归纳得出三条投影规律（即"三等规律"）。

主、俯视图**长对正**（等长）；

主、左视图**高平齐**（等高）；

俯、左视图**宽相等**（等宽）。

(a) 三视图投射方向

(b) 三视图的展开

(c) 三视图位置

(d) 三视图的投影对应关系

图 1-7　三视图的形成

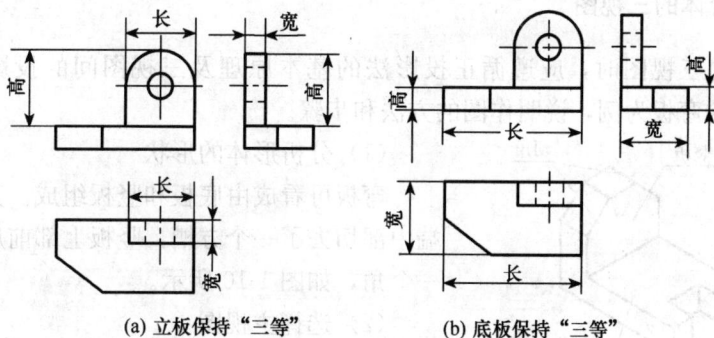

(a) 立板保持"三等"

(b) 底板保持"三等"

图 1-8　三视图的投影规律

　　**"长对正、高平齐、宽相等"**的投影对应关系是三视图的重要特性，也是画图和读图的依据，应当指出，无论是整个物体还是物体的局部，其三面投影都必须符合"三等规律"。

## 3. 视图与物体的方位关系

所谓方位关系，指的是以绘图者（或看图者）面对正面（即主视图的投射方向）来观察物体为准，看物体的上、下、左、右、前、后六个方位在三视图中的对应关系（如图 1-9 所示）。

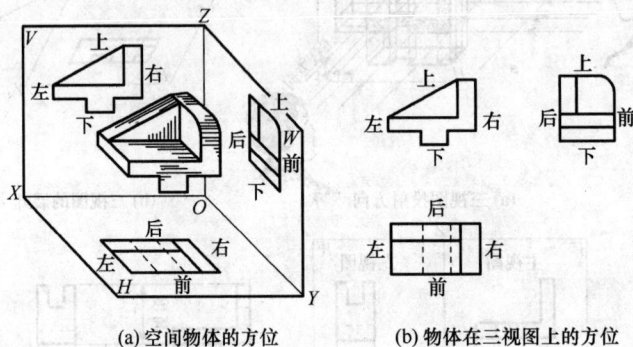

(a) 空间物体的方位　　　　(b) 物体在三视图上的方位

图 1-9　视图与物体的方位关系

主视图反映物体的上、下和左、右；俯视图反映物体的左、右和前、后；左视图反映物体的上、下和前、后。

画图和读图时要特别注意俯视图和左视图的前后对应关系，由图 1-8 可知，俯、左视图靠近主视图的一边均表示物体的后面，远离主视图的一边均表示物体的前面。

## 三、画出组合体的三视图

画物体的三视图时，应遵循正投影法的基本原理及三视图间的投影关系，现以图 1-10 所示的弯板为例，说明作图的方法和步骤。

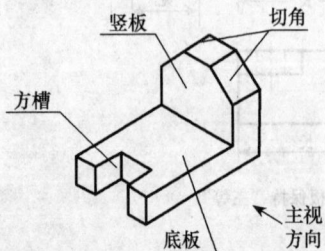

图 1-10　分析物体形状，选择主视图

（1）分析形体的形状

弯板可看成由底板和竖板组成。其中，底板左端中部切去了一个方槽，竖板上部前后方向各切去一个角，如图 1-10 所示。

（2）选择主视图

首先将弯板正放，使弯板上有尽可能多的表面平行或垂直于投影面。然后选择能反映弯板形状特征的方向作为主视图的投影方向，并考虑使其余两个视图简单易画，虚线少。图 1-10 主视图确定后，俯视图和左视图也就随之确定了。

（3）作图

1）画作图基准线（如中心线、对称线及某些边线），如图1-11所示。

2）画由底板和竖板组成的弯板的三视图时，可暂不考虑物体上的开槽与切角，而先画出完整的底板和竖板。首先从主视图开始，按视图的三等关系将三个视图结合起来绘制。画各个组成部分表面的投影时，应首先画出投影具有真实性或积聚性的表面，如图1-12所示。

图 1-11 画作图基准线    图 1-12 画弯板的三视图

3）画左端方槽的三面投影。由于构成方槽的三个平面的水平投影都有积聚性，反映了方槽的形状特征。可首先画出方槽的水平投影，再按视图的三等关系画出其余两个投影，如图1-13所示。

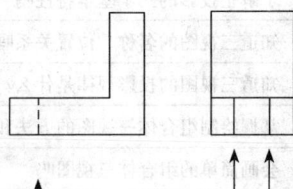

4）画右边两个切角的三面投影。由于弯板被切掉两个角后所形成的平面垂直于侧面，所以，应先画其侧面投影，再按视图的三等关系画出其余两个投影，如图1-14所示。

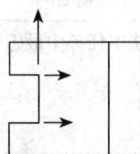

5）检查底稿，擦去多余图线，按规定线型描深加粗，完成三视图，如图1-15所示。

图 1-13 画左端方槽的三面投影

图 1-14 画右边切角的三面投影    图 1-15 完成三视图

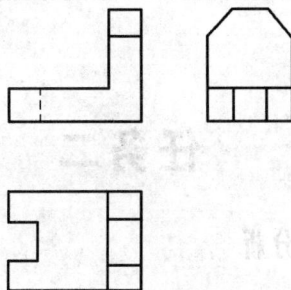

🚗 **课堂练习**

根据图 1-16 所示的实物图，画出三视图，尺寸按图中量取（取整）。

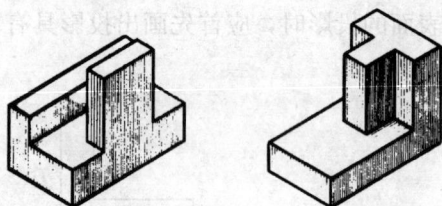

图 1-16　课堂练习实物图

🚗 **任务评测**

| 班级 | | 姓名 | | 学号 | | 自　评 | 小组评议 | 教师评议 |
|---|---|---|---|---|---|---|---|---|
| 1）知道几种投影法？它们有何特点？机械制图中使用哪种投影法 | | | | | | | | |
| 2）了解正投影的三个基本特性吗 | | | | | | | | |
| 3）知道三视图的名称、位置关系吗 | | | | | | | | |
| 4）知道三视图的投影规律是什么？位置关系如何 | | | | | | | | |
| 5）掌握绘制组合体三视图的方法和步骤吗 | | | | | | | | |
| 6）会画简单的组合体三视图吗 | | | | | | | | |

学习体会（主要围绕本任务中最感兴趣的内容、教学建议、收获等）：

| 总评 | | | | 教师签名 | |
|---|---|---|---|---|---|

## 任务二　泥切组合体的模型

🚗 **任务分析**

通过对三视图的形体分析，想象物体的形状，再用橡皮泥制作出其立体模型，培养空间想象能力；观察模型，熟悉三视图的投影规律。

## 任务教学方式

| 教 学 步 骤 | 时 间 安 排 | 教 学 方 式 |
|---|---|---|
| 阅读教材 | 课余 | 查资料、相互讨论 |
| 知识讲授 | 学时数1 | 通过多媒体课件的演示，熟悉组合体的表面连接情况，了解识读组合体三视图的步骤 |
| 任务操作 | 学时数2 | 通过分小组合作学习，对照三视图想出其形状，并制作出模型 |

## 任务实施

### 一、组合体的组合形式

组合体的组合形式有叠加和切割两种形式，而常见的组合体则是这两种方式的综合，如图1-17所示。

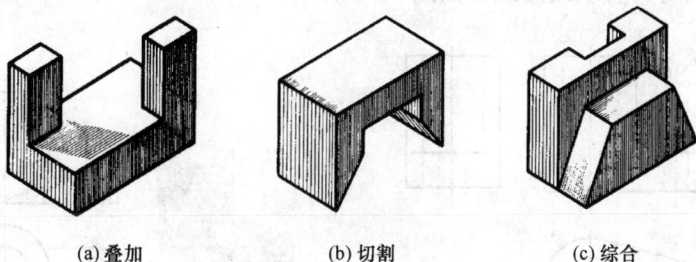

(a) 叠加          (b) 切割          (c) 综合

图1-17  组合体的组合形式

### 二、组合体中各基本体表面的连接关系

1. 平齐与不平齐

平齐与不平齐是指两基本几何体以平面的方式相互接触。图1-18（a）、（b）所示是两个支架的投影图和轴测图，它们都可以看成由下部的底板和上部的竖板组合而成。图1-18（a）所示为不平齐，正面投影中间应该有线隔开。图1-18（b）所示为平齐，则中间不应有线隔开。

2. 相切

相切是指两基本几何体表面（平面与曲面、曲面与曲面）光滑过渡。当曲面与曲面、曲面与平面相切时，在相切处不存在交线。图1-19所示为零件左端底板上，铅垂面与空心圆柱相切，主、左视图上相切处不画交线。

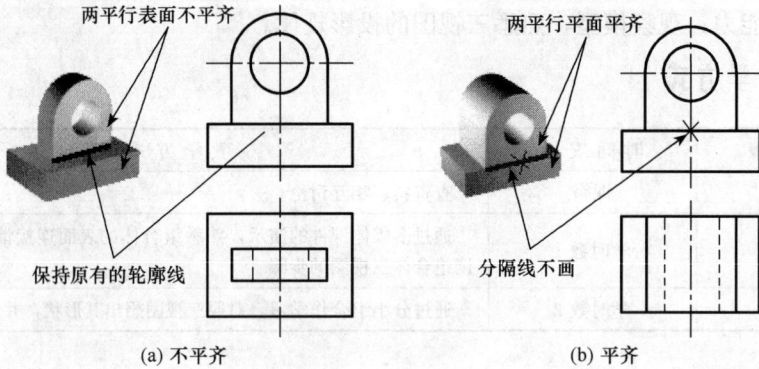

图 1-18　平齐与不平齐

### 3. 相交

相交是指两基本体表面（平面与曲面）彼此相交。相交处应画出交线。这种交线按相交表面不同可为直线或曲线，如图 1-20 所示。

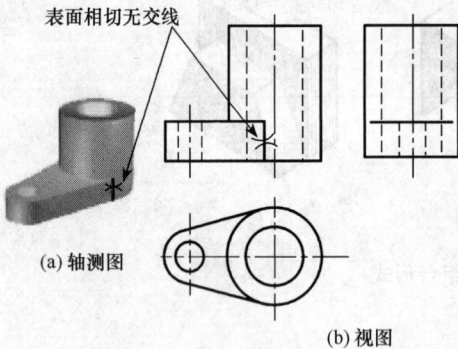

图 1-19　相切

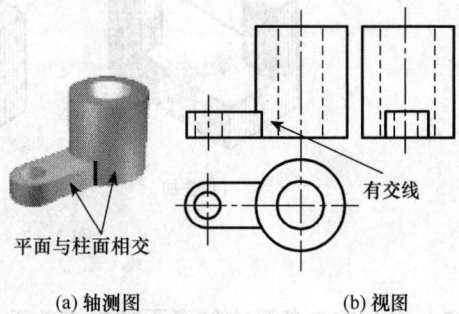

图 1-20　相交

### 三、识读组合体的三视图

形体分析法是看图的基本方法，看图时，将几个视图相互对照，用形体分析方法对图形进行分解，分析物体的组成形式及相互间的表面连接方式，然后进行综合，想象出物体确切形状的过程，称为形体分析法。

例如，根据图 1-21 所示的三视图，想象出其立体形状，并用橡皮泥制作出立体模型。

第一步，按线框，分部分。从侧面图形上看可以分为三线框，如图 1-21 中 1、2、3 所示。

第二步，对投影，想形状。分别根据不同线框，对照其余视图，想象形状，并分别用橡皮泥捏出模型。

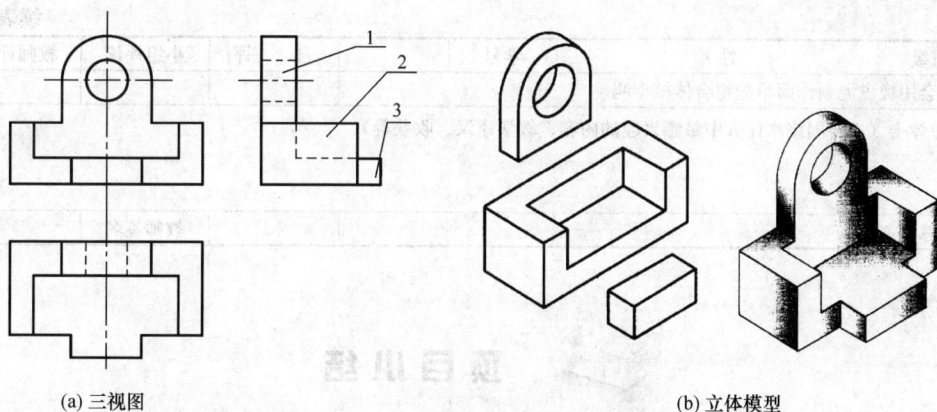

(a) 三视图                                          (b) 立体模型

图 1-21　根据三视图做出立体模型

第三步，合起来，想整体。根据视图中的相对位置和表面连接方式，综合想象出物体的整体形状。

**课堂练习**

根据图 1-22 和图 1-23 所示的视图，进行形体分析，想象空间形体形状，并用橡皮泥制作其模型。

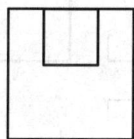 

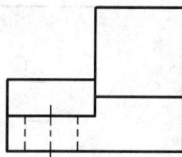 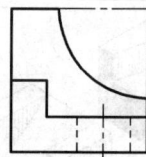

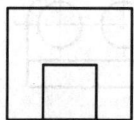

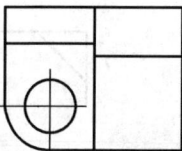

图 1-22　视图 1                              图 1-23　视图 2

**任务评测**

| 班级 | | 姓名 | | 学号 | | 自　评 | 小组评议 | 教师评议 |
|---|---|---|---|---|---|---|---|---|
| 1）知道组合体的三种组合形式吗 | | | | | | | | |
| 2）了解组合体中各基本体表面的连接关系吗 | | | | | | | | |
| 3）会用形体分析法看图吗 | | | | | | | | |

续表

| 班级 | | 姓名 | | 学号 | | 自 评 | 小组评议 | 教师评议 |
|---|---|---|---|---|---|---|---|---|
| 4）会用橡皮泥制作简单的组合体模型吗 | | | | | | | | |

学习体会（主要围绕本任务中最感兴趣的内容、教学建议、收获等）：

| 总评 | | | | | 教师签名 | |
|---|---|---|---|---|---|---|

## 项目小结

1）通过对三视图的识读，熟悉其投影规律，并能画出各种简单零件的三视图。
2）通过橡皮泥的切割，理解形体分析法，掌握由平面到立体的识读方法。

## 思考与练习

1. 根据图 1-24 所示轴测图辨认相应的一个视图，并补画出所缺的两个视图。

图 1-24　题 1 图

2. 补画图 1-25 所示视图中所缺的线。

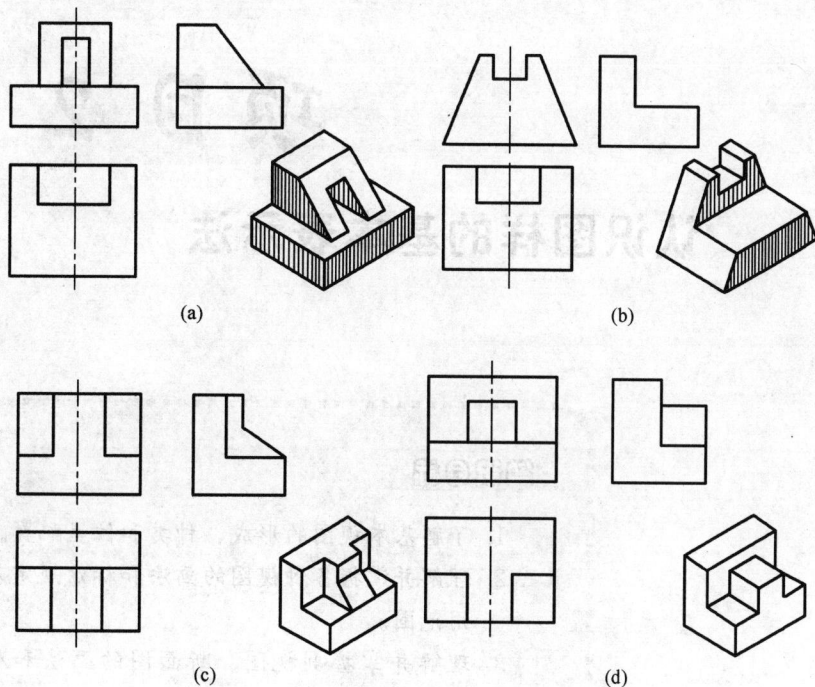

(a)

(b)

(c)

(d)

图 1-25  题 2 图

# 项目 2
## 认识图样的基本表示法

### 知识目标

1. 了解基本视图的形成、种类和位置配置。
2. 理解并掌握各种视图的画法和标注规定及适用范围。
3. 理解并掌握剖视图、断面图的画法和标注规定。
4. 在理解和掌握各种基本表示法的同时，通过练习，进一步提高学生的空间想象能力和识读机件的正投影的能力，从而为绘制零件图、装配图奠定较好的基础。

### 技能目标

1. 识读机械图样的基本表示法。
2. 绘制简单组合体的剖视图和断面图。

### 重点难点提示

1. 基本视图、局部视图、斜视图的形成、作图方法、标注和应用。
2. 剖视图和断面图的画法、标注规定。
3. 断面图画法中的两条特殊规定的应用。
4. 识图、绘图能力的进一步提高。

# 任务一　认识机件外部形状的表达

## 任务分析

零件的结构形状各不相同，正确表达形状的方法也有很多，因此作为汽车维修技术人员，首先要了解和学会识读各种表达方法，才能正确地了解零件的形状和结构特征，也能更好地进行制造、维修及检测。试分析如图 2-1 所示的机件是通过什么样的表述方法来表达其结构的。

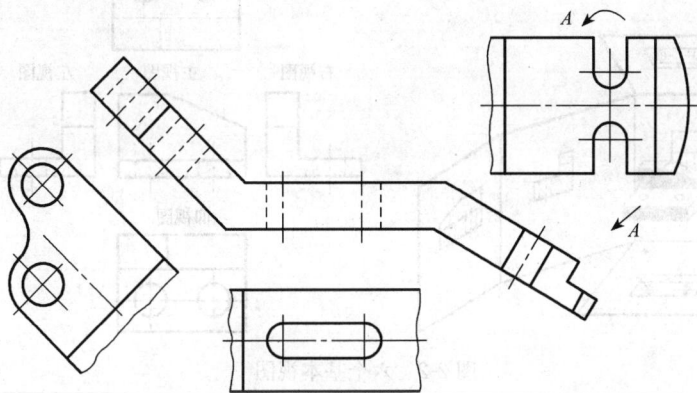

图 2-1　机件

## 任务教学方式

| 教学步骤 | 时间安排 | 教学方式 |
| --- | --- | --- |
| 阅读教材 | 课余 | 自学、查资料、相互讨论 |
| 知识讲授 | 学时数 3 | 通过教师讲授、挂图展示，让学生认识表达机件外形的四种方法及其异同 |

## 任务实施

### 一、基本视图

将机件向基本投影面投射所得的视图称为基本视图。

将物体放在正六面体中，由前、后、左、右、上、下六个方向，分别向六个基本投影面投射得到六个视图如下：

自前方投射——主视图；
自上方投射——俯视图；
自左方投射——左视图；
自右方投射——右视图；
自下方投射——仰视图；
自后方投射——后视图。

为了将六个基本视图画在同一张图纸内，国家标准规定了各投影面的展开方法。展开后的各基本视图之间仍然满足"长对正、高平齐、宽相等"的投影规律，如图2-2所示。

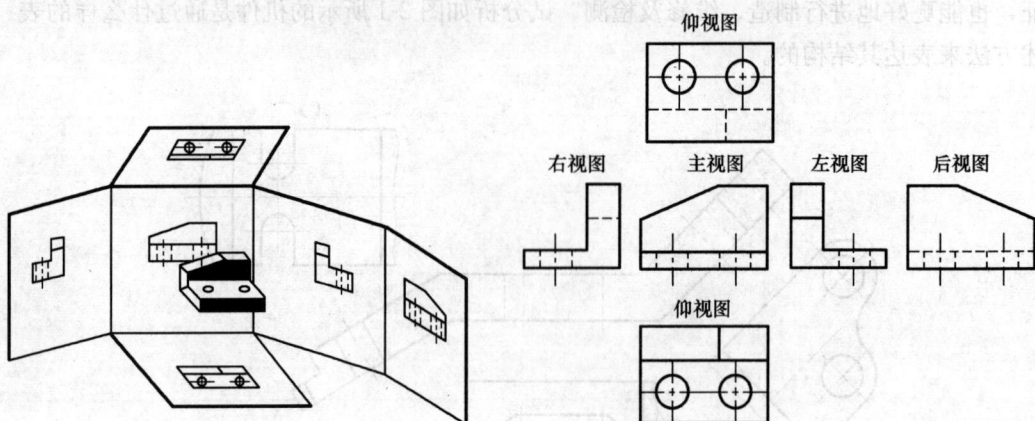

图 2-2　六个基本视图

实际使用时，并非六个基本视图都必要，通常只需根据物体形状的复杂程度和结构特点，选择若干个适当的基本视图即可。视图一般只用粗实线画出物体的可见部分，必要时才用虚线来表示其不可见部分。

## 二、向视图

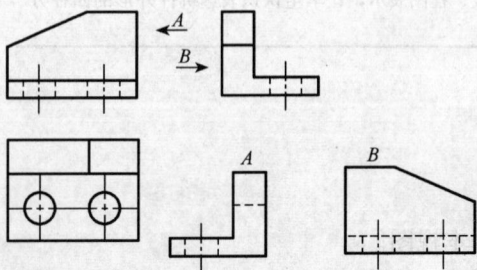

图 2-3　向视图

向视图是可自由配置的视图。实际绘图时，为了充分利用图纸幅面，经常需要移动某个基本视图的位置。为了便于读图，应在向视图的上方用大写拉丁字母标出该向视图的名称（如"A"、"B"），并在相应的视图附近用箭头指明投射方向，注上相同的字母，如图2-3所示。基本视图与向视图的差别主要在于视图的配置。由于向视图的配置是随意的，因此必须给出明确标注才不会引起误解。

### 三、局部视图

局部视图是将物体的某一部分向基本投影面投射所得的视图。局部视图适用于当物体的主体形状已由一组基本视图表示清楚，而只有局部形状尚需进一步表达的场合。

画局部视图时应注意以下几点。

1) 可按投影关系配置，也可就近放置。

2) 局部视图上方注"×向"（"×"为大写拉丁字母），相应视图附近用箭头指明投影方向，注"×"，如图 2-4 所示。

3) 用波浪线表示断裂边界。对完整的结构可画成封闭的轮廓线，不必画波浪线。

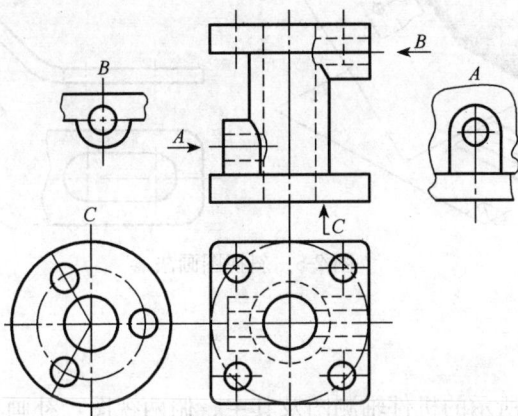

图 2-4 局部视图

### 四、斜视图

1) 斜视图是机件向不平行于基本投影面的平面（辅助投影面）投射所得的视图。斜视图主要是用于表示物体上倾斜结构表面的真实形状。

2) 斜视图的特点。引入斜视图是为了反映机件倾斜部分的实形。新投影面应满足以下条件。

● 新的投影面垂直于基本投影面。

● 新的投影面平行机件上倾斜的部分。

● 机件倾斜的部分也是垂直该基本投影面的。

3) 斜视图的作法。

● 仅画出倾斜部分的实形即可，其余部分用波浪线断开。基本视图上仅画非倾斜部分（局部视图），其他部分用波浪线断开，如图 2-5 所示。

● 斜视图一般按投影关系配置，必要时可放在其他位置，相应视图附近用大写拉丁字母及箭头指明投影方向。

● 在不会引起误解的情况下，可将图形旋转，加注旋转符号"∩"，大写拉丁字母放在靠近旋转符号的箭头端，旋转符号表示的旋转方向应与图形的旋转方向相同（旋转的角度应是较小的角度）。

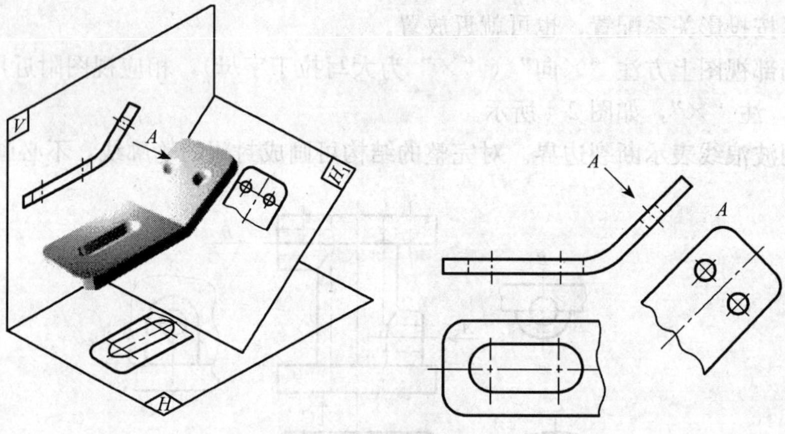

图 2-5　斜视图画法

**课堂练习**

1. 根据如图 2-6 所示的机件轴测图及其主、俯两视图，补画其他四个基本视图。

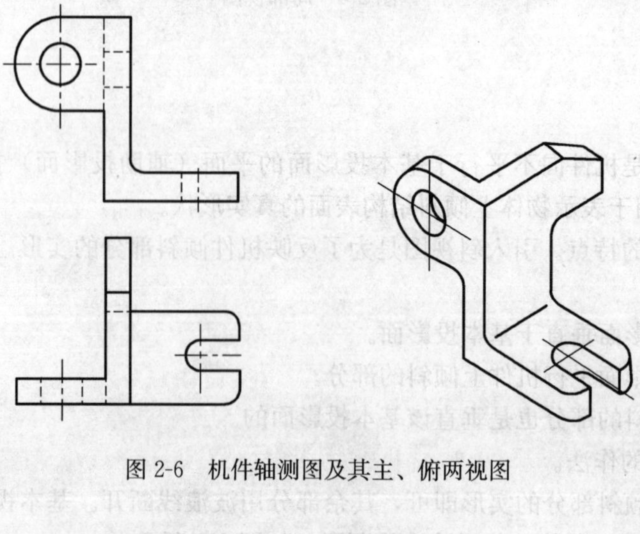

图 2-6　机件轴测图及其主、俯两视图

2. 根据如图 2-7 所示的主视图及轴测图，补画斜视图 A。

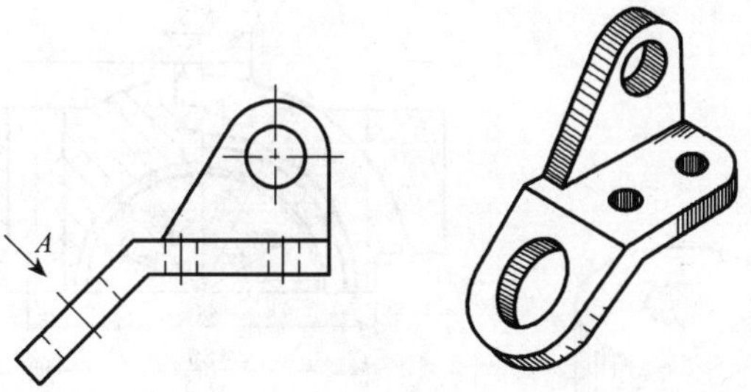

图 2-7  机件主视图及轴测图

## 任务评测

| 班级 | | 姓名 | | 学号 | | 自    评 | 小组评议 | 教师评议 |
|---|---|---|---|---|---|---|---|---|
| 1）知道基本视图的形成和基本视图的配置关系吗 | | | | | | | | |
| 2）能读懂局部视图、斜视图的作图方法和标注的有关规定，以及相互间的异同点吗 | | | | | | | | |
| 3）了解向视图的形成和标注吗 | | | | | | | | |
| 4）会对零件的表达方法进行分析吗 | | | | | | | | |

学习体会（主要围绕本任务中最感兴趣的内容、教学建议、收获等）：

| 总评 | | | | | 教师签名 | |
|---|---|---|---|---|---|---|

# 任务二  认识机件内部形状的表达

## 任务分析

　　根据国家标准规定，物体的可见轮廓线用粗实线画出，不可见轮廓用虚线表示。当物体的内部形状较为复杂时，图中就可能出现较多的虚线，有些虚线甚至还可能与物体的外形轮廓相重叠。这样既不利于看图，也不便于标注尺寸，为了解决这个问题，国家标准规定用剖视图和断面图来表示物体内部结构的形状。试分析如图 2-8 所示轴承盖的结构，是通过怎么样的表达方法来表示其内部结构的。

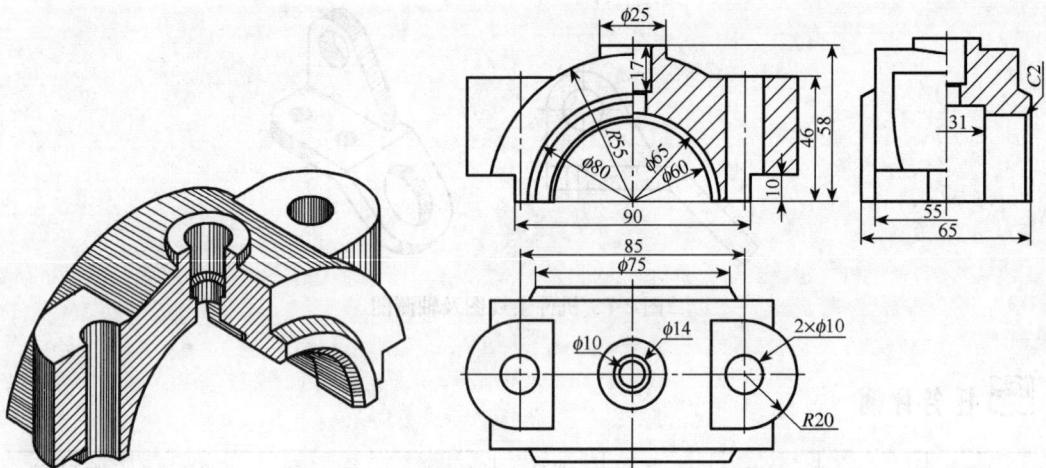

图 2-8　轴承盖

## 任务教学方式

| 教学步骤 | 时间安排 | 教学方式 |
|---|---|---|
| 阅读教材 | 课余 | 自学、查资料、相互讨论 |
| 知识讲授 | 学时数 4 | 通过讲授、模型与课件相结合进行教学，掌握各种剖视图的形成原理，熟悉剖视图的画法与识读 |
| 课堂操练 | 学时数 3 | 通过小组合作学习绘制简单机件的剖视图 |

## 任务实施

### 一、剖视图的概述

假想用剖切面剖开物体，将处于观察者和剖切面之间的部分移出，而将其余部分向投影面投射所得的图形，称为剖视图，简称剖视。剖切面与物体的接触部分称为剖面区域。

综上所述，"剖视"的概念可以归纳为三个字：剖、移、视。

1）剖——假想用剖切面剖开物体，如图 2-9（b）所示。

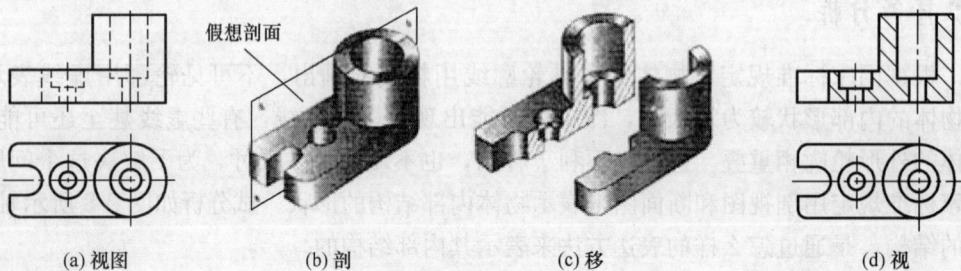

(a) 视图　　　　　　(b) 剖　　　　　　(c) 移　　　　　　(d) 视

图 2-9　剖视图的形成

2）移——将处于观察者与剖切面之间的部分移去，如图 2-9（c）所示。

3）视——将其余部分向投影面投射，如图 2-9（d）所示。

## 二、剖视图的画法

剖视图是假想将机件剖开后画出的图形，画剖视图应注意下列几点。

1）剖切位置要适当。剖切面应尽量通过较多的内部结构（孔、槽等）的轴线或对称平面，并平行于选定的投影面。

2）内外轮廓线要画齐。机件剖开后，处在剖切平面之后的所有可见轮廓都应画齐，不得遗漏，如图 2-10 所示。

3）剖面符号要画好。剖视图中，凡被剖切的部分应画上剖面符号。国家标准 BG/T 4457—2002《机械制图》中规定了各种材料的剖面符号，如表 2-1 所列。

表 2-1 常用材料的剖面符号

| 材 料 | 剖 面 符 号 | 材 料 | 剖 面 符 合 |
|---|---|---|---|
| 金属材料<br>（已有规定剖面符号者除外） | 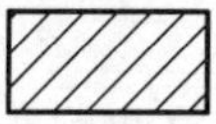 | 木质胶合板<br>（不分层数） |  |
| 线圈绕组元件 | 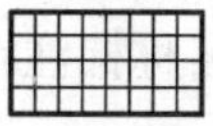 | 基础周围的泥土 |  |
| 转子、电枢、变压器和<br>电抗器等的迭钢片 |  | 混凝土 | 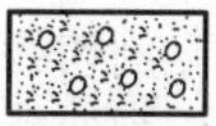 |
| 非金属材料<br>（已有规定剖面符号者除外） |  | 钢筋混凝土 |  |
| 型沙、填沙、粉末冶金、<br>砂轮、陶瓷刀片、<br>硬质合金刀片等 | 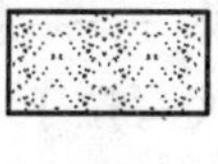 | 砖 | 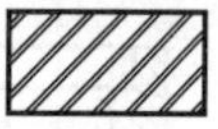 |

金属材料的剖面符号，应画成与水平成 45° 的互相平行、间隔均匀的细实线。同一机件各个剖视图的剖面符号应相同。如果图形的主要轮廓线与水平成 45° 或接近 45° 时，该图剖面线应画成与水平成 30° 或 60°，但倾斜方向仍应与其他视图剖面线一致，如图 2-11 所示。

4）剖视图是假想剖切画出的，所以与其相关的视图仍应保持完整，剖视图已表达清楚的结构，视图中虚线即可省略。

## 三、剖视图的配置与标注

1）剖视图可按投影关系配置，必要时，可根据图面布局将剖视图配置在其他适当位置。

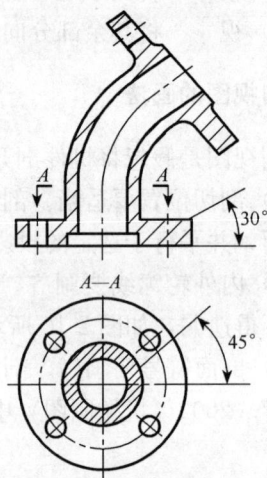

图 2-10　剖视图画法之一　　　　　　　　图 2-11　剖视图画法之二

2）为了能够清晰地表示出剖视图与剖切位置及投射方向之间的对应关系，便于看图，画剖视图时应将剖切线、剖切符号和剖视图名称标注在相应的视图上。

剖视图的标注一般包括以下内容。

1）剖切线——指示剖切面位置的线（用细点画线表示），剖视图中通常省略不画；

2）剖切符号——指示剖切面起、止和转折位置及投射方向的符号。

- 剖切面起、止和转折位置：用粗短实线表示。
- 投射方向：用箭头或粗短线表示，机械图样中均用箭头。

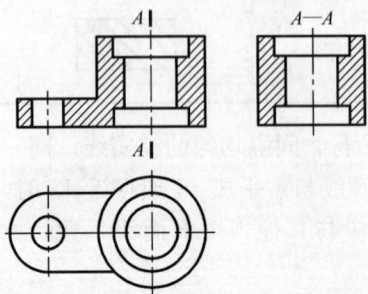

图 2-12　剖视图的标注

3）视图名称——一般应标注剖视图名称"×—×"（"×"为大写拉丁字母或阿拉伯数字），注写在剖视图上方，在相应视图上用剖切符号表示剖切位置和投射方向，并标注相同的字母，如图 2-8 所示。

当剖视图按投影关系配置，中间又没有其他图形时，可省略箭头，如图 2-12 所示的 A—A。单一剖切平面通过机件的对称面，同时剖视图按投影关系配置，中间又没有其他图形时，可省略标注，如图 2-12 所示的主视图。

## 四、剖切面的种类

剖切面的种类如表 2-2 所列。

表 2-2  剖切面的种类

| 种类 | 单一剖切面 | | 几个平行的剖切平面 | 几个相交的剖切面 |
|---|---|---|---|---|
| 基本概念 | 一个剖切面且平行于基本投影面 | 一个剖切面且倾斜于某一基本投影面 | 用几个平行的投影面的平行面剖开物体的方法 | 采用几个相交的剖切面剖切的方法 |
| 轴测图例 | 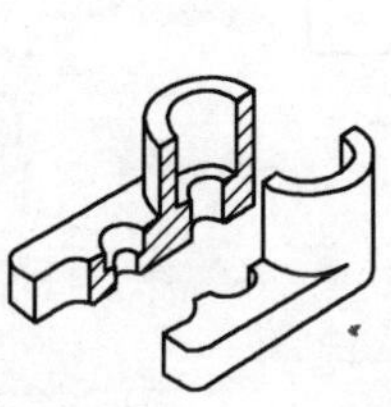 | 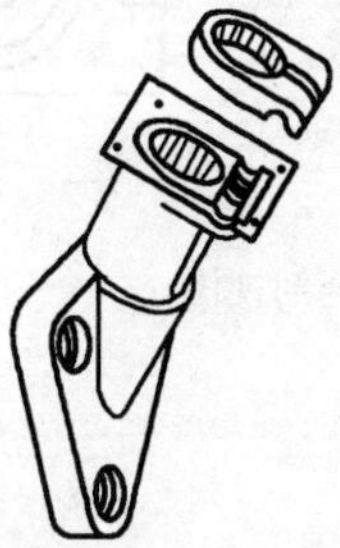 | 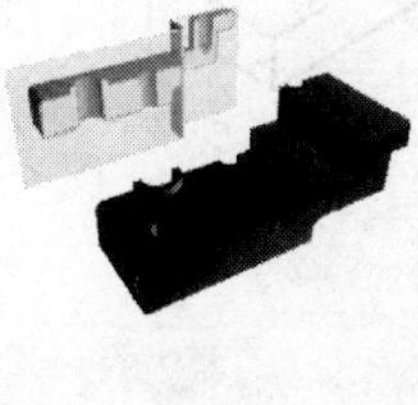 |  |
| 剖视图例 | 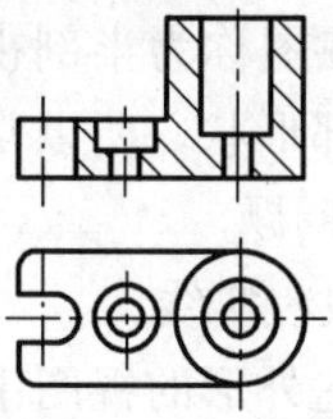 | 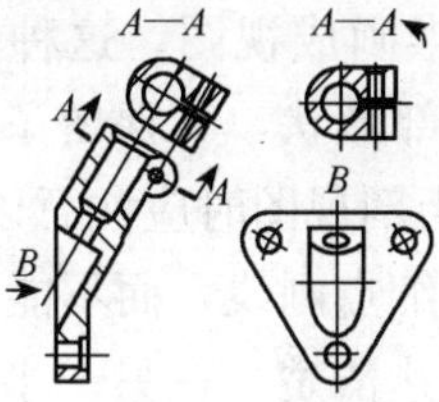 | 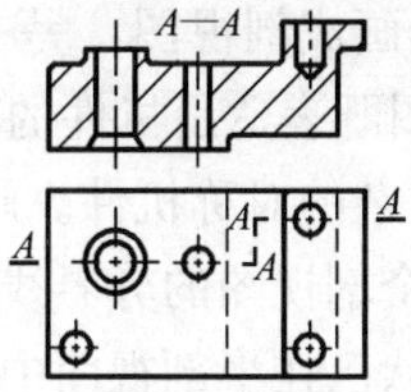 | 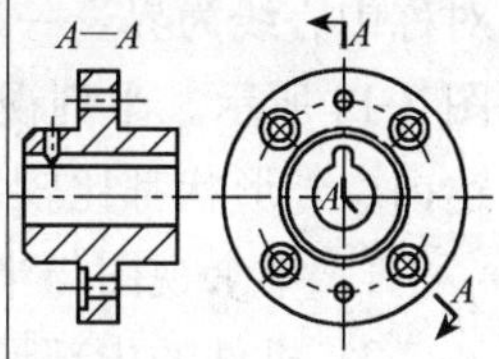 |
| 剖视图的标注 | 剖切平面通过机件的对称面,同时剖视图按投影关系配置,中间又没有其他图形时,可省略标注 | 一般应按投影对应关系配置,但因布局等缘故允许将图形旋转放正 | 在剖切平面起、止和转折位置标注相同的字母,以表示剖切平面的名称 | 在剖切面起、止和转折位置标注相同的字母,以表示剖切面的名称 |
| 画图注意点 | | 采用斜剖获得的剖视图一般按投影关系配置,或按箭头所指方向旋转到与基本投影面重合的位置进行配置 | 剖切平面是假想的,因此剖视图中不应画出各剖切平面转折处的分界线 | 先假设按剖切位置剖开物体,然后将被倾斜剖切面剖开的结构要素及有关的部分旋转到与选定的投影面平行,最后再进行投射 |

## 五、剖视图的分类

根据剖切范围的大小,剖视图可分为全剖视图、半剖视图和局部剖视图。

### 1. 全剖视图

用剖切面完全地剖开机件所得的剖视图称为全剖视图。全剖视图适用于外形比较简单、内部结构较为复杂的机件,如图 2-13 所示。

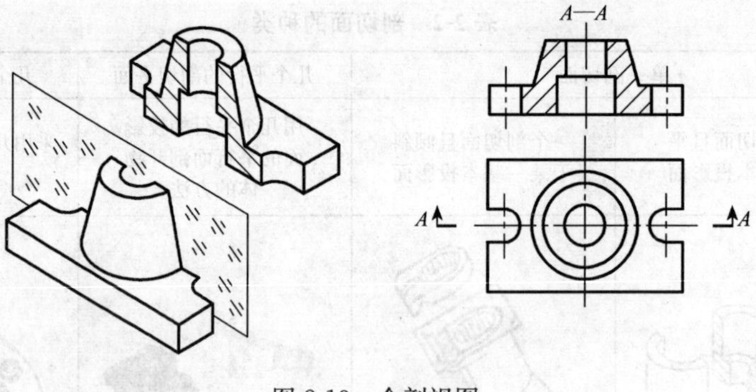

图 2-13　全剖视图

## 2. 半剖视图

当机件具有对称平面时，向垂直于对称平面的投影面上投射所得的图形，允许以对称中心线为界，一半画成剖视图，另一半画成视图，这种剖视图称为半剖视图，如图 2-14 所示。半剖视图既表达了机件的内部形状，又保留了外部形状，所以常用于表达内、外形状都比较复杂的对称机件。画半剖视图时应注意以下问题。

1）半个视图与半个剖视图的分界线用细点画线，而不能画成粗实线。

2）机件的内部形状已在半剖视图中表达清楚，在另一半表达外形的视图中不必再画出虚线，但对孔、槽来说应画出中心线位置。

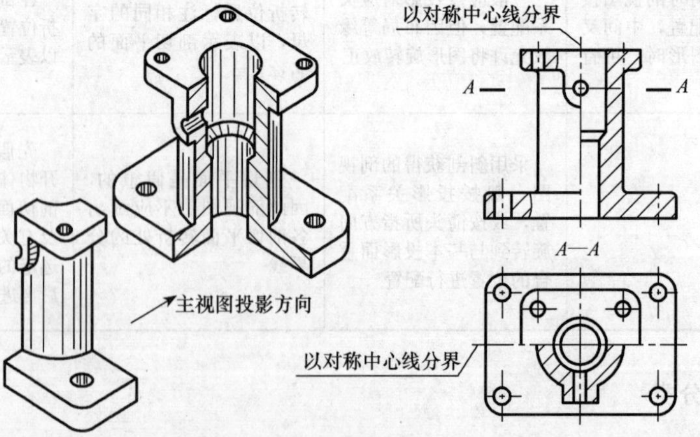

图 2-14　半剖视图

## 3. 局部剖视图

用剖切平面局部地剖开机件所得的剖视图称为局部剖视图。局部剖视图既可表达孔等内部的轮廓线，又保留了机件的部分外形，如图 2-15 所示。

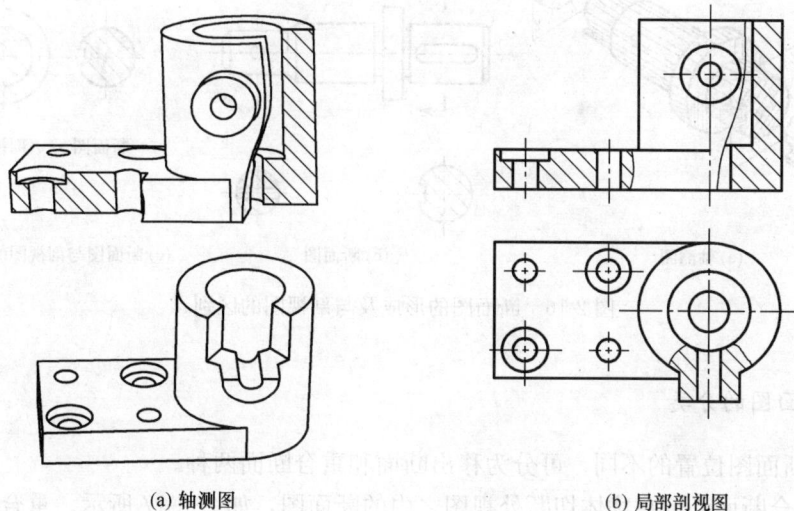

(a) 轴测图　　　　　　　　　(b) 局部剖视图

图 2-15　局部剖视图

画局部剖视图时应注意以下问题。

1) 已表达清楚的结构形状虚线不再画出。

2) 局部剖视图用波浪线分界，波浪线应画在机件的实体上，不能超出实体轮廓线，也不能画在机件的中空处。

3) 波浪线不应在轮廓的延长线上，也不用轮廓线代替或与图样上其他图线重合。

## 六、断面图

### 1. 概念

假想用剖切面将机件的某处切断，仅画出其断面的图形，称为断面图，简称断面。图 2-12 所示的轴，为了表示键槽的深度和宽度，假想在键槽处用垂直于轴线的剖切平面将轴切断，只画出断面的形状，并在断面处画上剖面线。

### 2. 断面图与剖视图的区别

断面图只画出机件被切处的断面形状。剖视图除了画出物体断面形状之外，还应画出断面后的可见部分的投影（即剖切以后的所有部分的投影），如图 2-16 所示。

(a)轴测图　　　　　　　　　(b)断面图　　　　　(c)断面图与剖视图的区别

图 2-16　断面图的形成及与剖视图的区别

### 3. 断面图的分类

根据断面图位置的不同，可分为移出断面和重合断面两种。

1）重合断面是画在物体切断处视图之内的断面图，如图 2-17 所示。重合断面图的轮廓线用细实线画出，当视图中的轮廓线与重合断面的图形重叠时，视图中的轮廓线仍需完整地画出，不能间断，如图 2-18 所示。

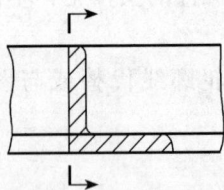

图 2-17　重合断面图一

图 2-18　重合断面图二

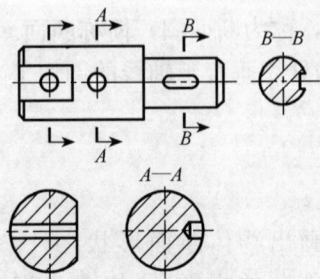

图 2-19　移出断面图一

2）移出断面图是画在物体切断处视图之外的断面图，如图 2-19 所示。移出断面图的轮廓线用粗实线画出，移出断面图可表示在剖切符号的延长线上，如图 2-19 所示的第一个断面图，也可配置在投影位置，如图 2-19 所示的 B—B，甚至其他适当的位置上，如图 2-19 所示的 A—A。当剖切平面通过由回转面形成的孔或凹坑的轴线时，这些结构按剖视图绘制，如图 2-20 所示，它们的断面应画成封闭图形。当剖切平面通过非圆孔，导致出现完全分离的两个断面时，则这些结构也应按剖视图绘制，如图 2-21 所示。一个或多个相交的剖切平面剖开物体后，所得的移出断面图一般应断开，如图 2-22 所示。

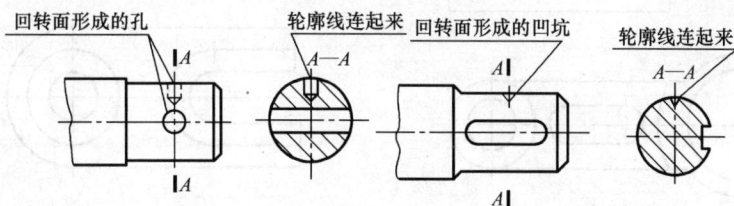

图 2-20 通过圆孔等回转面的轴线时断面图画法

图 2-21 按剖视图要求绘制的断面图

图 2-22 移出断面图二

移出断面一般应用剖切符号表示剖切位置，用箭头指明投影方向，并注上字母，在断面图上方用同样的字母标出相应的名称"×—×"。当断面图画在剖切符号延长线上时，可省略字母；当剖面对称或按投影关系配置时，可省略箭头；当断面图在剖切符号延长线上，并以该线为对称轴的对称剖面时，可以省略标注，如图 2-16 所示。

重合断面当图形不对称时，需用箭头标注其投影方向，如图 2-17 所示。如果图形对称，一般不必标注，如图 2-18 所示。

## 课堂练习

1. 参照图 2-23 所示轴测图，将主视图画成剖视图。
2. 在图 2-24 所示视图下方的断面图中选出正确的断面图形，并将其画上"√"号。

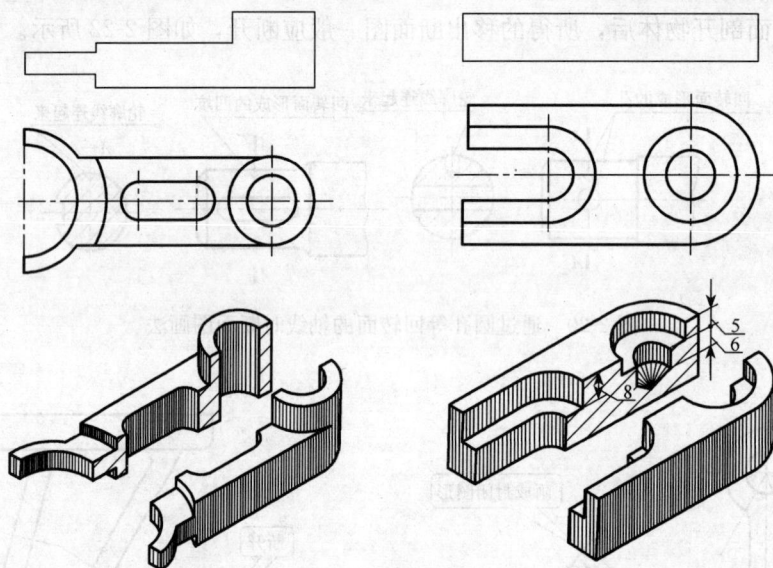

图 2-23　题 1 图

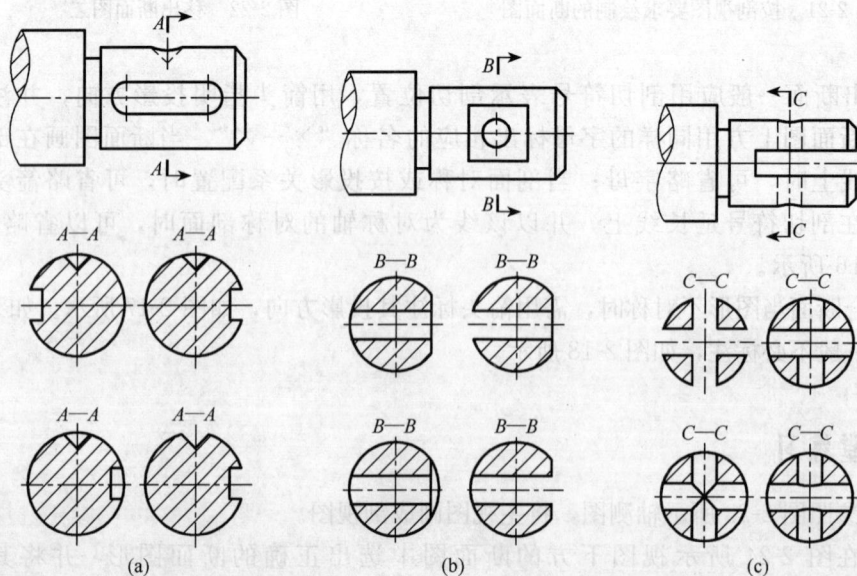

图 2-24　题 2 图

**任务评测**

| 班级 | | 姓名 | | 学号 | | 自 评 | 小组评议 | 教师评议 |
|---|---|---|---|---|---|---|---|---|
| 1）知道什么是剖视图？了解剖视图中画法和标注吗 | | | | | | | | |
| 2）知道什么是断面图？能区别与剖视图的不同之处吗 | | | | | | | | |
| 3）熟悉用不同的剖切面剖切的剖视图画法了吗 | | | | | | | | |
| 4）能熟练地绘制简单机件的全剖视图、半剖视图、局部剖视图 | | | | | | | | |
| 5）能识读用不同剖视图表达的机件形状 | | | | | | | | |

学习体会（主要围绕本任务中最感兴趣的内容、教学建议、收获等）：

| 总评 | | | | 教师签名 | |
|---|---|---|---|---|---|

**项目小结**

1）通过对各种视图的种类、适用范围和作图方法的了解，熟悉表达零件外形的不同方法。

2）通过对各种剖视图、断面图原理、作图方法和标注的了解，熟悉表达零件内部结构的不同方法。

3）会识读、分析用不同表达方法来表示的各种机件结构。

**思考与练习**

1. 什么是斜视图？什么是局部视图？两者有何区别？

2. 在图 2-25 指定位置画出斜视图 $A$ 和局部视图 $B$。

3. 将图 2-26 所示机件的主视图改画成全剖视图，并补画半剖的左视图。

图 2-25　题 2 图

图 2-26　题 3 图

4. 根据图 2-27，画出指定的断面图（左端键槽深 4mm，右端键槽深 3.5mm）。

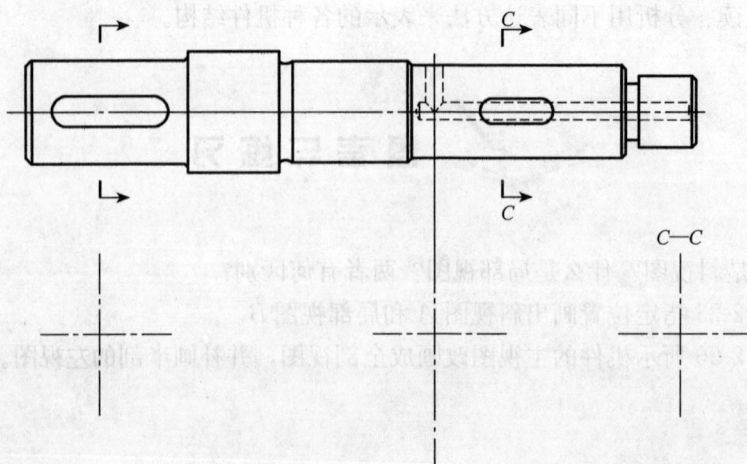

图 2-27　题 4 图

5. 根据图 2-28，采用适当的剖切平面对主视图进行剖切，并标注。

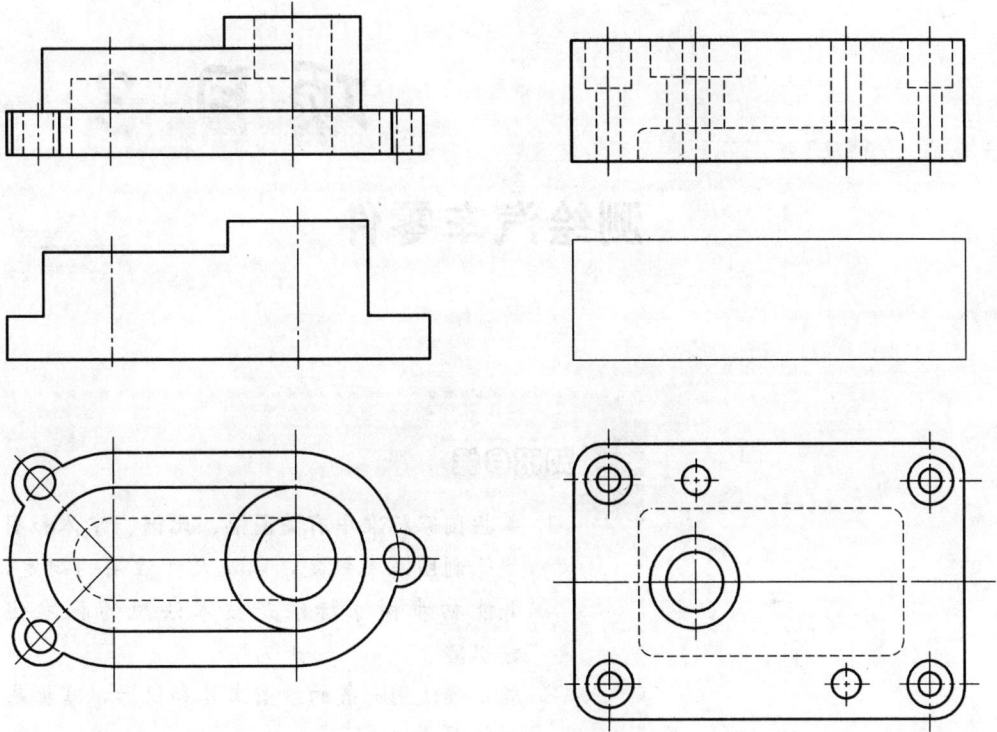

图 2-28  题 5 图

# 项目 3

## 测绘汽车零件

▶ **知识目标**

1. 掌握国家标准中有关图幅、比例、字体和图线等制图基本规定，以及尺寸注法的规定，并能初步树立标准是技术法规的标准化意识。
2. 能正确使用一般的绘图工具和仪器，掌握基本作图方法。
3. 会测绘简单的汽车零件图。

▶ **技能目标**

1. 培养学生认真负责、严谨细致的工作作风。
2. 游标卡尺的使用与读数。
3. 使用绘图工具绘制简单的零件图。

▶ **重点难点提示**

1. 掌握图幅和图线等制图基本规定和尺寸注法的规定。
2. 掌握测量零件的基本过程，绘制简单的汽车零件图。

# 任务一 走进 "工程语言" 世界

## 任务分析

在汽车制造和维修工作中，经常要识读一些零件图和部件装配图。识读零件图和部件装配图，首先要了解机械制图的国家标准，掌握机械制图的一些基本知识。

## 任务教学方式

| 教学步骤 | 时间安排 | 教学方式 |
|---|---|---|
| 阅读教材 | 课余 | 通过自学的方式，熟悉机械制图中国家标准的有关规定 |
| 知识讲授 | 学时数 3 | 通过教师讲授和演示掌握机械制图的基本规定和平面尺寸注法 |

## 任务实施

**一、图纸幅面尺寸和格式**（GB/T 14689—1993）

绘制技术图样时，应优先采用表 3-1 所规定的基本幅面。必要时，也允许选用国家标准中所规定的加长幅面。

表 3-1 图纸基本幅面尺寸及图框尺寸 单位：mm

| 幅面代号 | A0 | A1 | A2 | A3 | A4 |
|---|---|---|---|---|---|
| $B \times L$ | 841×1189 | 594×841 | 420×594 | 297×420 | 210×297 |
| $e$ | 20 | | | 10 | |
| $c$ | 10 | | | 5 | |
| $a$ | 25 | | | | |

图纸格式分为留有装订边和不留装订边两种，如图 3-1 （a）、（b）、（c）和（d）所示。从表 3-1 中可以看出：A0 图纸是 A1 图纸的两倍，A1 图纸是 A2 图纸的两倍，依此类推。

每张图纸上都必须画出标题栏，外框为粗实线，内格为细实线。标题栏的位置应位于图纸的右下角。尺寸不随图纸大小、格式变化，标题栏长度为 180mm，如图 3-2 所示。

(a) 留有装订边的格式一　　　　(b) 留有装订边的格式二

(c) 不留装订边的格式一　　　　(d) 不留装订边的格式二

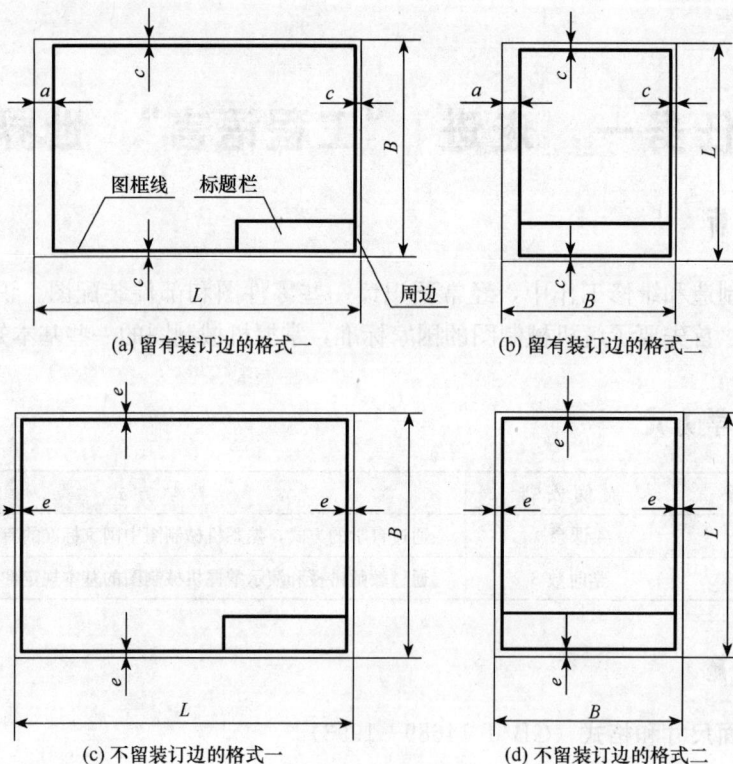

图 3-1　图纸格式

图 3-2　标题栏格式

## 二、比例（GB/T 14690—1993）

图中图形与其实物相应要素的线性尺寸之比称为比例，如表 3-2 所列。

表 3-2　比例系列

| 种　类 | 比　例 | | | | |
|---|---|---|---|---|---|
| 原值比例 | 1∶1 | | | | |
| 放大比例 | 5∶1 | 2∶1 | $5×10^n∶1$ | $2×10^n∶1$ | $1×10^n∶1$ |
| 缩小比例 | 1∶2 | 1∶5 | 1∶10 | $1∶2×10^n$ | $1∶5×10^n$　$1∶1×10^n$ |

### 三、字体 （GB/T 14691—1993）

字号：国家标准中，以字体高度代表字体的号。字高系列为 1.8、2.5、3.5、5、7、10、14 和 20mm。

汉字：图样上的汉字应写成长仿宋体，并采用国家正式公布推行的简化字。汉字的高度 $h$ 应不小于 3.5mm。字体的书写要求做到字体工整、笔画清楚、间隔均匀、排列整齐。

字母和数字：字母和数字为 A 型和 B 型，同一张图样上，只能选用一种型式的字体。字体的书写分成正体和斜体，斜体的字头向右倾斜，与水平线成 75°。

拉丁字母（B 型斜体）示例如下。

*abcdefghijklmnopq*

阿拉伯数字示例如下。

*0123456789*

### 四、图线

机械图样中采用粗、细线两种线宽，其比例为 2∶1。图线宽度的推荐系列为 0.25、0.5、0.35、0.5、0.7、1、1.4 和 2mm。优先采用的图线宽度为 0.5mm 和 0.7mm。常用的工程图线如表 3-3 所列。

在同一图样中，同类图线的宽度应基本一致，虚线、细点划线及双点划线的线段长度和间隔应各自大致相等。图线之间相交或相切都应以线段相交或相切。若各种图线重合，应按粗实线、点划线、虚线的先后顺序选用线型。

### 五、尺寸标注

图样表达物体的大小是通过尺寸标注来确定的，无论图样的比例如何，应标注物体的实际尺寸。机械图样中，国家标准规定尺寸单位是 mm，以 mm 为单位时，不需要标明单位的符号。

表 3-3　常用的工程图线名称及主要用途

| 图线名称 | 图线型式 | 代号 | 图线宽度 | 主 要 用 途 |
|---|---|---|---|---|
| 粗实线 | | A | $d$ | 可见轮廓线，可见过渡线 |
| 细实线 | | B | 约 $d/2$ | 尺寸线、尺寸界线、剖面线、辅助线、重合断面的轮廓线、引出线、螺纹的牙底线及齿轮的齿根线 |
| 波浪线 | | C | 约 $d/2$ | 断裂处的边界线、视图和剖视的分界线 |
| 双折线 | | D | 约 $d/2$ | 断裂处的边界线 |
| 虚线 | 2~6 ≈1 | F | 约 $d/2$ | 不可见的轮廓线、不可见的过渡线 |
| 细点划线 | ≈20 ≈3 | G | 约 $d/2$ | 轴线、对称中心线、轨迹线齿轮的分度圆及分度线 |
| 粗点划线 | ≈15 ≈3 | J | $d$ | 有特殊要求的线或表面的表示线 |
| 双点划线 | ≈20 ≈5 | K | 约 $d/2$ | 相邻辅助零件的轮廓线、中断线、极限位置的轮廓线、假想投影轮廓线 |

标注一个尺寸，应包括尺寸界线、尺寸线和尺寸数字三要素，如图 3-3 所示。

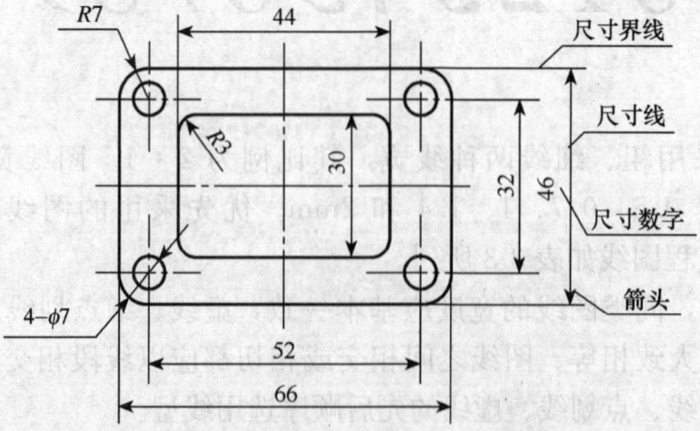

图 3-3　尺寸的组成及标注示例

## 1. 尺寸界线

尺寸界线用来表示所标注尺寸的范围。尺寸界线用细实线绘制，并应由图形的轮廓线、轴线或对称中心线处引出。也可利用轮廓线、轴线或对称中心线作为尺寸界线。

**2. 尺寸线**

尺寸线用来表示尺寸度量的方向。尺寸线必须用细实线绘在两尺寸界线之间，不能用其他图线代替，不得与其他图线重合或画在其延长线上。尺寸线终端有箭头和斜线两种形式。斜线用细实线绘制，方向为以尺寸线为基准逆时针旋转 45°，如图 3-4 所示。

**3. 尺寸数字**

尺寸数字不可被任何图线所通过，当无法避免时，必须将该图线断开。

尺寸数字应按图 3-5 所示方向注写，并尽可能避免在图示 30°范围内标注尺寸，当无法避免时可按图 3-5 所示的形式标注。

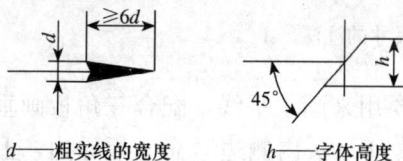

$d$——粗实线的宽度　　　　　　$h$——字体高度

图 3-4　尺寸线终端的两种形式　　　图 3-5　尺寸数字的注法

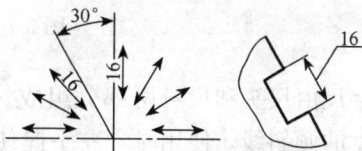

**4. 常见尺寸注法**

圆、圆弧尺寸注法：圆的直径在尺寸数字前加注符号"$\phi$"，圆弧的半径在尺寸数字前加注符号"$R$"，对于较大或较小圆弧半径的尺寸注法如图 3-6 和图 3-7 所示。

角度的尺寸界线应沿径向引出，尺寸线画成圆弧，其圆心是该角的顶点；角度的尺寸数字一律水平书写，一般注在尺寸线的中断处，必要时也可按图 3-6 和所示的形式标注。

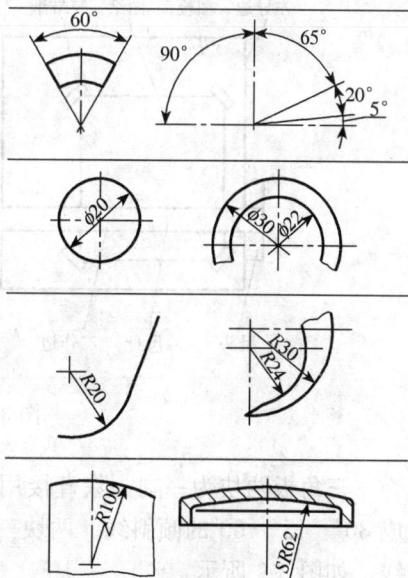

**六、常用绘图工具及其使用**

**1. 图板、丁字尺、三角板**

图板是用来固定图纸的矩形木板，要求表面平坦光洁，导边平直。

图 3-6　圆弧及角度尺寸注法

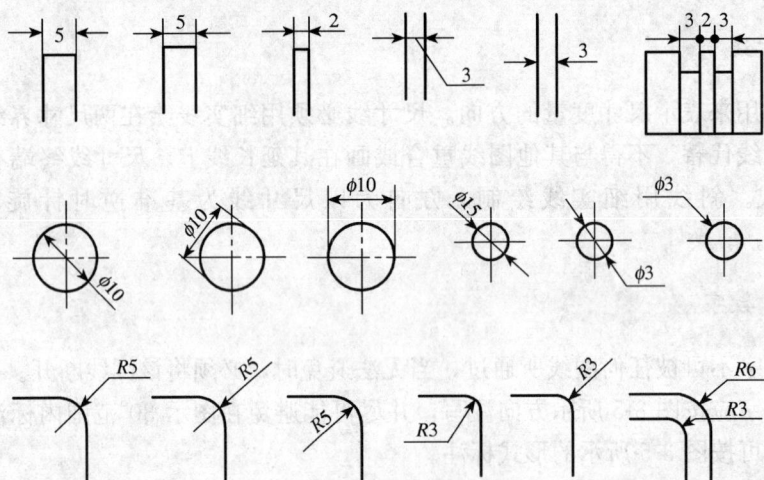

图 3-7　较小尺寸的注法

丁字尺由尺头和尺身两部分组成。它主要用来画水平线，配合三角板画垂直线和常用角度的倾斜线。使用时，左手握住尺头，使尺头内侧边紧靠图板导边，上下移动到绘图所需位置，配合三角板绘制各种图线，如图 3-8 所示。

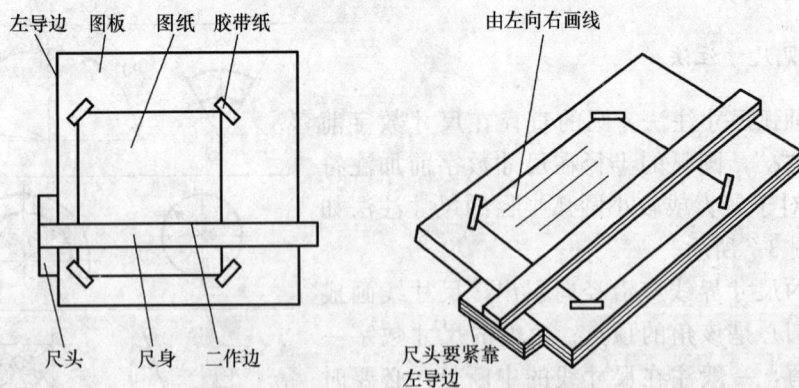

图 3-8　图板和丁字尺的使用

三角板两块为一副，除直接用来画直线外，也可配合丁字尺画铅垂线和与水平线成 30°、45°、60° 的倾斜线。两块三角板相互配合还可画出与水平线成 15°、75° 的倾斜线，如图 3-9 所示。

(a) 画铅垂线和水平线成30°、45°、60°倾斜线　　(b) 画与水平线成15°、75°的倾斜线　　(c) 画平行线

图 3-9　丁字尺和三角板的使用

## 2. 圆规

圆规用来画圆和圆弧。画图时应尽量使钢针和铅芯都垂直于纸面，钢针的台阶与铅芯尖应平齐，使用方法如图 3-10 所示。

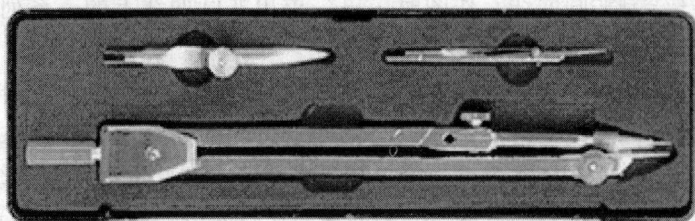

(a) 实物图

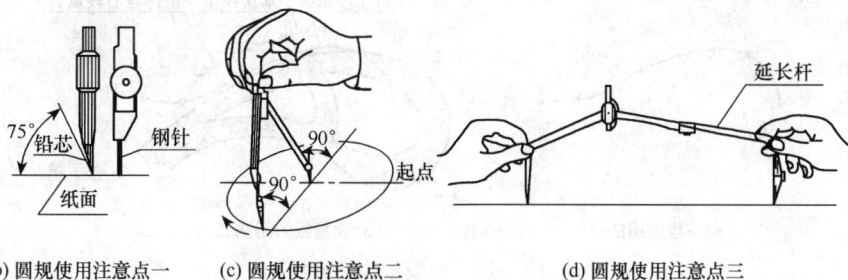

(b) 圆规使用注意点一　　(c) 圆规使用注意点二　　(d) 圆规使用注意点三

图 3-10　圆规用法

## 3. 分规

分规主要用来量取线段长度或等分已知线段。分规的两个针尖应调整平齐。从比例尺上量取长度时，针尖不要正对尺面，应使针尖与尺面保持倾斜。用分规等分线段时，通常要用试分法，如图 3-11 和图 3-12 所示。

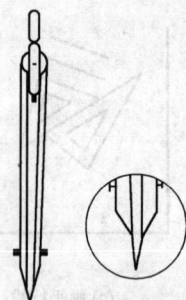

正确　　　　不正确

(a) 分规调整注意点一　　　　(b) 分规调整注意点二

图 3-11　分规调整图　　　　　　　　　　图 3-12　分规用法

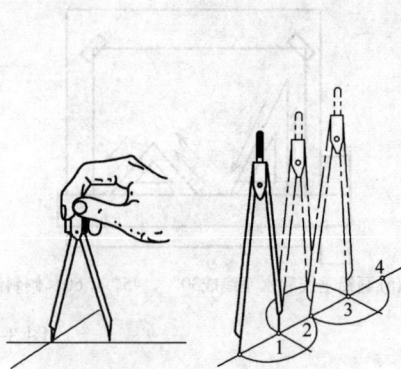

#### 4. 曲线板

曲线板用于绘制非圆曲线，作图时应该先求出非圆曲线上的一系列点，然后用曲线板光滑连接。

使用时，从曲线一端开始选择曲线板与曲线相吻合的四个点，用铅笔沿曲线板轮廓画出前三点之间的曲线，留下第三点与第四点之间的曲线不画。下一步再从第三点开始，包括第四点，又选择四个点，绘制第二段曲线，如此重复，直至绘完整段曲线。由于采用了曲线段首尾重叠的方法，绘制的曲线比较光滑，如图 3-13 所示。

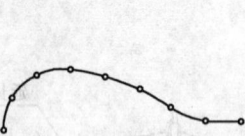

与左段重合　本次描绘　留待与右段重合

(a) 曲线板的用法一　　　　　　　(b) 曲线板的用法二

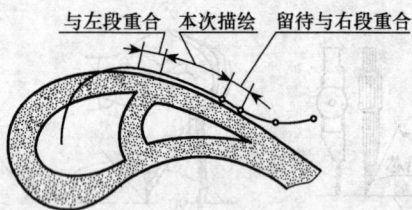

图 3-13　曲线板描绘方法

#### 5. 铅笔

绘图铅笔依笔芯的软硬度有 B、HB、H 等多种标志。B 前面的数字越大，表示铅芯越软。H 前面的数字越大，表示铅芯越硬，HB 标号的铅芯软硬适中。

铅笔芯的磨削形状有圆锥形（针状）和矩形（鸭嘴形）两种。如图 3-14（a）所示为锥形铅芯，用于打底稿、写字；图 3-14（b）所示为矩形铅芯，用于加深；图 3-14（c）所示为修磨铅笔的方法。

(a) 圆锥形　　(b) 矩形　　(c) 修磨铅笔方法

图 3-14　铅笔芯形状及修磨方法

**课堂练习**

1. 按 1∶1 比例，抄画图 3-15。

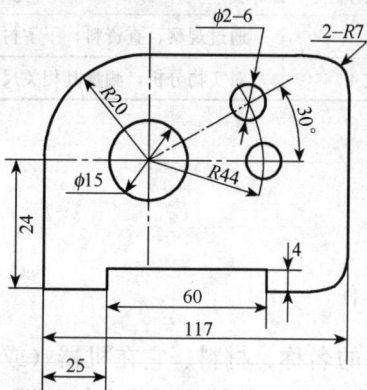

图 3-15　题 1 图

2. 指出图 3-15 尺寸标注上的错误，以正确的标注方法标注。

**任务评测**

| 班级 | | 姓名 | | 学号 | | 自　评 | 小组评议 | 教师评议 |
|---|---|---|---|---|---|---|---|---|
| 1）知道机械制图国家标准所规定的内容了吗 | | | | | | | | |
| 2）知道各种图线所表达的意义及应用场合了吗 | | | | | | | | |
| 3）知道尺寸标注三要素吗？如何进行尺寸标注 | | | | | | | | |
| 4）会使用常用的绘图工具吗？并利用它来进行绘制平面图形 | | | | | | | | |

学习体会（主要围绕本任务中最感兴趣的内容、教学建议、收获等）：

| 总评 | | | | 教师签名 | |
|---|---|---|---|---|---|

# 任务二　测绘衬套零件

## 📖 任务分析

使用各种绘图工具和测量工具，通过指导学生测绘简单汽车零件，使学生掌握测量零件的基本过程，从而绘制简单的汽车零件图。

## 📖 任务教学方式

| 教 学 步 骤 | 时 间 安 排 | 教 学 方 式 |
|---|---|---|
| 阅读教材 | 课余 | 通过观察、查资料，了解衬套零件的外形、作用、应用场合 |
| 任务操练 | 学时数 4 | 对实物分析，测量其相关尺寸，并绘制其零件图 |

## 📖 任务实施

### 一、零件测绘的方法和步骤

#### 1. 了解和分析被测绘零件

首先应了解被测绘零件的名称、材料、它在机器（或部件）中的位置、作用及与相邻零件的关系，然后对零件的内、外结构形状进行分析。

#### 2. 确定零件的表达方式

将零件按工作位置安放，考虑形状特征，其投影方向选为与轴线平行方向，这样可使主视图反映的外形和各部分相对位置比较清楚。

#### 3. 测量衬套的相关尺寸

零件尺寸一般包括定形尺寸和定位尺寸，所以先测量出衬套外径、孔径、总长、衬套上小孔的直径和其定位尺寸。

#### 4. 画零件草图

零件草图的内容和零件图相同，可以徒手完成，要求视图和尺寸完整、图线清晰、字体工整，并注写必要的技术要求。

1）根据零件的总体尺寸和大致比例确定图幅，画边框线和标题栏，布置图形，定出各视图的位置，画主要轴线、中心线。

2）以目测比例徒手画出图形。

3）检查并擦除多余线，描深，画剖面线，确定尺寸基准并根据尺寸基准画出尺寸线和箭头。

**二、绘图步骤**

1）观察连杆衬套外形，如图 3-16 所示。

2）量出衬套总长度尺寸，如图 3-17 所示。

图 3-16　衬套外形

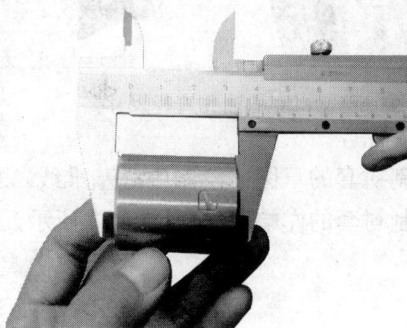

图 3-17　测量衬套总长度尺寸

3）量出衬套外径尺寸，如图 3-18 所示。

4）量出衬套内孔直径尺寸，如图 3-19 所示。

图 3-18　测量衬套外径尺寸

图 3-19　测量衬套内孔直径尺寸

5）量出衬套的油孔直径尺寸，如图 3-20 所示。

6）量出衬套油孔到右端面的尺寸，如图 3-21 所示。

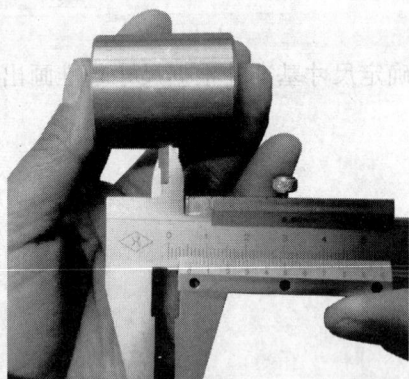

图 3-20　测量衬套的油孔直径尺寸

图 3-21　测量衬套油孔到右端面的尺寸

7）绘制衬套的草图：绘制中心基准线，如图 3-22 所示。

8）绘制衬套的左端面，如图 3-23 所示。

图 3-22　绘制中心基准线

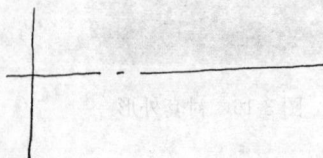

图 3-23　绘制衬套的左端面

9）绘制衬套的右端面，如图 3-24 所示。

10）绘制衬套的外径，如图 3-25 所示。

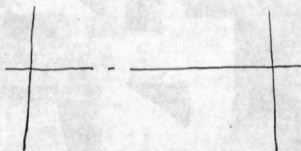

图 3-24　绘制衬套的右端面图

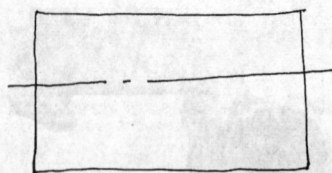

图 3-25　绘制衬套的外径

11）绘制衬套的内径，如图 3-26 所示。

12）绘制衬套的油孔中心线，如图 3-27 所示。

13）绘制衬套的油孔，如图 3-28 所示。

14）标注尺寸，如图 3-29 所示。

图 3-26　绘制衬套的内径

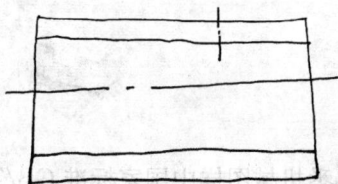

图 3-27　绘制衬套的油孔中心线

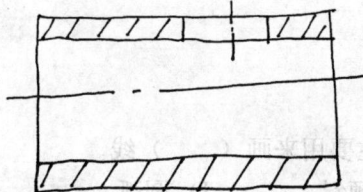

图 3-28　绘制衬套的油孔

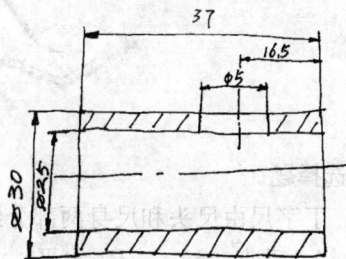

图 3-29　标注尺寸

### 课堂练习

对平垫片进行测绘，要求如下。

1. 用游标卡尺测量出平垫片的各个数值。

（1）测量出平垫片的外径，不同方向测量三次，取平均值。

（2）测量出平垫片的内径，不同方向测量三次，取平均值。

（3）测量出平垫片的厚度，不同方向测量三次，取平均值。

2. 根据以上测量的数值，绘制平垫片的草图及零件图。

### 任务评测

| 班级 | | 姓名 | | 学号 | | 自　评 | 小组评议 | 教师评议 |
|---|---|---|---|---|---|---|---|---|
| 1）会使用游标卡尺测量零件吗 | | | | | | | | |
| 2）会对游标卡尺进行读数吗 | | | | | | | | |
| 3）会对零件的尺寸进行分析吗 | | | | | | | | |
| 4）熟悉零件的测绘步骤吗 | | | | | | | | |
| 学习体会（主要围绕本任务中感兴趣的内容、教学建议、收获等）： | | | | | | | | |
| | | | | | | | | |
| 总评 | | | | | | | 教师签名 | |

## 项目小结

1）熟悉机械图样中国家标准 GB/T4457—200《机械制图》的规定。
2）通过对衬套的测绘，掌握测绘零件的步骤和方法，并会测绘其他简单的汽车零件。

## 思考与练习

1. 选择题。

（1）丁字尺由尺头和尺身两部分组成，它主要用来画（　　）线。

　　A. 垂直　　　　B. 水平　　　　C. 倾斜　　　　D. 圆弧

（2）圆规用来画圆和圆弧，画图时应尽量使钢针和铅芯都（　　）于纸面。

　　A. 垂直　　　　B. 平行　　　　C. 倾斜　　　　D. 不垂直

2. 思考题。

（1）比例有哪几种？以 2∶1 和 1∶2 绘制同一机件的平面图样，哪一个大？为什么？

（2）尺寸注法有哪些规则？尺寸标注三要素指的是什么？

（3）常见的图线有哪几种？各有何用途？

3. 使用绘图工具，抄画图 3-30 所示的图形，并指出错误的尺寸标注。

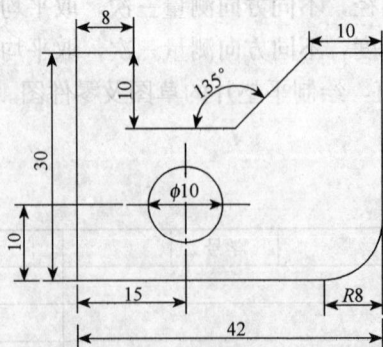

图 3-30　题 3 图

# 项目 4

## 识读零件图

# 任务一　识读简单的零件图

## 任务分析

一辆汽车至少由上万个零件装配而成，要生产出合格的汽车，首先必须制造出合格的零件，而零件又是根据零件图来进行制造和检验的，在机器或部件中，除标准件外，一般零件都要绘制零件图。零件图是直接指导制造和检验零件的重要技术文件，它是用来表示零件结构形状、大小和技术要求的图样。图 4-1 所示为带轮的零件图，试分析其内、外结构形状，各部分结构的尺寸及技术要求。

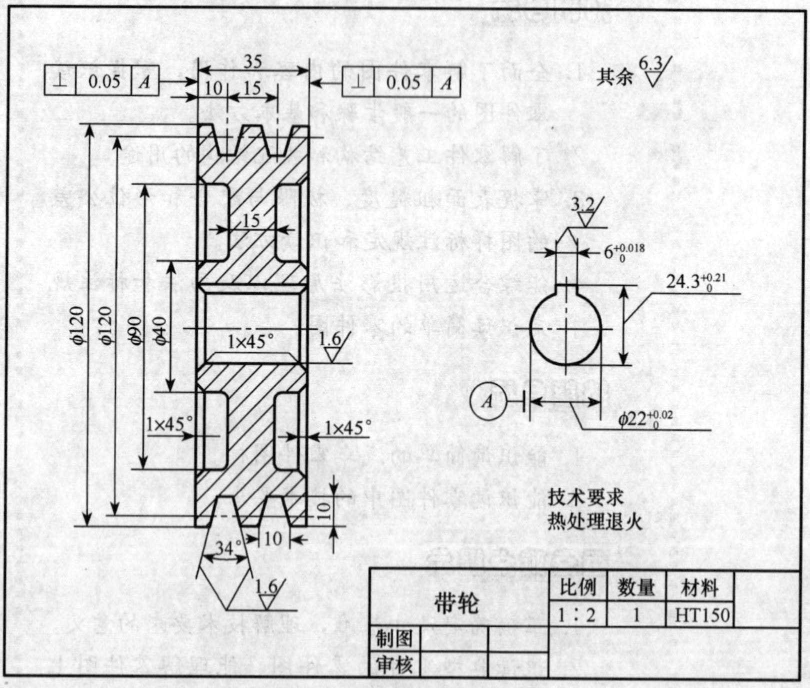

图 4-1　带轮零件

## 任务教学方式

| 教学步骤 | 时间安排 | 教学方式 |
|---|---|---|
| 阅读教材 | 课余 | 自学、查资料、相互讨论 |
| 知识讲授 | 学时数 3 | 通过教师的指导性学习，识读简单的零件图，并了解：视图选择正确、合理，表达完全、清晰，尺寸标注符合国家标准要求，并有一定的技术要求 |
| 任务操练 | 学时数 2 | 能根据给定的零件图，参照对应的立体模型，通过同学间的相互讨论，看懂零件图所表达的内容 |

## 任务实施

### 一、零件图的作用和内容

任何机器或部件都是由各种零件按一定的要求装配而成。表示零件的结构形状、尺寸大小和技术要求等内容的图样称为零件图，它是制造、检验零件的依据，是重要的技术文件。一张完整的零件图应具备下列一些内容。

1) 一组视图：用以完整、清晰地表达零件内、外结构形状。

2) 完整的尺寸：用以正确、完整、清晰、合理地表达零件各部分的大小和各部分之间的相对位置关系。

3) 必要的技术要求：用以说明加工和检验零件的技术要求，如表面粗糙度、公差与配合、形位公差、材料及热处理要求等。

4) 标题栏：填写零件的名称、材料、数量、作图比例等内容。

### 二、零件表达方案的选择

由于零件结构形状各异，选择合理的表达方案是画好零件图的关键。选择时主要考虑两点：一是主视图的选择；二是其他视图和表达方法的选择。

1. 主视图选择

主视图是一组视图的核心，在零件表达方案中应首先合理选择主视图。

1) 形状特征原则。主视图的投射方向应符合最能表达零件各部分的形状特征，如图 4-2 所示的箭头 A 所示方向的投影清楚地显示该轴各段直径大小及轴上其他结构，而 B 所示方向则无法一目了然地反映其结构。

2) 工作位置原则。零件的工作位置是指零件在机器或部件中的实际安装位置。主视图与工作位置一致，便于想象出零件的工作情况，了解零件在机器或部件中的作用和工作原理，有利于画图和读图。图 4-3 所示阀心的主视图符合工作位置。

A向好    B向不好

(a) 视图

(b) 轴测图

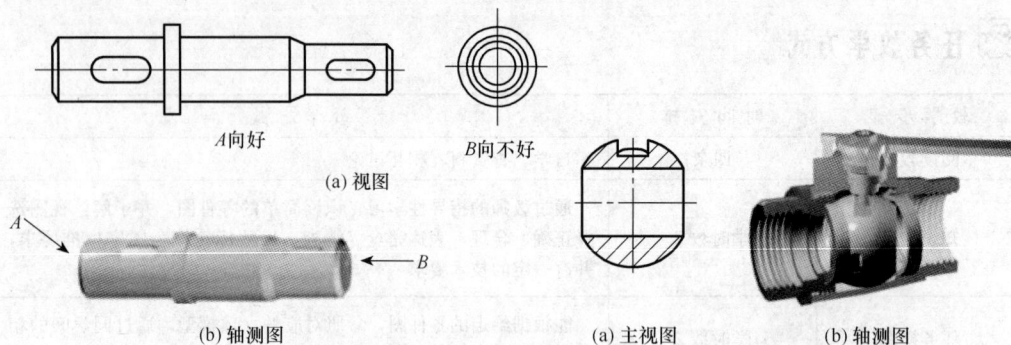

图 4-2  主视图的选择

(a) 主视图    (b) 轴测图

图 4-3  阀心的主视图

3）加工位置原则。加工位置是指零件加工时在机床上的装夹位置，主视图应尽量与零件在机械加工时所处的位置一致，如加工轴，大部分工序是在车床或磨床上进行的，因此这类零件的主视图应将其轴线水平放置，以便加工时看图，如图 4-4 所示。

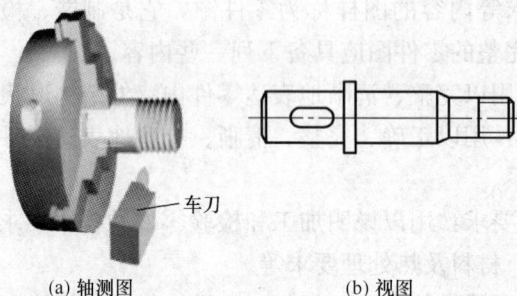

车刀

(a) 轴测图    (b) 视图

图 4-4  轴的主视图

综上所述，零件图的主视图选择应遵循形状特征原则、工作位置原则和加工位置原则。但不是对所有零件的主视图选择都能满足上述三个原则，此时应以形状特征为主，在满足形状特征原则的前提下兼顾其他两个原则。

2. 其他视图选择

主视图确定后，应视零件的复杂程度，在能够完整、清晰、正确地表达零件形状和结构的前提下采用尽量少的视图（一个、两个或多个均可），以便于看图和画图。

**三、零件图尺寸的标注**

零件图的尺寸标注，必须做到正确、完整、清晰、合理。关于正确、完整、清晰的要求，以前几个项目中已有明确叙述，本节着重介绍如何确定尺寸基准及合理的标注尺寸。

1. 尺寸基准

尺寸基准是指图样中标注尺寸的起点。每个零件都有长、宽、高三个方向的尺寸，每个方向至少应有一个基准。尺寸基准按其来源、重要性和几何形式，有以下分类。

（1）设计基准和工艺基准

1）设计基准。在设计过程中，根据零件在机器中的位置、作用，为保证其使用性能而确定的基准。

2）工艺基准。根据零件的加工工艺过程，为方便装夹定位和测量而确定的基准。

（2）主要基准和辅助基准（如图 4-5 所示）

主要基准为决定零件主要尺寸的基准。辅助基准为便于加工和测量而附加的基准。

（3）面基准、线基准和点基准

由于各种零件的结构形状不同，尺寸的起点不同，尺寸基准有时是零件上的某个平面（如底面、端面、对称平面等），有时是零件上的一条线（如回转轴线、刻线等），有时是一个点（如球心、顶点等）。图 4-5（b）所示为面基准和线基准，图 4-5（c）所示为点基准。

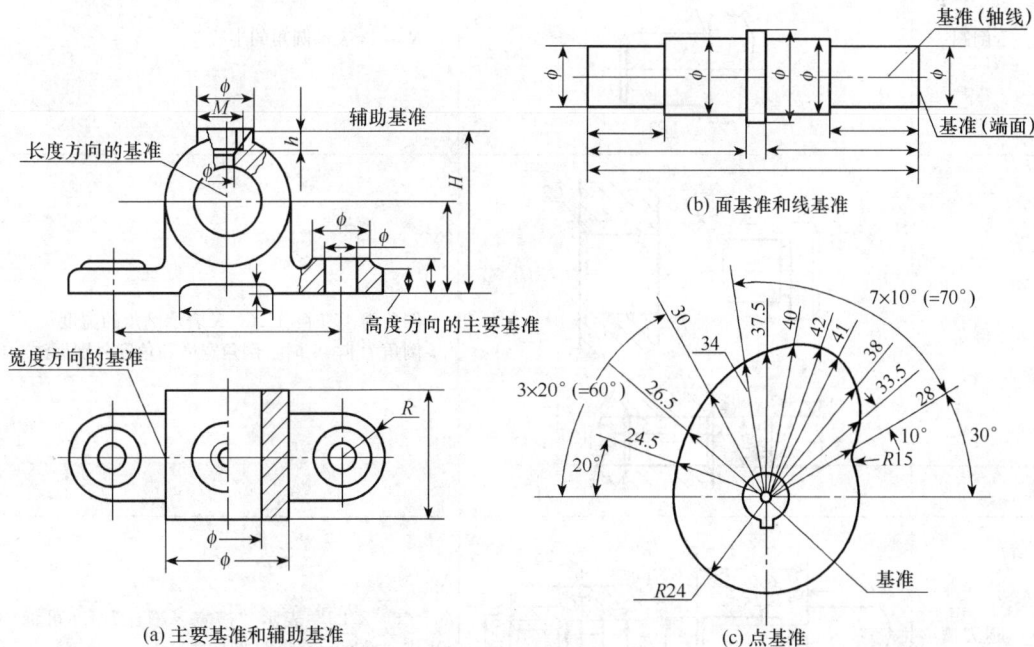

(a) 主要基准和辅助基准

(b) 面基准和线基准

(c) 点基准

图 4-5 尺寸基准

尺寸基准的选择是个十分重要的问题。因为基准选择是否正确，关系到整个零件尺寸标注的合理性。尺寸基准选择不当，零件的设计将无法保证，或给零件的加工、测量带来困难。

2. 常见零件工艺结构及其尺寸注法

常用零件的尺寸的标注如表 4-1 所列。

**表 4-1　常用零件尺寸的注法**

| 工艺结构 | 图　　例 | 标 注 形 式 |
|---|---|---|
| 铸造圆角 | 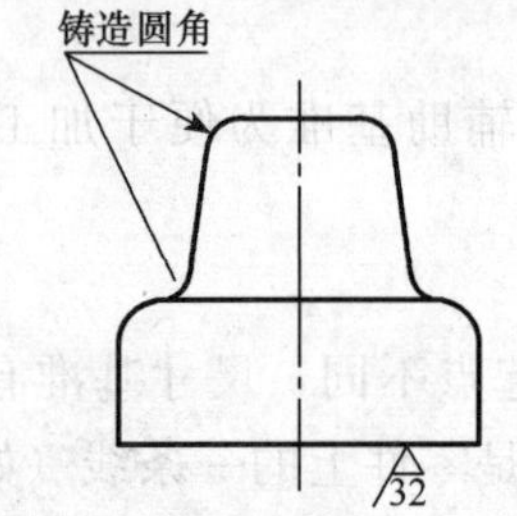 | 圆角的半径一般为 4～5mm，常在技术要求中统一标注说明 |
| 倒圆 | 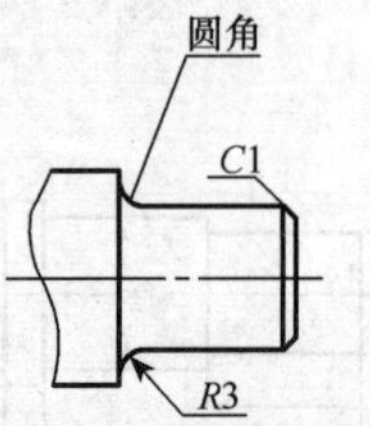 | R 3，3 表示圆角的半径 |
| 倒角 | 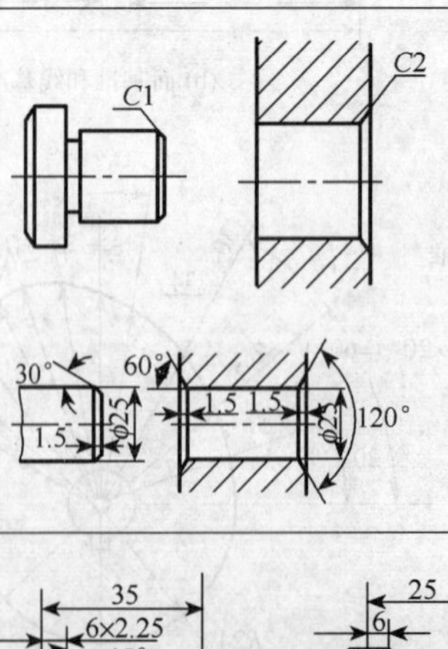 | 倒角为 45°时：CX，X 表示倒角的宽度；倒角为非 45°时：倒角宽度和角度分别标注 |
| 退刀槽 | 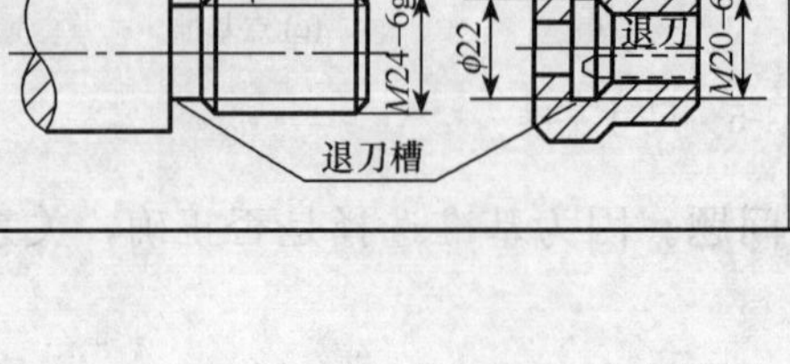 | "6×2.25" 表示 "槽宽×槽深"，亦可标注成 "槽宽×直径" 的形式 |

续表

| 工艺结构 | 图　　例 | 标注形式 |
|---|---|---|
| 越程槽 | 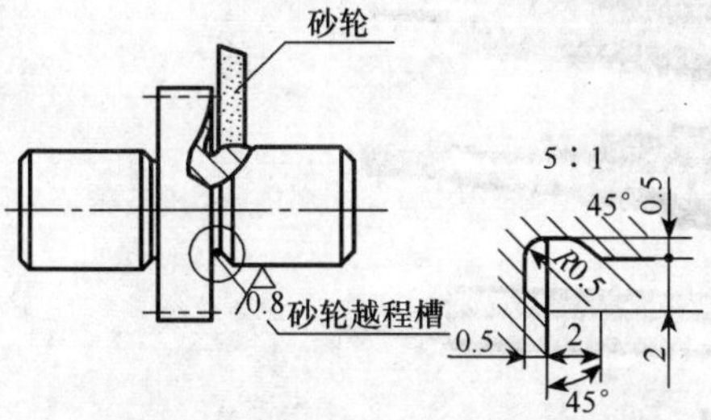 砂轮<br>5:1<br>砂轮越程槽 | 常采用局部放大图形的形式标注尺寸 |
| 钻孔结构 | 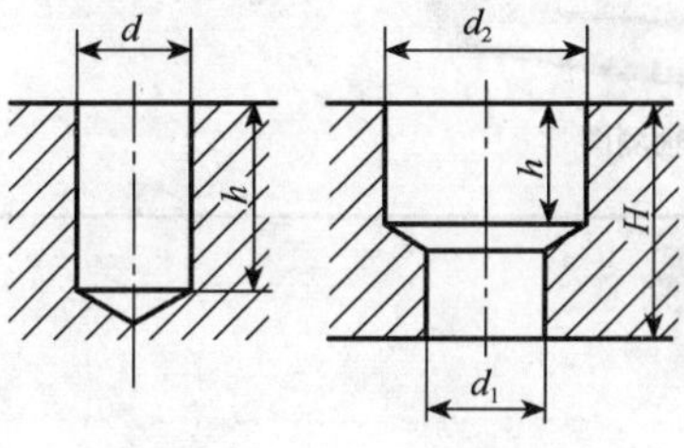 (a) 盲孔　　(b) 阶梯孔<br>钻孔结构 | 画图时按120°画出，但不计入钻孔深度，也不标注锥角大小 |

## 四、典型零件的分析

零件是组成机器或部件的基本单元，根据零件的结构特点可将其分为四类：轴套类、轮盘类、叉架类和箱体类。

1. 轴套类零件

汽车发动机的曲轴、凸轮轴、挺柱、变速器的输入轴、输出轴、中间轴、柴油机喷油泵的柱塞和柱塞套都是轴套类零件。

轴套类零件往往只采用一个轴线水平放置的主视图，如图 4-6 所示。加上几个表达键槽或孔的局部剖视图或移出断面图，以及反映越程槽和退刀槽的局部放大图，再加上标注的尺寸，足以把其结构形状表达清楚。

2. 轮盘类零件

汽车上的齿轮、带轮、飞轮、水泵盖、转向盘、轴承端盖、离合器的压盘等是轮盘类的零件。

轮盘类的零件一般采用两个视图即主视图和左视图的表达方法，视图一般按加工位置轴线横放，为了显示零件内部形状和结构，常采用全剖、旋转剖或复合剖等表达方法，如图 4-7 所示。

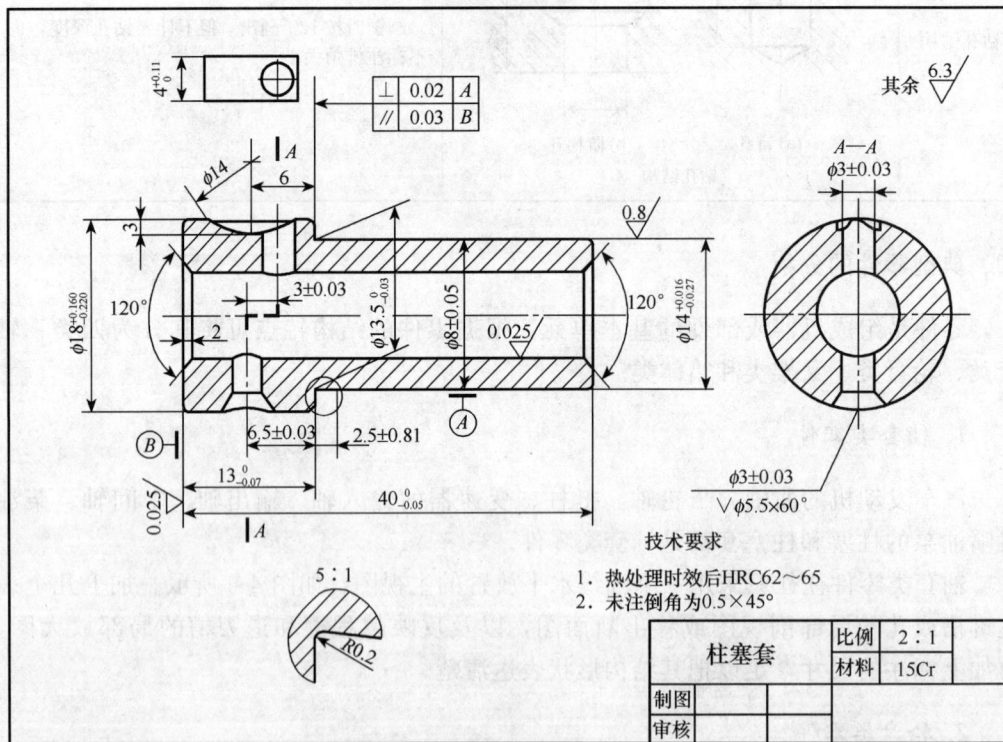

(a) 轴测图

(b) 视图

图 4-6  轴套类零件

### 3. 叉架类零件

汽车变速器的拨叉、汽车上的连杆、支座、支架等都是叉架类零件。

(a) 轴测图

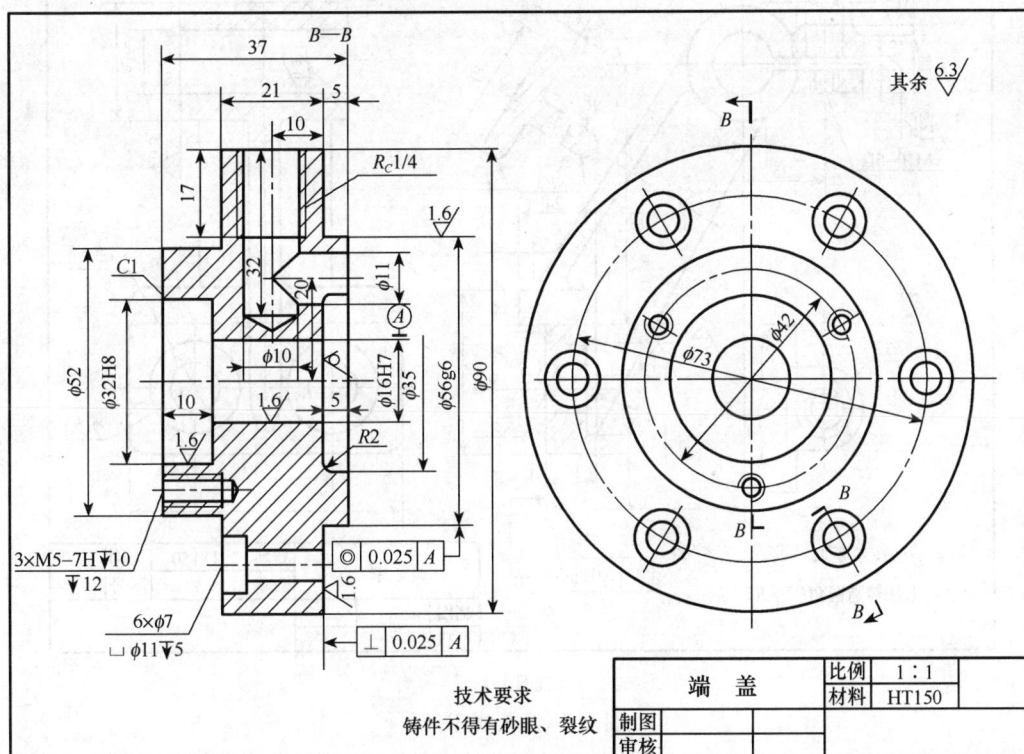

(b) 视图

图 4-7　轮盘类零件

　　叉架类零件形状大多比较复杂，主要为铸件和锻件，肋和扭拐部位较多，其主视图应按形状特征等三原则来表达，主要轴线或平面应平行或垂直于投影面。采用的视图一般不少于两个，图样中局部视图、斜剖视图以及重合断面应用较多，如图 4-8 所示。

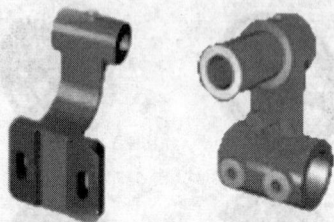

(a) 轴测图

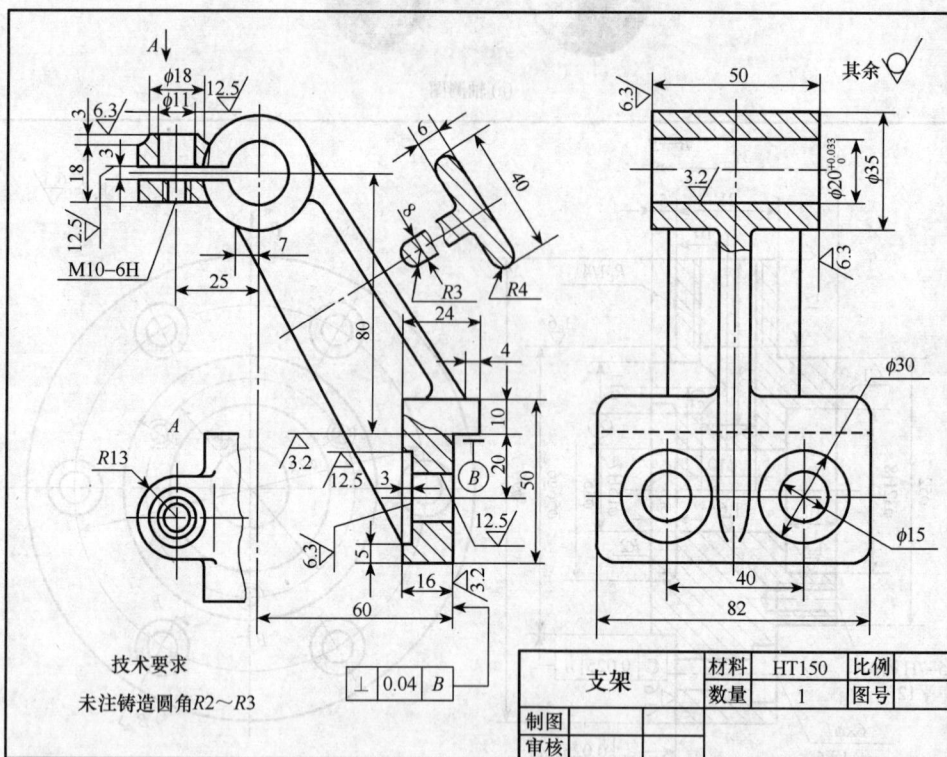

(b) 视图

图 4-8 叉架类零件

4．箱体类零件

汽车发动机的气缸体、变速器的壳体、后桥、转向器的壳体等都是箱体类零件。

箱体类零件大多内外形状较复杂，主视图选择应符合形状特征等三原则，采用的视图一般不少于四个。若内外形状具有对称性，应采用半剖视图；若内外形状都复杂且不对称，则可采用局部视图，且保留一定虚线。对局部的内外部结构，则可以用斜视图、局部剖视图或断面图等方式来表达，如图 4-9 所示。

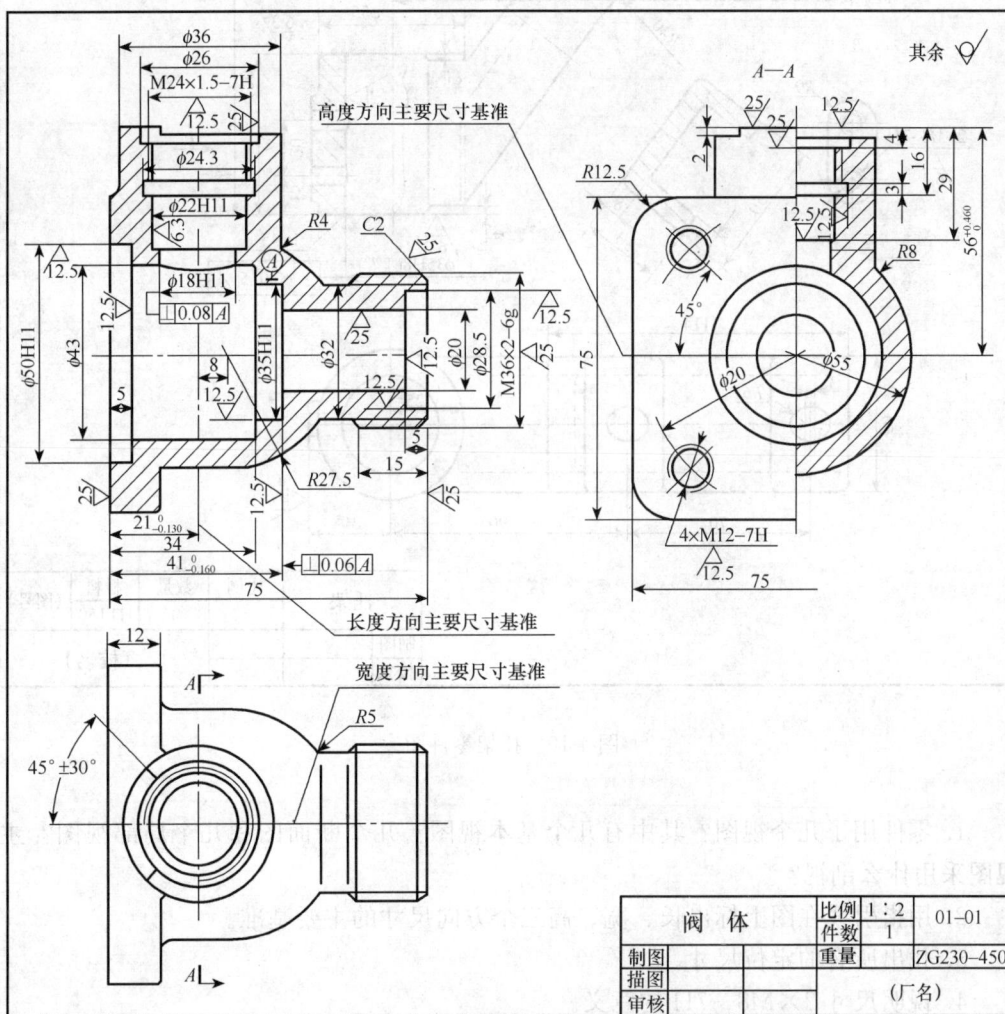

(a) 轴测图

(b) 视图

图 4-9　箱体类零件

**课堂练习**

读图 4-10 所示托架零件图，并回答下列问题。

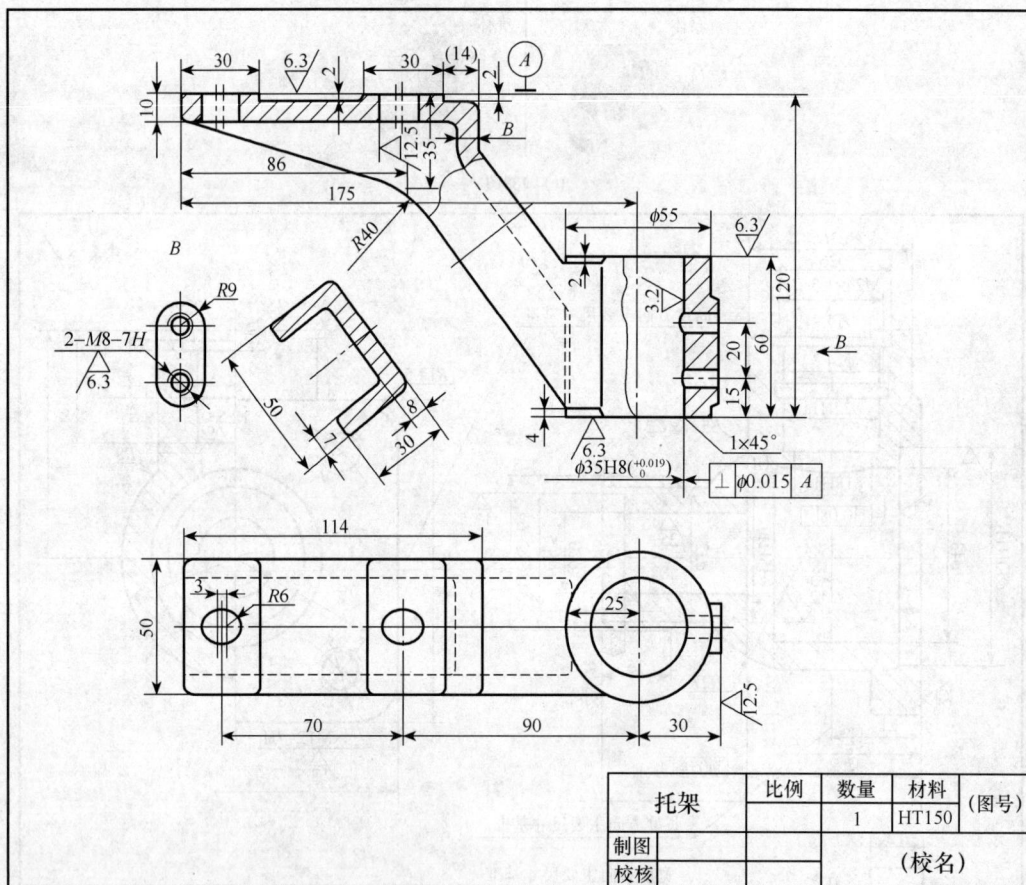

图 4-10　托架零件图

1. 零件用了几个视图？其中有几个基本视图？几个断面图和几个局部视图？主视图采用什么剖视？

2. 用指引线在图上标出长、宽、高三个方向尺寸的主要基准。

3. 找出所有的定位尺寸。

4. 说明尺寸 2×M8—7H 的意义。

5. 画出左视图（虚线省略）。

### 任务评测

| 班级 | | 姓名 | | 学号 | | 自　评 | 小组评议 | 教师评议 |
|---|---|---|---|---|---|---|---|---|
| 1) 知道一张完整的零件图所包含的内容吗 | | | | | | | | |
| 2) 知道如何来选择零件的表达方案吗 | | | | | | | | |
| 3) 会分析零件图的尺寸基准和尺寸标注的方法吗 | | | | | | | | |
| 4) 熟悉常见工艺结构的尺寸标注吗 | | | | | | | | |
| 5) 知道四种典型零件的识读特点吗 | | | | | | | | |

学习体会（主要围绕本任务中最感兴趣的内容、教学建议、收获等）：

| 总评 | | | | 教师签名 | |
|---|---|---|---|---|---|

# 任务二　识读零件图的技术要求

### 任务分析

　　一张完整的零件图，包括四大块内容：一组图形、完整的尺寸、标题栏、技术要求。其中，技术要求包括零件表面粗糙度、零件极限尺寸与配合要求、零件的形状和位置公差，零件材料的要求、加工要求、热处理和表面处理的说明等。

### 任务教学方式

| 教学步骤 | 时间安排 | 教学方式 |
|---|---|---|
| 阅读教材 | 课余 | 自学、查资料、相互讨论 |
| 知识讲授 | 学时数 4 | 通过教师讲授，结合多媒体课件演示，让学生掌握零件图上技术要求所包含的内容，并能理解其含义 |
| 任务操练 | 学时数 2 | 通过对简单零件图进行分析讨论，看懂其视图，想出形状，了解技术要求 |

### 任务实施

**一、公差与配合的基本概念**

**1. 尺寸公差（简称公差）**

　　尺寸公差是指允许尺寸的变动量，是实现零件互换的必要条件。有关尺寸公差的一些名词概念如图 4-11 所示，说明如下。

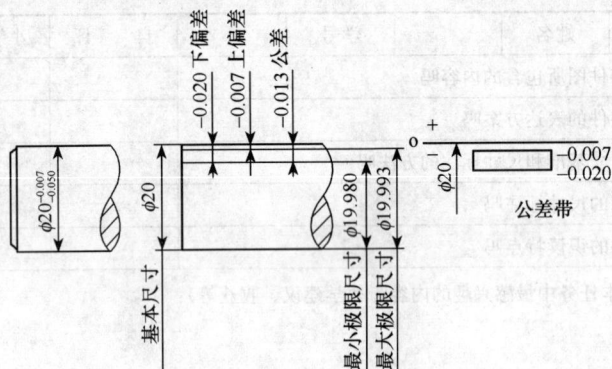

图 4-11　尺寸公差

1）基本尺寸：设计给定的尺寸（$\phi 20$）。

2）实际尺寸：通过测量所得的尺寸。

3）最大极限尺寸：允许尺寸变化的最大界限值（$\phi 19.993$）。

4）最小极限尺寸：允许尺寸变化的最小界限值（$\phi 19.980$）。

5）上偏差：最大极限尺寸减基本尺寸所得的代数差（$19.993 - 20 = -0.007$）。

6）下偏差：最小极限尺寸减基本尺寸所得的代数差（$19.980 - 20 = -0.020$）。

7）尺寸公差（简称公差）：尺寸公差是允许尺寸的变动量，就是最大极限尺寸与最小极限尺寸代数差的绝对值（$|19.993 - 19.980| = 0.013$），或者说是上偏差与下偏差的代数差的绝对值 $|-0.007 - (-0.020)| = 0.013$。

8）零线：在公差带图中，确定偏差的一条基准直线叫做零线。通常零线表示基本尺寸，零线之上，偏差为正；零线之下，偏差为负。

**2. 标准公差与基本偏差**

（1）标准公差

国家标准中规定的用以确定公差带大小的任一公差叫做标准公差。国家标准规定，在基本尺寸至 500mm 内，标准公差共有 20 个公差等级，即 IT01、IT0、IT1～IT18，在基本尺寸大于 500～3150mm 内规定了 IT1～IT18 共 18 个标准公差等级。即"IT"表示标准公差，后面的数字是公差等级代号。IT01 为最高一级，IT18 为最低一级。

（2）基本偏差

确定公差带相对于零线位置的上偏差或下偏差，一般为靠近零线的那个偏差。国家标准中，对孔和轴的每一基本尺寸段规定了 28 个基本偏差，并规定分别用大写或小写拉丁字母作为孔和轴的基本偏差代号，编制了图 4-12 所示的基本偏差系列。

基本偏差系列图

孔

轴

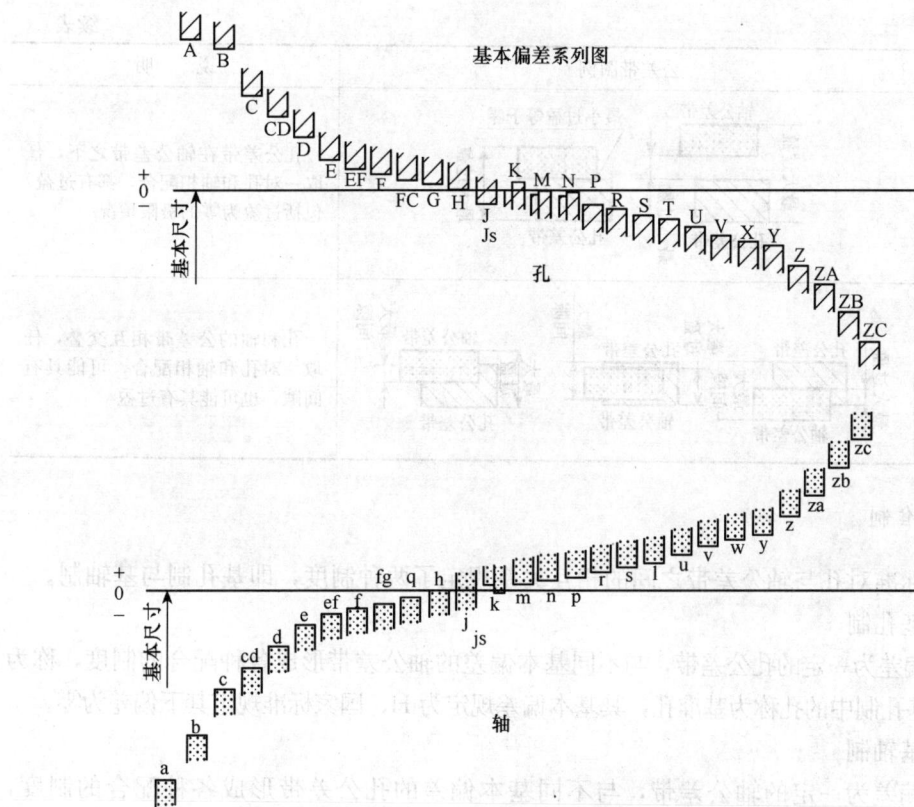

图 4-12　基本偏差系列示意图

3. 配合

基本尺寸相同的，相互结合的孔和轴公差带之间的关系称为配合。当任何两个零件分别以孔和轴的不同形式相配合时，其配合性质有两种：间隙和过盈。根据孔、轴公差带之间的关系，国家标准规定配合有三种类型（见表4-2）。

表 4-2　配合的三种类型

| 名　称 | 公差带图例 | 说　明 |
|---|---|---|
| 间隙配合 | 孔公差带　最小间隙　孔公差带　最大间隙　最大间隙　轴公差带　轴公差带　最小间隙等于零 | 孔公差带在轴公差带之上，任取一对孔和轴相配，都有间隙，包括间隙为零的极限情况 |

61

续表

| 名　称 | 公差带图例 | 说　明 |
|---|---|---|
| 过盈配合 |  | 孔公差带在轴公差带之下，任取一对孔和轴相配合，都有过盈，包括过盈为零的极限情况 |
| 过渡配合 |  | 孔和轴的公差带相互交叠，任取一对孔和轴相配合，可能具有间隙，也可能具有过盈 |

4. 基准制

国家标准对孔与轴公差带之间的相互关系规定了两种制度，即基孔制与基轴制。

（1）基孔制

基本偏差为一定的孔公差带，与不同基本偏差的轴公差带形成各种配合的制度，称为基孔制。基孔制中的孔称为基准孔，其基本偏差规定为 H，国家标准规定其下偏差为零。

（2）基轴制

基本偏差为一定的轴公差带，与不同基本偏差的孔公差带形成各种配合的制度，称为基轴制。基轴制中的轴称为基准轴，其基本偏差规定为 h，国家标准规定其上偏差为零。公差与公差配合在图样上的标注如图 4-13 所示。

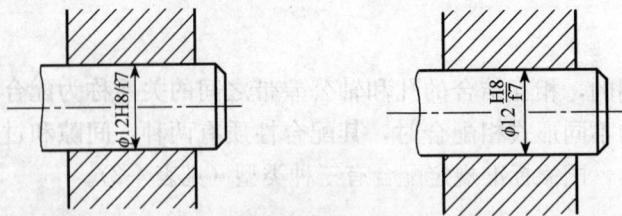

图 4-13　装配图中的公差标注

## 二、公差配合的标注及识读

（1）在零件图上的标注

在零件图上标注时可在基本尺寸后注出基本偏差代号和公差等级，也可直接注出偏差数值，或者两者同时注出，如图 4-11 所示。

（2）在装配图上的标注

对有配合要求的尺寸，应在基本尺寸之后标注配合代号，如图 4-13 所示。

### 三、形状和位置公差

经过加工的零件表面，不但会有尺寸误差，而且也会有形状和位置误差。对于精度要求较高的零件，要规定其表面形状和相互位置的公差，简称形位公差。

#### 1. 形位公差种类

形位公差共分两大类：一类是形状公差，另一类是位置公差，其符号如表 4-3 所列。

**表 4-3　形位公差特征项目和符号**

| 分　类 | | 特征项目 | 符　号 | 分　类 | | 特征项目 | 符　号 |
|---|---|---|---|---|---|---|---|
| 形状公差 | 形状 | 直线度 | — | 位置公差 | 定向 | 平行度 | ∥ |
| | | 平面度 | ▱ | | | 垂直度 | ⊥ |
| | | 圆度 | ○ | | | 倾斜度 | ∠ |
| | | 圆柱度 | ⌀ | | 定位 | 同轴（同心）度 | ◎ |
| 形状或位置公差 | 轮廓 | 线轮廓度 | ⌒ | | | 对称度 | ≡ |
| | | | | | | 位置度 | ⊕ |
| | | 面轮廓度 | ⌓ | | 跳动 | 圆跳动 | ↗ |
| | | | | | | 全跳动 | ↗↗ |

#### 2. 形位公差的标注

形位公差在图中是用代号标注的。形位公差的代号包括形位公差项目符号、形位公差框格和带箭头的指引线、形位公差值和其他有关符号、基准符号等。代号标注不便时，也可用文字说明。

1）形位公差框格及带箭头的指引线。框格用细实线画出，可水平或垂直放置。框格内自左至右分出两格、三格或多格，第一、二格分别填写公差项目符号、公差数值及有关符号。第三格及以后各格填写基准代号字母和其他有关内容，如图 4-14 所示。框格一端与指引线相连，指引线另一端以箭头指向被测要素。

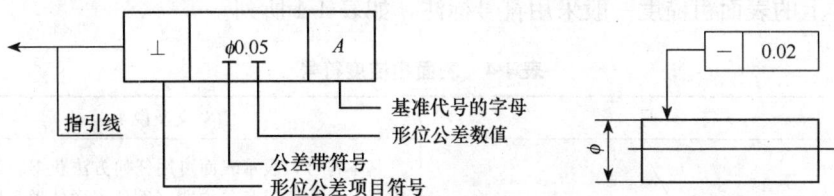

图 4-14　形位公差标注示意

2）标明基准要素的方法。基准要素在图样上用基准符号表示，基准符号为用小圆的细实线与一加粗（约为 $2b$，$b$ 为粗线线宽）的短横线相连，如图 4-15 所示。

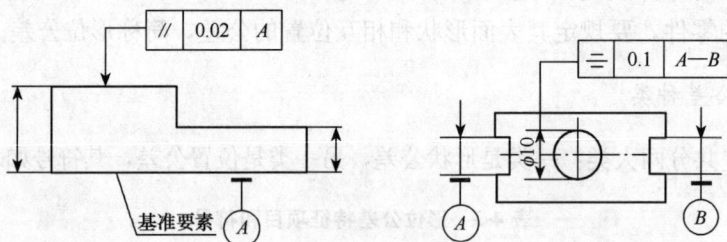

图 4-15　基准要素标注方法

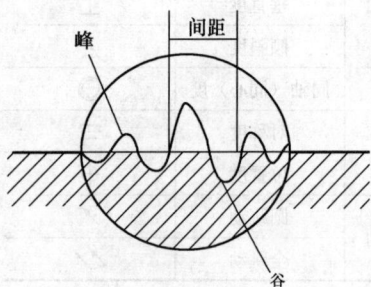

图 4-16　表面粗糙度示意图

## 四、表面粗糙度

### 1. 表面粗糙度的概念

经加工后的零件表面，无论其加工方法如何，不可能是一个理想的绝对光滑表面，经放大后（如图 4-16 所示）可以看出，表面是高低不平的。表面粗糙度是指零件表面上具有较小间距和峰谷所组成的微观几何形状特性。

### 2. 表面粗糙度评定的主要参数

表面粗糙度评定的主要参数是轮廓算术平均偏差 $Ra$。轮廓算术平均偏差 $Ra$ 是指在取样长度内，轮廓偏距（表面轮廓的峰谷上各点至基准线的距离）绝对值的算术平均值。轮廓算术平均偏差 $Ra$ 的单位是 $\mu m$，国家对 $Ra$ 值进行了标准规定，$Ra$ 值越大，表面越粗糙，反之，则越光滑。

### 3. 表面粗糙度的符号

图样上的表面粗糙度一般采用符号标注，如表 4-4 所列。

表 4-4　表面粗糙度符号

| 符　　号 | 意义及说明 |
| --- | --- |
| √ | 基本符号，表示表面可用任何方法获得。当不加注粗糙度参数值或有关说明（例如表面处理、局部热处理状况等）时，仅适用于简化代号标注 |

续表

| 符　　号 | 意义及说明 |
|---|---|
|  | 基本符号加一短划，表示表面是用除去材料的方法获得，例如车、铣、钻、磨、剪切、抛光、腐蚀、电火花加工、气割等 |
|  | 基本符号加一小圆，表示表面是用不除去材料的方法获得，例如铸、锻、冲压变形、热轧、冷轧、粉末冶金等。或者是用于保持原供应状况的表面（包括保持上道工序的状况） |
|  | 此栏中三个符号的长边上均可加一横线，用于标注有关参数和说明 |
|  | 此栏中三个符号上均可加一小圆，表示所有表面具有相同的表面粗糙度要求 |

### 4. 表面粗糙度在图样上的标注方法

在图样上所标注的表面粗糙度符号，是表示该表面加工完毕后的要求。具体要求如下。

1）表面粗糙度符号应注在可见轮廓线、尺寸线、尺寸界线或它们的延长线上，符号的尖端必须从材料外指向零件表面，如图 4-17 和图 4-18 所示。

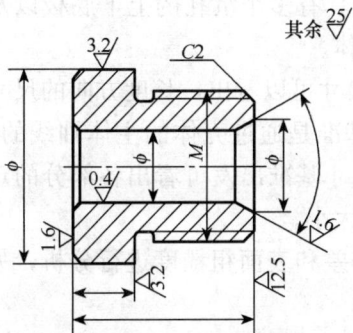

图 4-17　表面粗糙度符号标注法

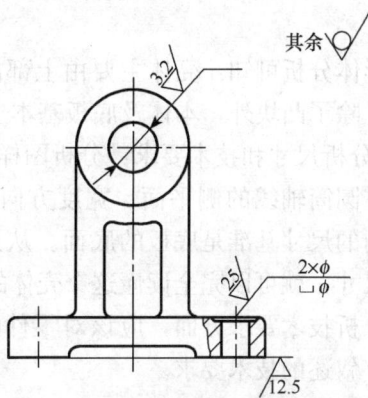

图 4-18　表面粗糙度的引出标注法

2）在同一张图样上，每一表面一般只标注一次表面粗糙度符号，并尽量靠近尺寸线，若位置狭小或不便标注时也可引出标注，如图 4-19 所示。

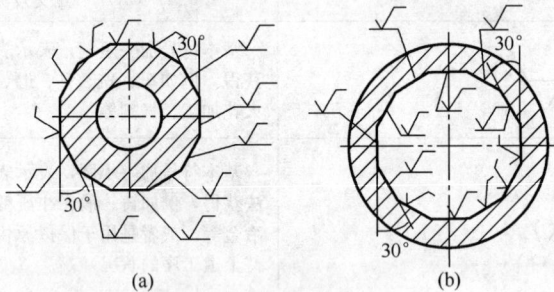

图 4-19　粗糙度符号的标注方向

3）符号的标注方向必须按图 4-18 所示的方向标注。

4）当零件的大部分表面具有相同的表面粗糙度要求时，对其中使用最多的一种符号可统一标注在图样右上角，并加注"其余"两字，如图 4-17 和图 4-18 所示。

**五、识读零件图**

以图 4-20 所示壳体为例，分析识读零件图的方法和步骤。

1）读标题栏：零件的名称是壳体，属箱体类零件。

2）分析视图，想象形状：该壳体较为复杂，有主、俯、左三个基本视图和一个局部视图。主视图是全剖视图，用单一的正平面剖切，主要表达内部形状。俯视图是全剖视图，用两个平行的剖切平面剖切，表达内形和底板的形状及孔的分布情况。左视图和局部视图除了采用一个局部剖视表达锪平孔外，主要用来表达机件外形及顶面形状。

由形体分析可知：壳体主要由上部的主体、具有多个沉孔的上下底板以及左右凸块组成。除了凸块外，本体及底板基本上是回转体。

3）分析尺寸和技术要求：分析图样上所注尺寸可以看出，长度方向的尺寸基准是通过主体圆筒轴线的侧平面；宽度方向的尺寸基准是通过壳体的主体轴线的正平面；高度方向的尺寸基准是底板的底面。从这三个尺寸基准出发可看出各部分的定形尺寸和定位尺寸，就可以完全读懂这个壳体的形状和大小。

在分析技术要求方面，应该对零件的形位公差和表面粗糙度进行分析，另外还应注意文字叙述的技术要求。

4）综合考虑：把上述各项内容综合起来，就能得出对于这个壳体的总体概念。

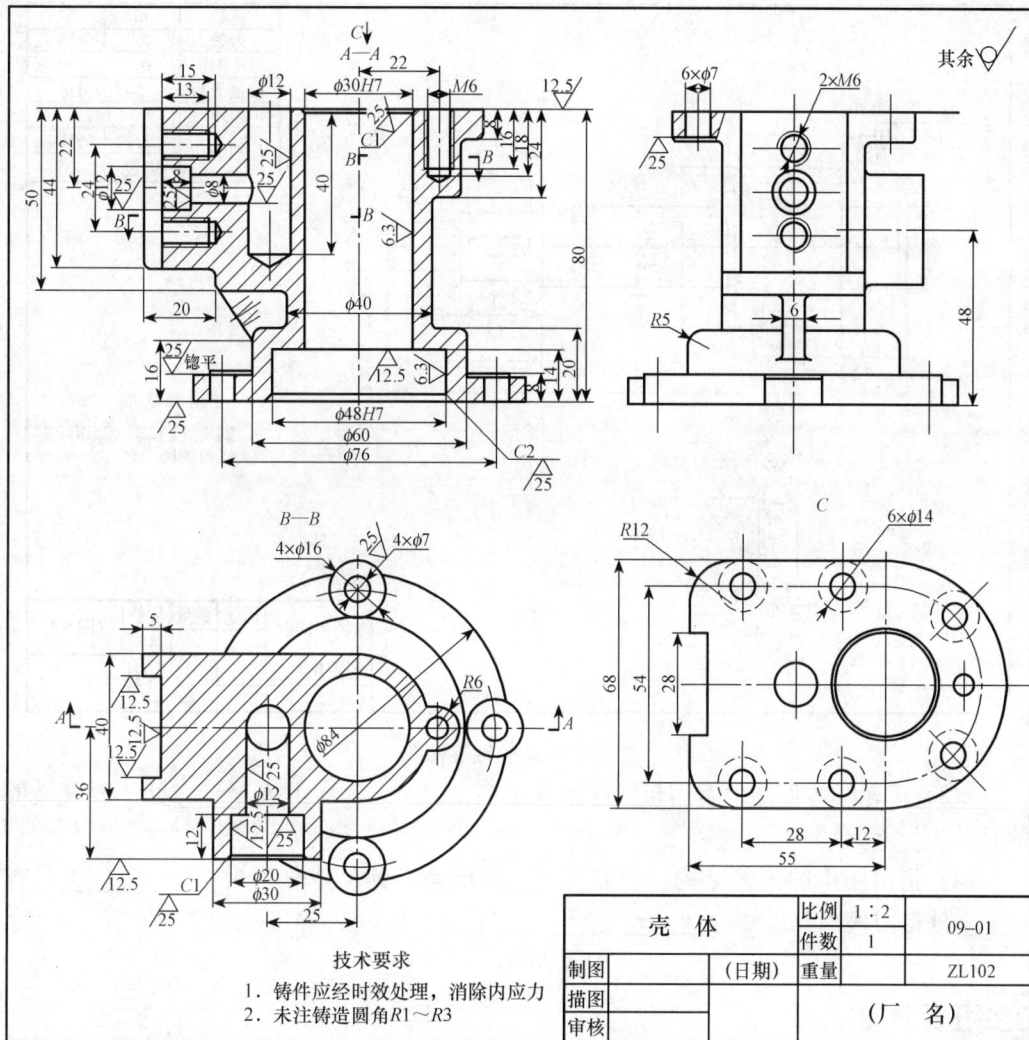

图 4-20　壳体零件图

🔧 **课堂练习**

读图 4-21 所示齿轮轴零件图，在指定位置补画断面图，并完成填空题。

(1) 说明 $\phi 20f7$ 的意义：$\phi 20$ 为_____，f7 是_____，如将 $\phi 20f7$ 写成有上下偏差的形式，注法是_____。

(2) 说明图中形位公差框格的意义：符号 ⊥ 表示_____，数字 0.04 是_____，$A$ 是_____。

| 模数 | m | 2 |
|---|---|---|
| 齿数 | z | 18 |
| 压力角 | α | 20 |
| 精度等级 | | 8—7—7—Dc |
| 齿厚 | | 4.142 |
| 配对齿数 | 图号 | 6504 |
| | 齿数 | 25 |

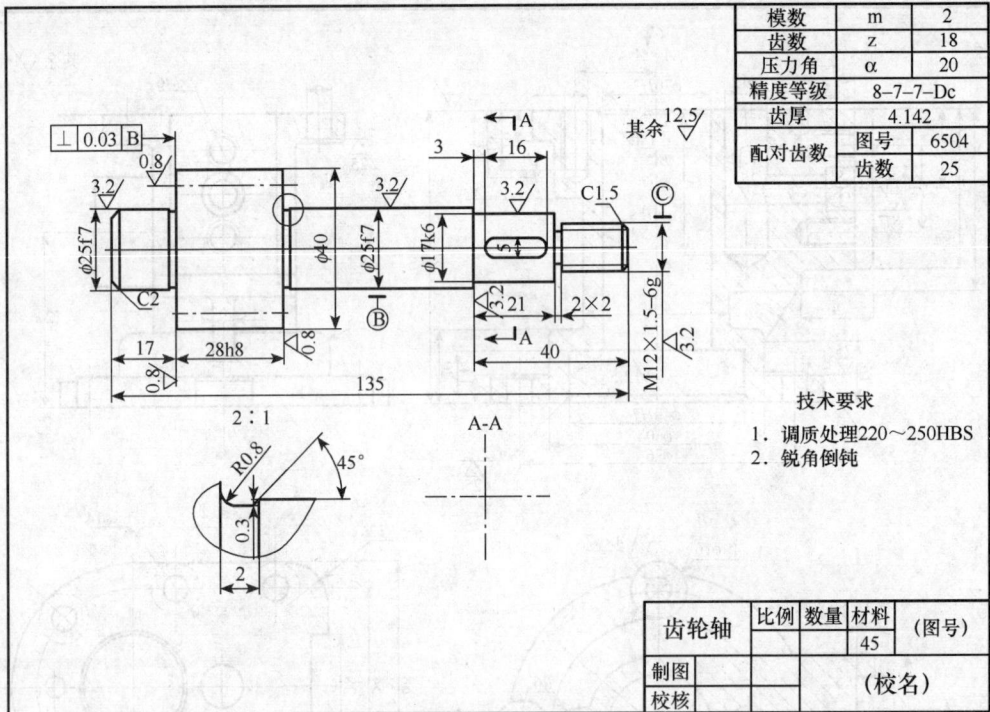

| 齿轮轴 | 比例 | 数量 | 材料 | (图号) |
|---|---|---|---|---|
| | | | 45 | |
| 制图 | | | | (校名) |
| 校核 | | | | |

图 4-21 齿轮轴零件图

（3）齿轮轴零件图中表面粗糙度要求最高的是＿＿＿＿，共有＿＿＿＿处；要求最低的是＿＿＿＿。

（4）指出图中的工艺结构：它有＿＿＿＿处倒角，其尺寸分别为＿＿＿＿＿＿，有＿＿＿＿处退刀槽，其尺寸为＿＿＿＿＿＿＿＿。

## 任务评测

| 班级 | | 姓名 | | 学号 | | 自　评 | 小组评议 | 教师评议 |
|---|---|---|---|---|---|---|---|---|
| 1）知道公差、公差带的概念 | | | | | | | | |
| 2）能写出某一尺寸的极限尺寸、上下偏差和尺寸公差 | | | | | | | | |
| 3）知道配合及其种类了吗 | | | | | | | | |
| 4）理解形位公差的各个项目意义并记住它们的符号了吗 | | | | | | | | |
| 5）什么是表面粗糙度？能看懂零件表面粗糙度符号的意义吗 | | | | | | | | |
| 6）了解识读零件图的方法和步骤 | | | | | | | | |

学习体会（主要围绕本任务中最感兴趣的内容、教学建议、收获等）：

| 总评 | | | | 教师签名 | |
|---|---|---|---|---|---|

## 项目小结

1) 全面了解零件图的内容和作用，掌握识读零件图的一般步骤和基本方法。
2) 能综合运用投影法原理以及画法和标注规定识读简单程度的零件图。

## 思考与练习

1. 看懂图 4-22 所示零件图，想象该零件的结构形状，并完成下面的问题。

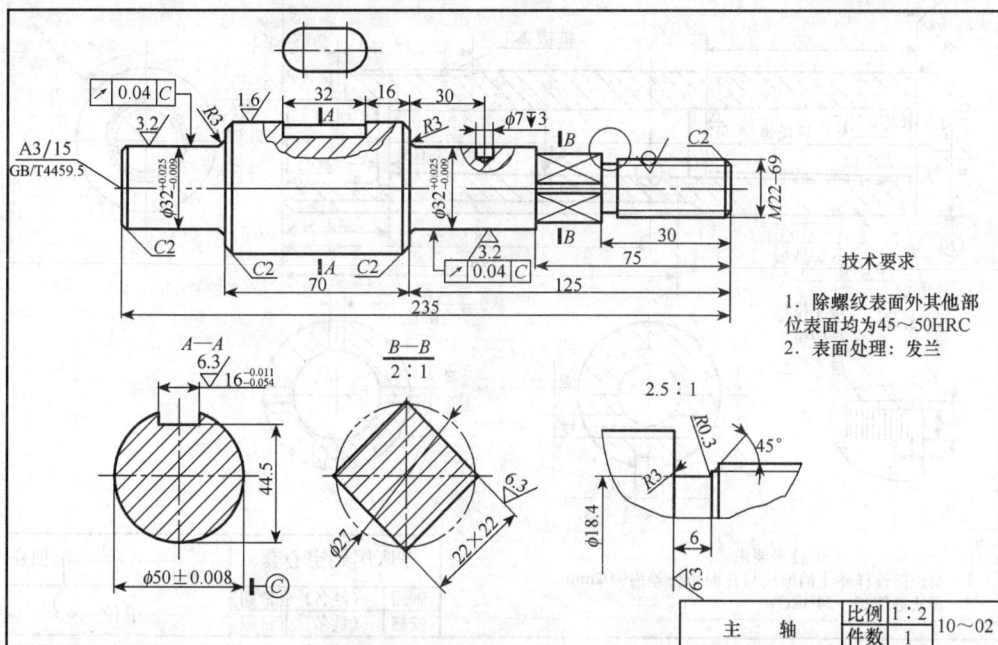

图 4-22 题 1 图

(1) 该零件图采用的表达方法有哪些？

(2) 靠右侧的两处斜交细实线表示什么意思？

(3) 键槽的定位尺寸是_____，长度_____，宽度_____，深度_____。

(4) ▱ 0.04 C 表示_____两圆柱面对_____的轴线的_____公差为_____。

(5) M22—6g 中，M22 表示_____，6g 表示_____。

（6）该零件名称为_____，绘图比例为_____。

（7）$\phi 32^{+0.025}_{-0.009}$中，基本尺寸为_____，最大极限尺寸为_____，最小极限尺寸为_____，公差为_____。

2. 看懂图 4-23 所示车床尾架空心套的零件图，结合车床尾架整个部件想象该零件的结构形状，并完成下面的问题。

（1）该零件共采用_____个图，分别是_____。

（2）3×0.5 表示_____结构，3 表示_____，0.5 表示_____。

（3）$\phi 8$ 孔的定位尺寸为_____。

（4）尺寸 90 的含义是_____。

（5）$\boxed{\nearrow\ 0.01\ B}$表示_____对_____的轴线的_____公差为_____。

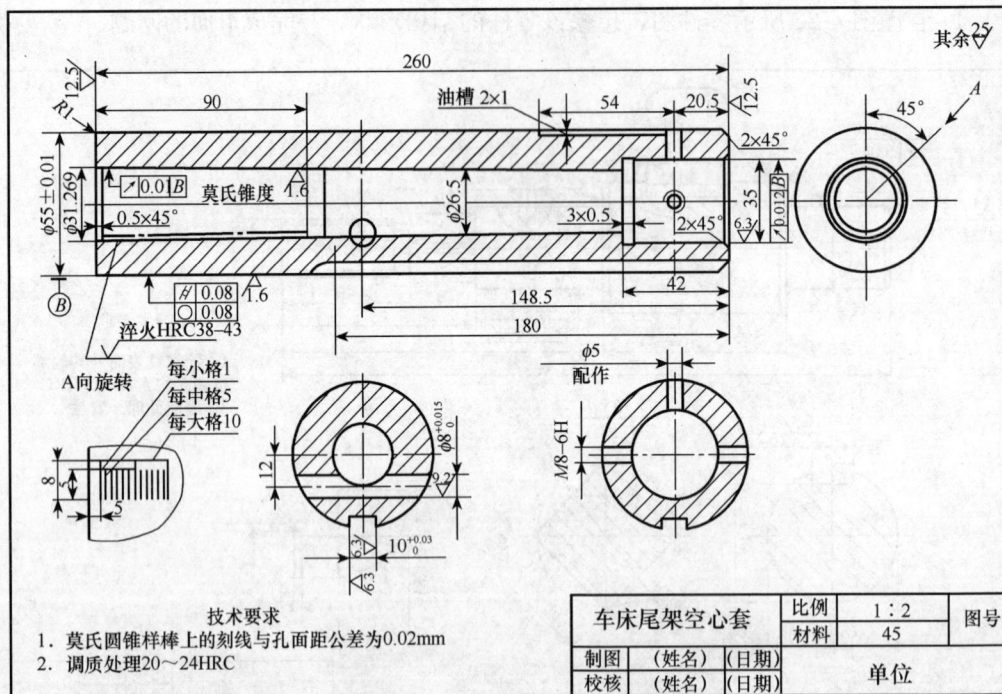

图 4-23　车床尾架空心套零件图

# 项目 5

## 识读简单的装配图

### 知识目标

1. 熟悉螺纹的基本参数、画法，常见螺纹连接件的种类及画法。
2. 熟悉常用件齿轮的结构、规定画法。
3. 通过对装配图的识读，熟悉装配图的作用和内容，巩固对机件各种表达方法的识读，综合想象各零件的形状。
4. 能初步看懂部件中各个零件之间的相对位置、装配关系、连接形式等，理解部件的工作原理。
5. 会识读一般汽车部件的装配图。

### 技能目标

1. 能识读一般汽车部件的装配图。
2. 能根据装配图组装其相应的汽车部件。

### 重点难点提示

1. 螺纹、齿轮的结构要素、画法。
2. 装配图的画法和尺寸标注规定及识读装配图的方法。
3. 读懂装配部件的原理，理解总体设计意图。

# 任务一 识读标准件和常用件的画法

## 任务分析

在组成机器或部件的零件中，有些零件的结构和尺寸已经标准化，这些零件称为标准件，如螺栓、双头螺柱、螺钉、螺母、垫圈、键、销、轴承等。

还有一些零件的部分结构和参数实行了标准化，这些零件称为常用件，如齿轮、弹簧等。标准件和常用件在工程中应用十分广泛，一般由专门工厂成批生产。

本次任务主要介绍标准件螺纹紧固件和常用件齿轮的结构要素、规定画法。

## 任务教学方式

| 教学步骤 | 时间安排 | 教学方式 |
| --- | --- | --- |
| 阅读教材 | 课余 | 自学、查资料、相互讨论 |
| 知识讲授 | 学时数 3 | 通过讲授法和图片演示法，熟悉螺纹、齿轮的基本参数、画法 |
| 任务操练 | 学时数 2 | 通过练习法进一步掌握三种螺纹连接件的画法、应用场合 |

## 任务实施

### 一、螺纹的形成

在圆柱表面或圆锥表面上，沿着螺旋线形成的、具有相同剖面的连续凸起和沟槽称为螺纹。在圆柱面上形成的螺纹为圆柱螺纹，在圆锥面上形成的螺纹为圆锥螺纹。在圆柱或圆锥内表面上形成的螺纹为内螺纹，在圆柱或圆锥外表面上形成的螺纹为外螺纹，如图 5-1 所示。

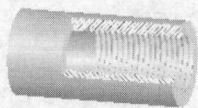
(a) 内螺纹

(b) 外螺纹

图 5-1 内螺纹和外螺纹实例

### 二、螺纹的结构要素

螺纹的尺寸和结构是由牙型、直径、螺距和导程、线数、旋向等要素确定的，当内外螺纹相互旋合时，这些要素必须相同才能装在一起。

1) 牙型。通过螺纹轴线剖切螺纹所得的剖面形状称为螺纹的牙型。牙型不同的螺纹，其用途也各不相同。常用螺纹的牙型如表 5-1 所列。

**表 5-1 常用螺纹**

| 螺纹种类及特征代号 | | 外形图 | 牙型放大图 | 功 用 |
|---|---|---|---|---|
| 连接螺纹 | 普通螺纹（M） |  | 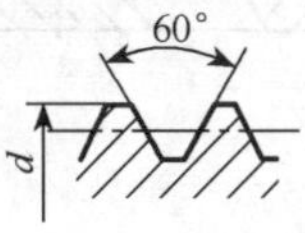 60° $d$ | 普通螺纹是最常用的连接螺纹，分粗牙和细牙两种。细牙的螺距和切入深度较小，用于细小精密零件或薄壁零件上 |
| | 55°非密封管螺纹（G） |  | 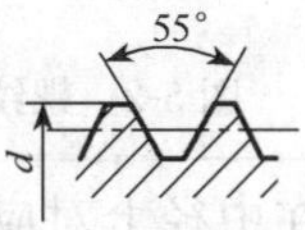 55° $d$ | 英寸制管螺纹是一种螺纹深度较浅的特殊细牙螺纹。多用于压力为1.568Pa以下的水、煤气管路、润滑和电线管路系统 |
| 传动螺纹 | 梯形螺纹（Tr） | 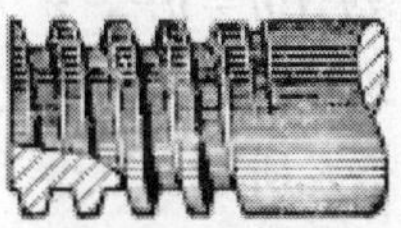 | 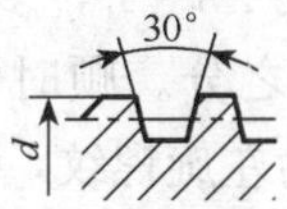 30° $d$ | 作传动用，各种机床上的丝杆多采用这种螺纹 |
| | 锯齿形螺纹（B） |  | 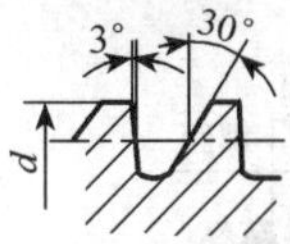 3° 30° $d$ | 只能传递单向动力。如螺旋压力机等 |
| | 矩形螺纹 | 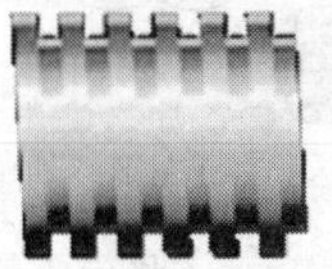 | 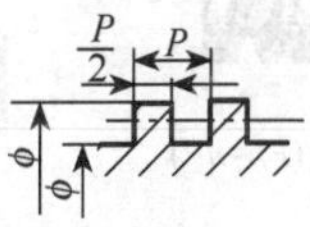 $\frac{P}{2}$ $P$ $\phi$ $\phi$ | 牙型为正方形，为非标准螺纹，用于千斤顶、小型压力机等 |

2）直径。螺纹的直径有三个：大径、小径和中径。

与外螺纹牙顶或内螺纹牙底相重合的假想圆柱的直径，称为大径。

与外螺纹牙底或内螺纹牙顶相重合的假想圆柱的直径，称为小径。

中径也是一个假想圆柱的直径，该圆柱的母线通过牙型上的沟槽和凸起宽度相等的地方，如图 5-2 所示。

外螺纹的大、小、中径分别用符号 $d$、$d_1$、$d_2$ 表示，内螺纹的大、小、中径则分别用符号 $D$、$D_1$、$D_2$ 表示。

3）线数（$n$）。螺纹有单线和多线之分。

单线螺纹是指由一条螺旋线所形成的螺纹，如图 5-3 所示。

多线螺纹是指由两条或两条以上在轴向等距分布的螺旋线所形成的螺纹，如图 5-3 所示。

4）螺距（$P$）、导程（$Ph$）。相邻两牙在中径线上对应两点的轴向距离称为螺距，以 $P$ 表示。

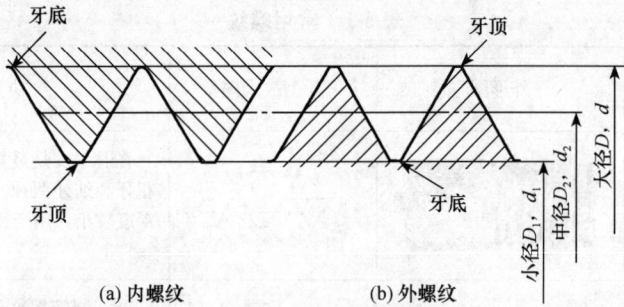

图 5-2　螺纹直径

同一条螺旋线上的相邻两牙在中径上对应两点间的轴向距离称为导程，以 $Ph$ 表示。导程和螺距的关系：单线螺纹 $Ph=P$，多线螺纹 $Ph=nP$，$n$ 为螺纹线数。

5）旋向。螺纹有左旋和右旋之分。顺时针旋转时旋入的螺纹称为右旋螺纹，反之，逆时针旋转时旋入的螺纹称为左旋螺纹，如图 5-4 所示。

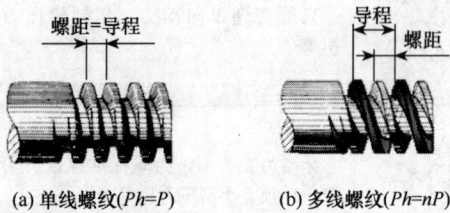

图 5-3　螺纹线数

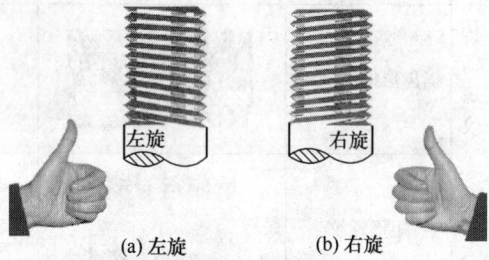

图 5-4　螺纹旋向

### 三、螺纹的规定画法

#### 1. 外螺纹的画法

螺纹牙顶（大径）及螺纹终止线用粗实线表示；牙底（小径）用细实线表示（小径尺寸近似的画成大径尺寸的 85%），并画入螺杆的倒角或倒圆部分，在垂直于螺纹轴线的投影面的视图中，大径圆用粗实线表示；小径圆用细实线表示，且只画约 3/4 圆，此时螺纹的倒角圆省略不画，如图 5-5 所示。

#### 2. 内螺纹的画法

内螺纹一般画成剖视图，其牙顶（小径）及螺纹终止线用粗实线表示；牙底（大径）用细实线表示，剖面线画到粗实线为止。在垂直于螺纹轴线的投影面的视图中，小径圆用粗实线表示；大径圆用细实线表示，且只画约 3/4 圆，此时，螺纹倒角圆省略不画，如图 5-6 所示。

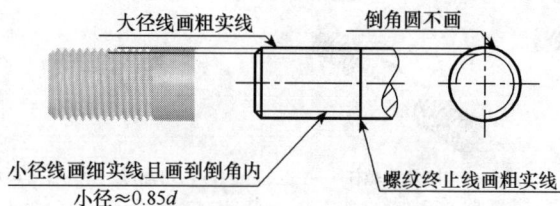

图 5-5　外螺纹的画法

图 5-6　内螺纹的画法

### 3. 螺纹连接的画法

用剖视图表示一对内外螺纹连接时，连接部分按外螺纹绘制，其余部分仍按各自的规定画法绘制，如图 5-7 和图 5-8 所示。注意：外螺纹大径线和内螺纹大径线对齐；外螺纹小径线和内螺纹小径线对齐。

图 5-7　螺纹连接的画法之一

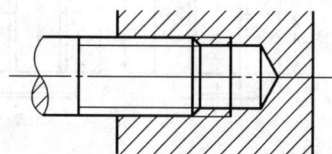

图 5-8　螺纹连接的画法之二

## 四、螺纹连接件

### 1. 螺纹连接件的种类

常用的螺纹连接件有螺栓、双头螺柱、螺钉、螺母和垫圈等，如图 5-9 所示。

(a) 六角头螺栓    (b) 双头螺柱    (c) 六角螺母    (d) 六角开槽螺母

(e) 内六角圆柱头螺钉    (f) 开槽圆柱头螺钉    (g) 半圆头螺钉    (h) 开槽沉头螺钉

(i) 平垫圈    (j) 弹簧垫圈    (k) 圆螺母用止动垫圈    (l) 圆螺母    (m) 紧定螺钉

图 5-9　螺纹连接件的种类

### 2. 螺纹连接件连接的画法

图 5-10 所示是三种螺纹连接件连接的三视图。

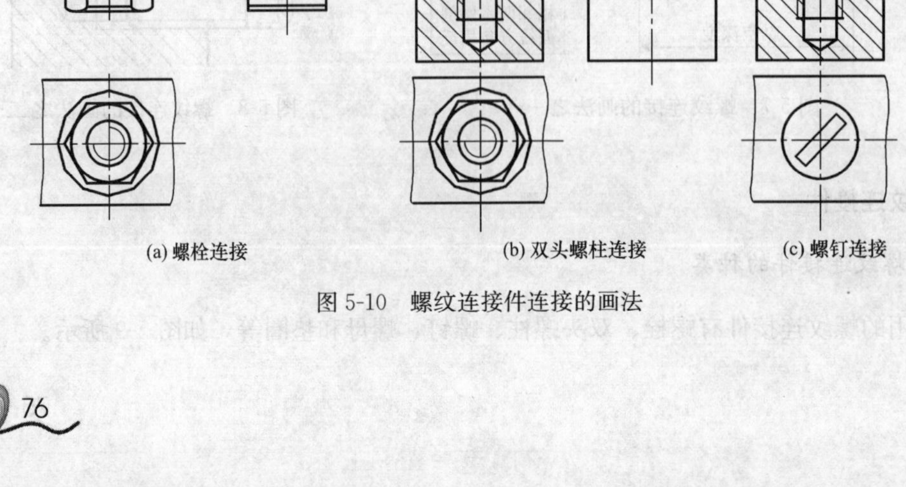

(a) 螺栓连接    (b) 双头螺柱连接    (c) 螺钉连接

图 5-10　螺纹连接件连接的画法

**五、齿轮的画法**

1. 直齿圆柱齿轮各部分的名称和尺寸关系

直齿轮各部分的名称和尺寸关系如图 5-11 所示。

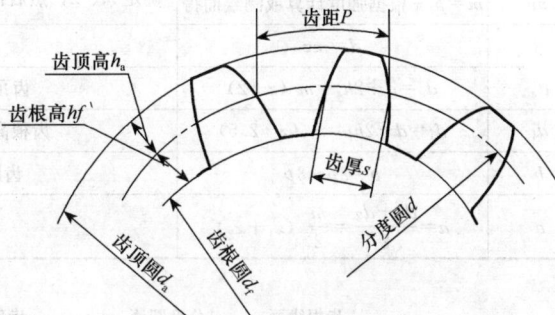

图 5-11 直齿轮各部分名称

1）齿数 $z$：轮齿的数量。

2）齿顶圆 $d_a$：圆柱齿轮的齿顶圆柱面与端平面的交线。

3）齿根圆 $d_f$：圆柱齿轮齿的根圆柱面与端平面的交线。

4）分度圆 $d$：圆柱齿轮的分度圆柱面与端平面的交线。在标准情况下，齿槽宽 $e$ 与齿厚近似相等，即 $e=s$。

5）齿高 $h$：轮齿的齿顶和齿根在径向上的高度为全齿高 $h$；齿顶圆与分度圆之间的径向距离为齿顶高 $h_a$；分度圆与齿根圆之间的径向距离为齿根圆 $h_f$。

6）齿距 $p$：在分度圆上，相邻两齿廓对应点之间的弧长为齿距 $p$；在标准齿轮中分度圆上齿厚等于齿槽宽 $s=e$，即 $p=s+e$。

7）压力角 $\alpha$：在节点处，两齿廓曲线的公法线与两节圆的内公节线所夹的锐角称为压力角，压力角一般为 $20°$。

8）中心距 $a$：两啮合齿轮轴线之间的距离称为中心距。

2. 标准直齿圆柱齿轮各部分尺寸计算

标准直齿圆柱齿轮各部分尺寸计算公式如表 5-2 所列。

3. 单个齿轮的画法

单个齿轮通常用两个视图来表示，轴线水平放置，其中平行于齿轮轴线的投影面的视图画成全剖或半剖视图，另一个视图表示孔和键槽的形状，如图 5-12 所示。分度圆的点划线应超出轮廓线；在剖视图中，当剖切面通过齿轮轴线时，齿轮一律按不剖

77

处理，如图 5-12 所示。

表 5-2　标准直齿圆柱齿轮各部分尺寸计算公式

| 名　称 | 代　号 | 计算公式 | 说　明 |
|---|---|---|---|
| 齿数 | $z$ | 根据设计要求或测绘而定 | $z$、$m$ 是齿轮的基本参数，设计计算时，先确定 $m$、$z$，然后得出其他各部分尺寸 |
| 模数 | $m$ | $m = p/\pi$ 根据强度计算或测绘而得 | |
| 分度圆直径 | $d$ | $d = mz$ | |
| 齿顶圆直径 | $d_a$ | $d_a = d + 2h_a = m\,(z+2)$ | 齿顶高 $h_a = m$ |
| 齿根圆直径 | $d_f$ | $d_f = d - 2h_f = m\,(z-2.5)$ | 齿根高 $h_f = 1.25m$ |
| 齿宽 | $b$ | $b = 2p \sim 3p$ | 齿距 $p = \pi m$ |
| 中心距 | $a$ | $a = \dfrac{d_1 + d_2}{2} = \dfrac{m}{2}\,(z_1 + z_2)$ | |

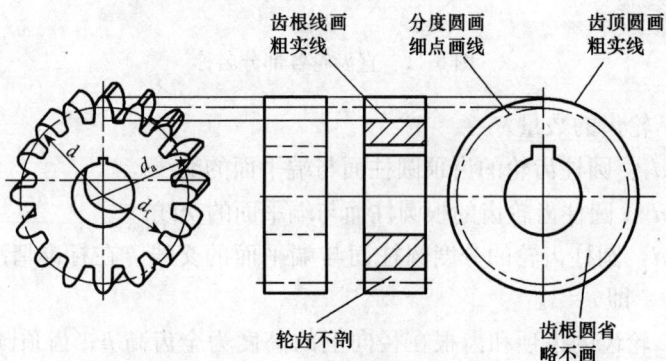

图 5-12　单件齿轮画法

## 4. 齿轮啮合画法

两个圆柱齿轮的啮合画法一般用两个视图表达。在垂直于圆柱齿轮轴线的投影面的视图中，啮合区内的齿顶圆均用粗实线绘制，也可省略不画，如图 5-13 所示。

在圆柱齿轮啮合的剖视图中，当剖切平面通过两啮合齿轮轴线时，在啮合区内，将一个齿轮的轮齿用粗实线绘制，另一个齿轮的轮齿被遮挡的部分用虚线绘制，也可省略不画。圆柱齿轮啮合区的投影对应关系如图 5-14 所示。

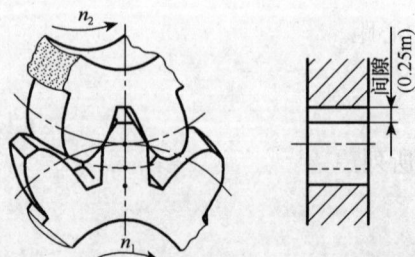

图 5-13　齿轮啮合画法

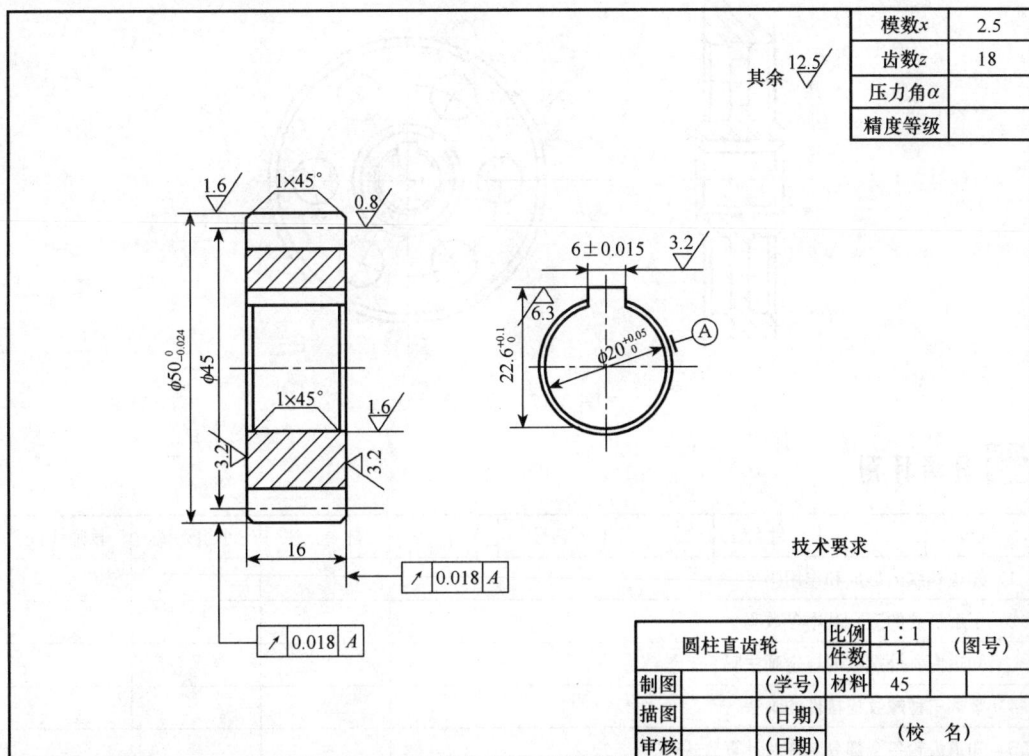

图 5-14　圆柱齿轮啮合区画法

圆柱直齿轮的零件图如图 5-15 所示。

| 模数 $x$ | 2.5 |
| --- | --- |
| 齿数 $z$ | 18 |
| 压力角 $\alpha$ | |
| 精度等级 | |

技术要求

| 圆柱直齿轮 | | 比例 | 1：1 | (图号) |
| --- | --- | --- | --- | --- |
| | | 件数 | 1 | |
| 制图 | (学号) | 材料 | 45 | |
| 描图 | (日期) | | (校　名) | |
| 审核 | (日期) | | | |

图 5-15　圆柱直齿轮

**课堂练习**

1. 识别图 5-16 所示螺纹的错误画法，并在空白处画出正确的图形。

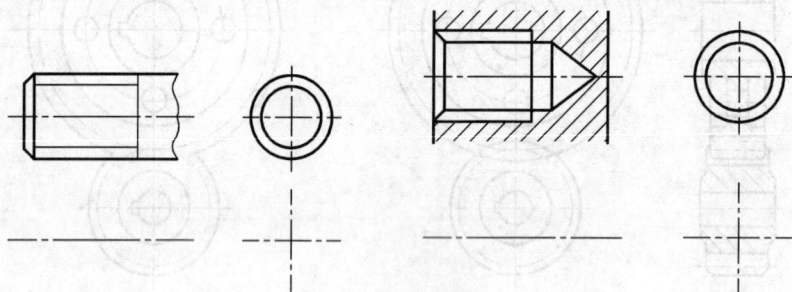

图 5-16　题 1 图

2. 如图 5-17 所示，已知标准直齿圆柱齿轮 $m=5\mathrm{mm}$、$z=42$，轮齿端部倒角 $C2$，试完成齿轮两视图（1∶2），并标注尺寸。

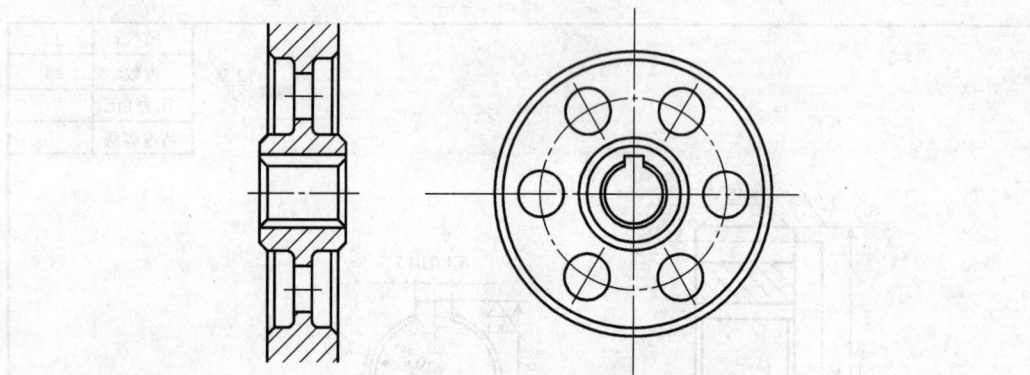

图 5-17　题 2 图

**任务评测**

| 班级 | | 姓名 | | 学号 | | 自　　评 | 小组评议 | 教师评议 |
|---|---|---|---|---|---|---|---|---|
| 1）知道螺纹的形成和作用吗 | | | | | | | | |
| 2）了解螺纹的五个基本参数吗 | | | | | | | | |
| 3）知道内、外螺纹的规定画法吗 | | | | | | | | |
| 4）掌握三种螺纹连接件的画法 | | | | | | | | |
| 5）知道齿轮各个部分名称及计算公式吗 | | | | | | | | |
| 6）掌握单个齿轮、啮合齿轮画法 | | | | | | | | |
| 7）会识读齿轮零件图所表达的意义吗 | | | | | | | | |

| 班级 | | 姓名 | | 学号 | | 自　评 | 小组评议 | 教师评议 |
|---|---|---|---|---|---|---|---|---|
| 学习体会（主要围绕本任务中最感兴趣的内容、教学建议、收获等）： | | | | | | | | |
| 总评 | | | | | | 教师签名 | | |

## 任务二　识读汽车部件的装配图

### 任务分析

一辆汽车或一个汽车部件，都是由若干个零件按一定的装配关系和技术要求装配而成。所以装配图是汽车制造、维修和检验的重要技术文件。通过识读装配图，要求我们了解其名称、规格、性能、功用和工作原理，了解装配体中各零件间的相互位置、配合关系、传动路线及每个零件的作用，了解主要零件的结构形状和使用方法、拆装顺序等。

### 任务教学方式

| 教学步骤 | 时间安排 | 教学方式 |
|---|---|---|
| 阅读教材 | 课余 | 自学、查资料、相互讨论 |
| 知识讲授 | 学时数 2 | 通过讲授法和讨论法，熟悉装配图中的基本知识 |
| 任务操练 | 学时数 1 | 通过识读简单的典型装配图，读懂装配图所表达的意义 |

### 任务实施

**一、装配图的作用和内容**

机器或部件是由一定数量的零件按技术要求装配而成。表达机器或部件的结构形状、装配关系、工作原理和技术要求等的图样称为装配图。在设计过程中，一般要先画出装配图，再根据装配图画出零件图。在生产过程中，装配图是进行装配、检验、安装及维修的技术文件。

图 5-18 所示为千斤顶的轴测图，图 5-19 所示为它的装配图。一张完整的装配图应具备以下内容。

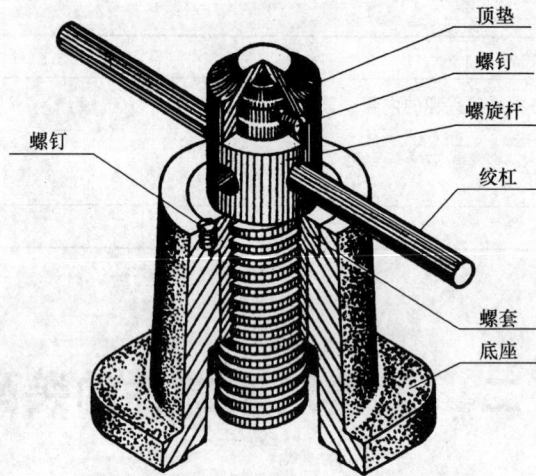

图 5-18　千斤顶轴测图

1）一组视图——用视图、剖视、剖面等表明机器或部件的整体结构、工作原理、零件之间的装配连接关系及主要零件结构现状。

2）必要的尺寸——标注与机器或部件的性能、规格及装配、安装等有关尺寸。

3）技术要求——用文字或符号说明机器或部件在装配、安装、检验及调试中应达到的要求。

4）标题栏、零件序号及明细栏——在装配图中，除用标题栏填写部件名称、图号、比例等以外，还需对每种零件编写序号，并在标题栏上方画出明细栏，然后按零件序号，自下向上详细列出每种零件的名称、数量、材料等。

**二、装配图的表达方法**

零件图的各种表达方法，如视图、剖视、断面及局部放大图等，对装配图基本上适用。但由于零件图主要是表达零件的结构形状，而装配图则主要表达零件间的装配关系，因此，由于表达侧重点不同，装配图还有专门的规定画法和特殊表达方法。

**1. 装配图的基本表达方法**

（1）主视图的选择

一般情况下，主视图应将机器或部件按工作位置放置，并能反映总体结构特征、工作原理及主要零件装配关系等。由于组成部件的各零件都集中在一个主体零件内，用视图不能表达内部结构及装配关系，因此，一般都采用剖视，即沿装配干线将部件剖开。

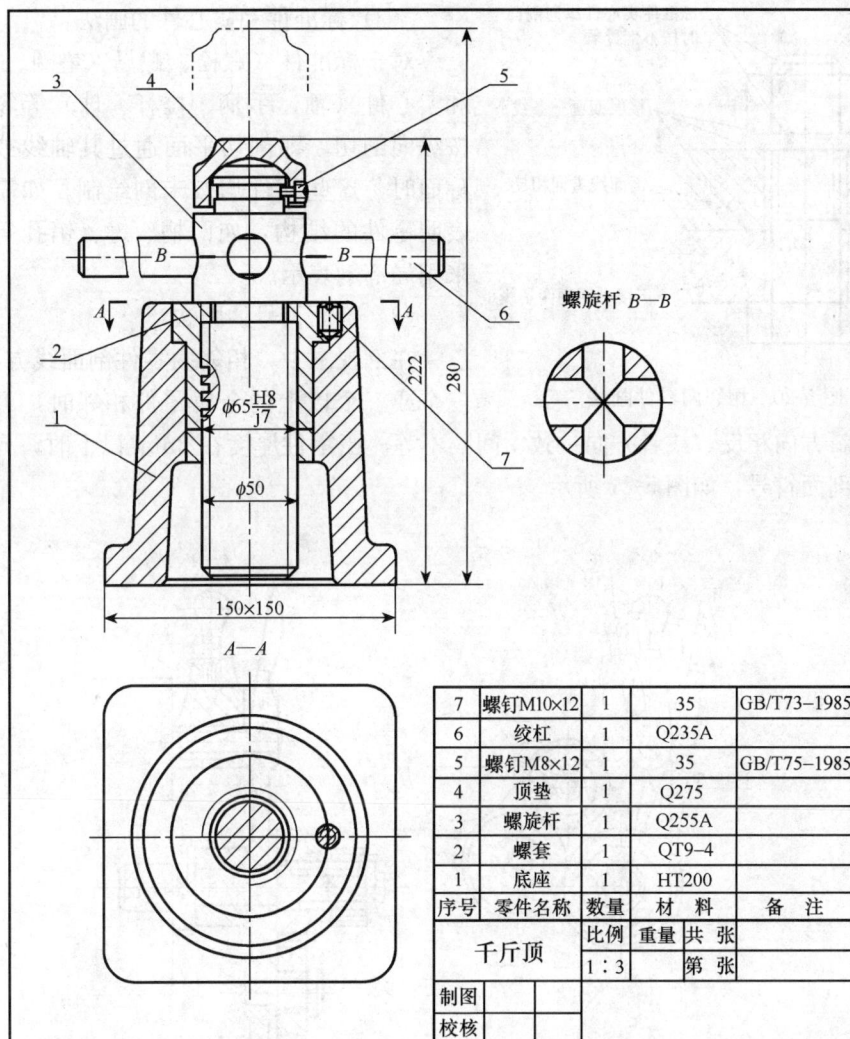

图 5-19　千斤顶装配图

| 7 | 螺钉M10×12 | 1 | 35 | GB/T73-1985 |
|---|---|---|---|---|
| 6 | 绞杠 | 1 | Q235A | |
| 5 | 螺钉M8×12 | 1 | 35 | GB/T75-1985 |
| 4 | 顶垫 | 1 | Q275 | |
| 3 | 螺旋杆 | 1 | Q255A | |
| 2 | 螺套 | 1 | QT9-4 | |
| 1 | 底座 | 1 | HT200 | |
| 序号 | 零件名称 | 数量 | 材　料 | 备　注 |

| 千斤顶 | | 比例 | 重量 | 共　张 |
|---|---|---|---|---|
| | | 1:3 | | 第　张 |
| 制图 | | | | |
| 校核 | | | | |

（2）其他视图的选择

主视图选定以后，再考虑其他视图的选择，还有哪些工作原理、装配关系以及零件的主要结构还没有表达清楚。一般情况下，每个零件至少应在图中出现一次。

2. 装配图的规定画法

（1）相邻两零件的画法

相邻两零件的接触面和配合面，不论间隙多大，规定只画一条线。非配合、非接触表面，不论间隙多小，都必须画出两条线，如图 5-20 所示。

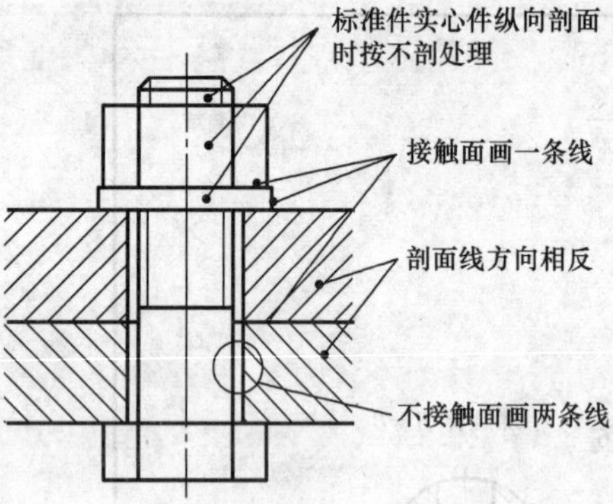

图 5-20 相邻两零件画法

标准件实心件纵向剖面时按不剖处理

接触面画一条线

剖面线方向相反

不接触面画两条线

线的倾斜方向相反，或者方向一致、间隔不等。当零件厚度在 2mm 以下时，允许以涂黑代替剖面符号，如图 5-21 所示。

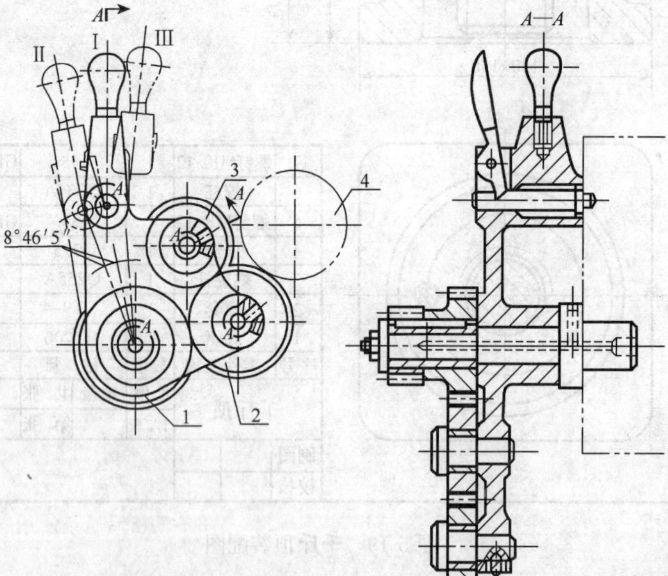

**（2）标准件和实心件的画法**

对于标准件（螺栓、螺母、垫圈、销、键）和实心件（轴、手柄、拉杆、球）等零件，若按纵向剖切，即剖切平面通过其轴线或基本对称面时，这些零件均按未剖绘制。如需要特别表明零件的结构，如凹槽、键、销孔等，则可采用局部剖表示。

**（3）剖面符号的画法**

在剖视图中，相邻两零件剖面线方向相反，三个或三个以上的金属零件相邻时，可使剖面

图 5-21 剖面符号的画法

**3. 装配图的特殊表达方法**

**（1）沿零件的结合面剖切**

假想沿某些零件的结合面选取剖切平面剖切，此时在零件结合面上不画剖面线。但被切部分（如螺杆、螺钉等）必须画出剖面线。

（2）拆卸画法

装配图中某些常见的较大零件，在一个视图上已进行表达，在其他视图中可将其拆去不画，在其视图上方注出"拆去××"字样。图 5-22 所示滚动轴承装配图中的俯视图就采用了拆卸画法。

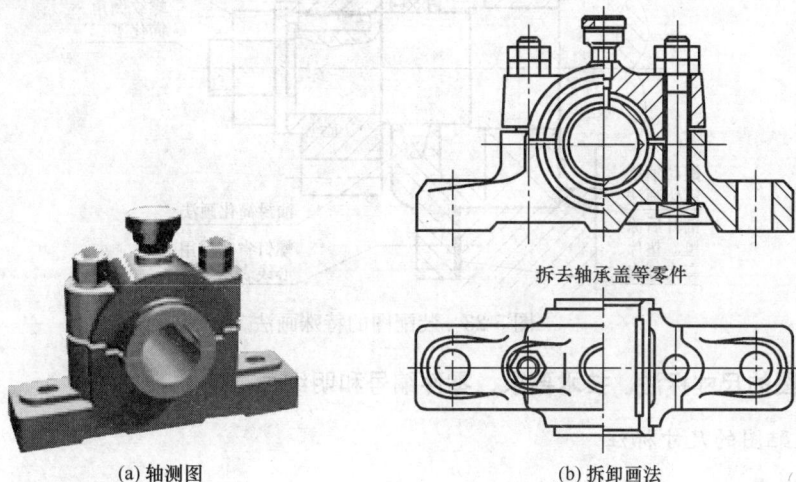

拆去轴承盖等零件

(a) 轴测图　　　　　　　　　(b) 拆卸画法

图 5-22　拆卸画法

（3）假想画法

当需要表示某些零件的运动范围和极限位置时或表达与本部件有关但不属于本部件的相邻零部件，可用双点画线画出其轮廓。图 5-21 所示的图中，为表达手柄的位置及与零件 4 的关系，对零件 4 采用假想画法。

（4）展开画法

在传动机构中，为了表达传动路线和零件间的装配关系，可假想按传动顺序沿轴线剖切，然后依次展开，使剖切平面摊平与选定的投影面平行，再画出其剖视图，这种画法称为展开画法，图 5-21 所示。

（5）夸大画法

在装配图中，如绘制直径小于 2mm 的孔或厚度小于 2mm 的薄片，以及较小的斜度和锥度，允许该部分不按比例而夸大画出，如图 5-21 所示。

（6）简化画法

1）在装配图中，同一规格并均匀分布的螺钉、螺栓等标准件，允许详细地画出一组或几组，其余的用点划线表示出轴线位置，如图 5-23 所示。

2）对于零件的工艺结构，如退刀槽、倒角、倒圆等，可省略不画；螺栓头部、螺母的倒角及因倒角产生的曲线允许省略，如图 5-23 所示。

3）在装配图中，对于带传动中的传动带可用细实线表示；在链传动中，链条可用点划线表示。

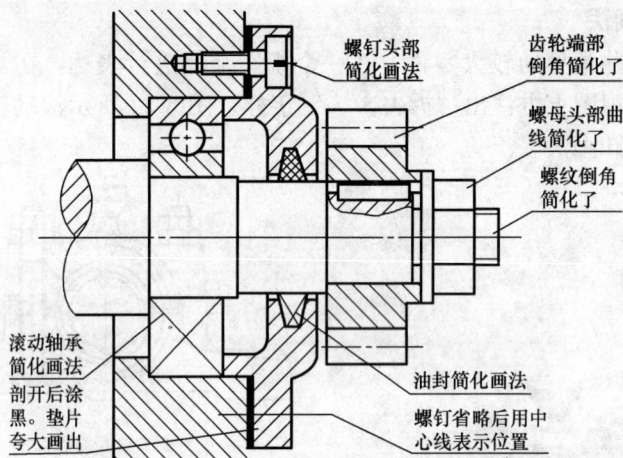

图 5-23　装配图的特殊画法

## 三、装配图的尺寸标注、技术要求、零件编号和明细栏

### 1. 装配图的尺寸标注

装配图主要是设计和装配机器或部件时用的图样，可不必注出零件的所有尺寸。因此，在装配图上只标注规格尺寸、装配关系尺寸、安装尺寸、总体尺寸、其他重要尺寸这五大类尺寸。图 5-19 所示螺旋千斤顶的装配图中，规格尺寸为 $\phi50$；装配尺寸为 $\phi65H9/j7$；总体尺寸为 $150\times150$、222；其他重要尺寸为 280。

### 2. 装配图的技术要求

机器或部件性能不同，其技术要求也各不相同，通常可以从装配要求、使用要求、检验要求等这几方面来考虑。

1）装配要求：是装配过程中的注意事项，装配后应达到的技术要求。

2）使用要求：是对机器或部件的性能，维护、保养、使用注意事项的说明。

3）检验要求：是对机器或部件整体性能的检验、试验、验收方法的说明。

### 3. 装配图中的零、部件序号和明细栏

（1）零、部件序号的编写

有以下几种注法，如图 5-24 所示。

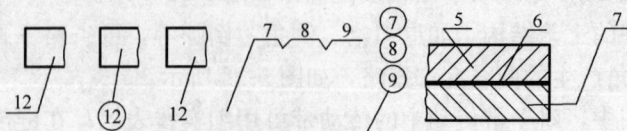

图 5-24　零部件编号形式

（2）明细栏的填写

明细栏一般由序号、代号、名称、数量、材料、重量、备注等组成，也可按实际需要增加或减少。

明细栏一般配置在装配图中标题栏上方，按由下而上填写，当位置不够时，可紧靠在标题栏的左方自下而上延续。

**课堂练习**

根据机用台虎钳的实物图，识读图 5-25 所示机用台虎钳的装配图，并回答问题。

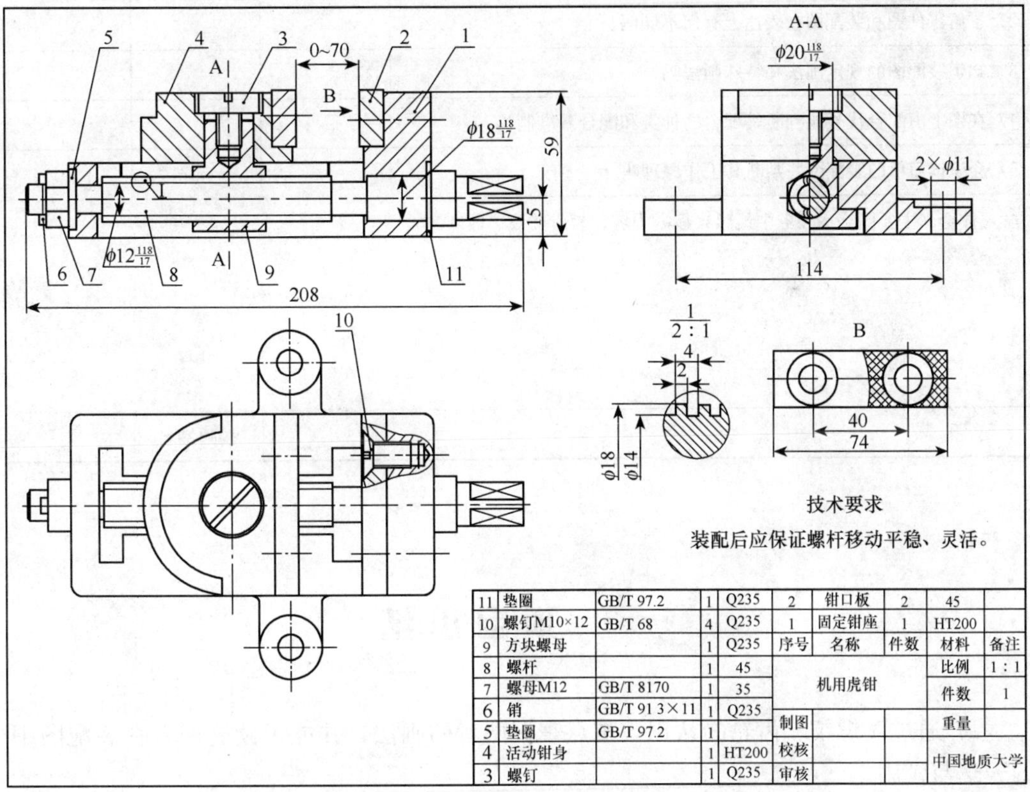

| 11 | 垫圈 | GB/T 97.2 | | 1 | Q235 | 2 | 钳口板 | 2 | 45 | |
| 10 | 螺钉M10×12 | GB/T 68 | | 4 | Q235 | 1 | 固定钳座 | 1 | HT200 | |
| 9 | 方块螺母 | | | 1 | Q235 | 序号 | 名称 | 件数 | 材料 | 备注 |
| 8 | 螺杆 | | | 1 | 45 | | | 比例 | | 1：1 |
| 7 | 螺母M12 | GB/T 8170 | | 1 | 35 | 机用虎钳 | | 件数 | | 1 |
| 6 | 销 | GB/T 91 3×11 | | 1 | Q235 | | | | | |
| 5 | 垫圈 | GB/T 97.2 | | 1 | | 制图 | | 重量 | | |
| 4 | 活动钳身 | | | 1 | HT200 | 校核 | | | | |
| 3 | 螺钉 | | | 1 | Q235 | 审核 | | 中国地质大学 | | |

图 5-25 机用台虎钳装配图

（1）这个装配体的名称是_____，共由_____种零件组成。

（2）这张装配图是由_____个图形组成，基本视图分别采用了_____剖视、_____剖视、_____剖视。

（3）8 号零件的螺纹的牙型是_____型，大径为_____ mm。该零件的右端是_____配合。

（4）图中 8 号件、3 号件与 9 号件是_____连接。

（5）图中"Φ20H8/f7"表示_____号件与_____号件的配合，制度为基_____制，配合性质为_____配合。

（6）简述此装配体的装拆顺序。

## 任务评测

| 班级 | | 姓名 | | 学号 | | 自 评 | 小组评议 | 教师评议 |
|---|---|---|---|---|---|---|---|---|
| 1）知道装配图的定义和作用吗 | | | | | | | | |
| 2）了解零件图和装配图在表达上有何不同吗 | | | | | | | | |
| 3）知道装配图的规定画法和特殊画法吗 | | | | | | | | |
| 4）在图上由配合代号能判断其配合的种类和配合基准制吗 | | | | | | | | |
| 5）会识读简单的装配图并判断其工作原理吗 | | | | | | | | |
| 学习体会（主要围绕本任务中最感兴趣的内容、教学建议、收获等）： | | | | | | | | |
| | | | | | | | | |
| 总评 | | | | | | | 教师签名 | |

## 项目小结

1）通过对螺纹、齿轮的认识，重点掌握两者的画法，并能识读这两者在装配图中的表达与应用。

2）通过对简单的装配图的识读，熟悉装配图所包含的相关知识。

## 思考与练习

1. 如图 5-26 所示，按规定画法完成螺栓连接、螺柱连接、螺钉连接。

(a)　　　　　　　　(b)　　　　　　　　(c)

图 5-26　题 1 图

2. 如图 5-27 所示，已知一对直齿圆柱齿轮的齿数为 $z_1=17$、$z_2=37$，中心距 $a=54mm$，试计算齿轮的几何尺寸，完成其啮合图。

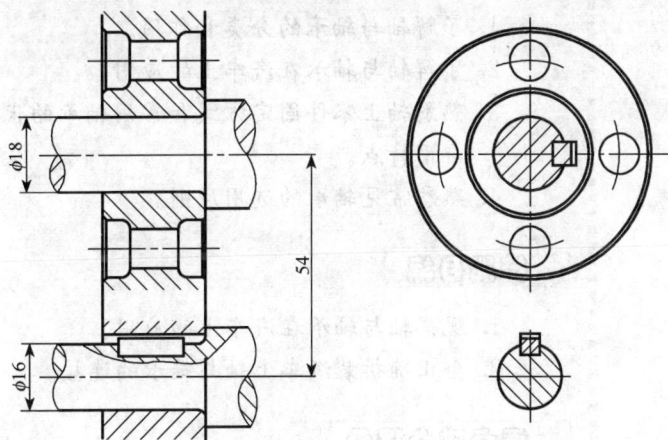

图 5-27　题 2 图

3. 装配图的尺寸标注与零件图有什么不同?

4. 装配图的规定画法和特殊画法指的是什么?

5. 装配图的样式是怎样要求的?

# 项目 6

## 轴与轴承的认识与选用

### ▶ 知识目标

1. 了解轴与轴承的分类和作用。
2. 了解轴与轴承在汽车上的应用。
3. 熟悉轴上零件固定方式和常用轴承的代号、应用特点。
4. 熟悉常见轴承的选用原则。

### ▶ 技能目标

1. 观察轴与轴承在汽车上的应用。
2. 会正确拆装汽车上轴与轴承的连接。

### ▶ 重点难点提示

1. 滚动轴承的类型和尺寸繁多，对其代号的认识和选用原则的把握有一定难度。
2. 汽车部件上轴与轴承的拆装要按工艺手册规范操作。

# 任务一 常用轴的认识与选用

## 任务分析

在汽车变速器中轴为重要零件,且结构复杂,与轴承相连接。本任务在拆装东风 EQ1090 汽车变速器一、二轴的基础上,让学生了解轴和轴承的相关知识。

## 简述任务

1) 会正确拆装东风 EQ1090 汽车变速器一、二轴。
2) 熟悉轴的相关知识。

## 任务教学方式

| 教学步骤 | 时间安排 | 教学方式 |
| --- | --- | --- |
| 阅读教材 | 课余 | 自学、查资料 |
| 知识点讲授 | 学时数 2 | 在常用轴的认识与选用学习中,结合多媒体课件演示,让学生掌握轴的相关知识 |
| 任务操作 | 学时数 1 | 在东风 EQ1090 汽车变速器一、二轴拆装中,学生边学边练,同时教师合理分组分工,让学生掌握技能的同时,学习轴的有关知识 |

## 任务准备

准备 1:学生正确穿戴工作服,按指令列队依次进入实训工场,并在操作工位前立正待命;把工具依次整齐摆放在工作台上。

准备 2:学生每四人一套器材,根据教师口令和多媒体演示完成拆装任务。

准备 3[准备(每组)]:①零件车、工具车(常用工具);②铜棒 $\phi50\times200mm$ 一根;③顶拔器;④12、14、17 梅花扳手及荆轮扳手;⑤一字旋子;⑥卡簧钳;⑦EQ1090 变速器总成;⑧多媒体设备一套。

注意:操作时每一道工序都必须按实习老师的指令统一进行。

## 任务实施

**一、EQ1090 变速器的拆装**(一、二轴总成取下为止)

变速器拆装步骤如表 6-1 所列。

表 6-1 变速器拆装步骤

| 序 号 | 步 骤 | 示 意 图 | 说 明 |
|---|---|---|---|
| 1 | 取下变速器上盖 |  | 取下变速器上盖，放置在旁侧橡胶垫上 |
| 2 | 取下二轴轴承盖 | 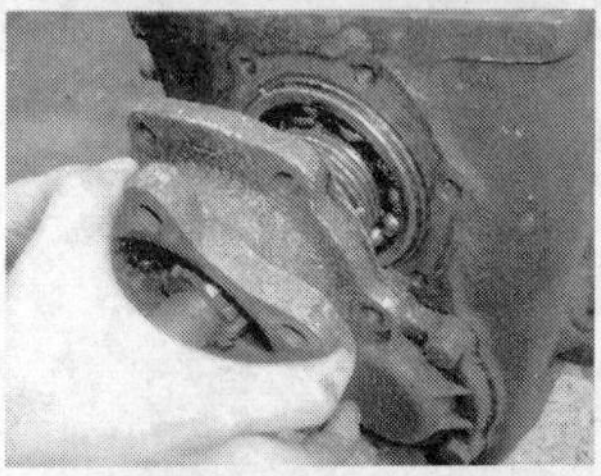 | 取下二轴轴承盖及后轴承油封、挡圈、转速表主动齿轮 |
| 3 | 取下一轴轴承盖 |  | 拆下变速器前轴承盖时注意轴承盖和缸体上的标记，以便装复时对准记号 |
| 4 | 取下一轴总成 | 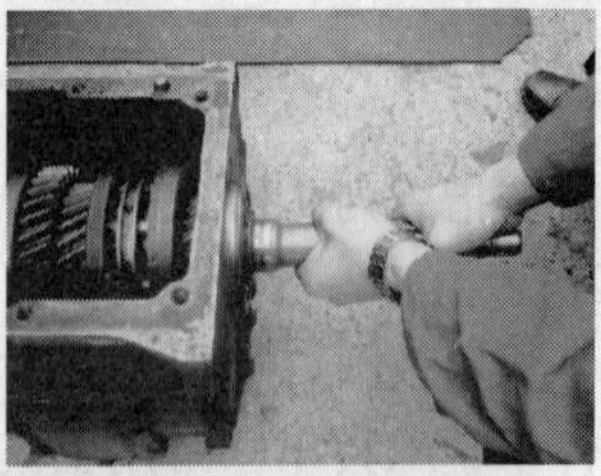 | 上下晃动第一轴，使前轴承从变速器壳体上分离 |
| 5 | 分离二轴轴承与箱体的连接 |  | 使用铜棒和手锤将第二轴总成从前向后敲击，并轻轻晃动，使后轴承从变速器壳体上分离 |

续表

| 序 号 | 步 骤 | 示 意 图 | 说 明 |
|---|---|---|---|
| 6 | 从二轴上取下轴承 |  | 使用顶拔器将第二轴后轴承从轴上分离 |
| 7 | 取出二轴总成 |  | 一手抓住四挡齿轮，一手抓住一挡齿轮将第二轴总成从箱体中取出 |
| 8 | 解体二轴总成 |   | 按照操作手册要求，将二轴总成上的零件取下，依次放置在工作台上 |
| 9 | 观察一、二轴上各零件 | 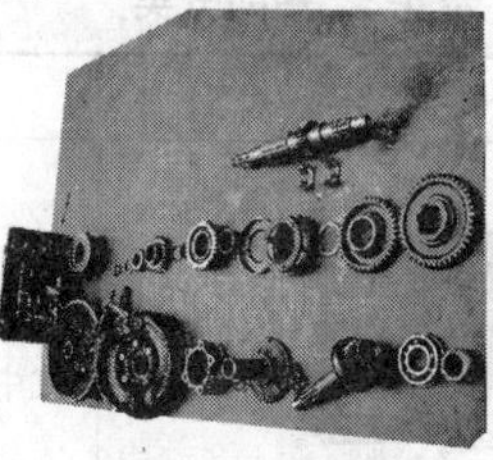 | 仔细观察一、二轴与轴上零件的连接关系，注意不要将零件位置变乱 |

93

续表

| 序号 | 步骤 | 示意图 | 说明 |
|---|---|---|---|
| 10 | 观察中间轴与倒挡轴 |  | 观察中间轴与倒挡轴的安装特点及运行情况 |
| 11 | 装复变速器 |  | 学生在教师指导下，对照工作手册装复变速器 |

## 二、轴的分类与应用特点

### 1. 轴的功能

轴的主要功能是传递运动、转矩和支承回转零件。

### 2. 轴的材料

轴的材料要求：有足够的强度、对应集中敏感性低，还要能满足刚度、耐磨性、耐腐蚀的要求，并具有良好的加工性能。轴的常用材料主要有碳钢、合金钢，也可用球墨铸铁、高强度铸铁加工制造。

### 3. 轴的分类

轴按其轴线形状不同，分为直轴、曲轴和软轴三种，如表 6-2 所列。

表 6-2 轴的分类

| 类型 | | 示意图 | 特性及应用场合 |
|---|---|---|---|
| 直轴 | 传动轴 |  | 承受转矩作用的轴，如 FR 传动布置形式中的传动轴 |

续表

| 类　型 | | 示　意　图 | 特性及应用场合 |
|---|---|---|---|
| 直轴 | 心轴 |  | 只承受弯矩作用的轴，如倒挡轴、列车车轴等 |
| | 转轴 | 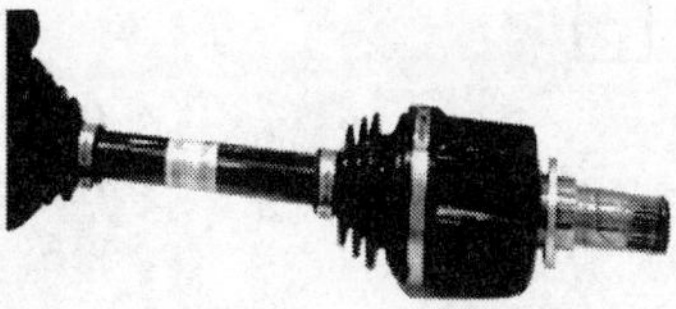 | 既承受弯矩又承受转矩作用的轴，如变速器中间轴、汽车半轴等 |
| 曲轴 | |  | 将旋转运动转变为往复直线运动或将往复直线运动转变为旋转运动，如发动机曲轴、空气压缩机内曲轴等 |
| 软轴 | | 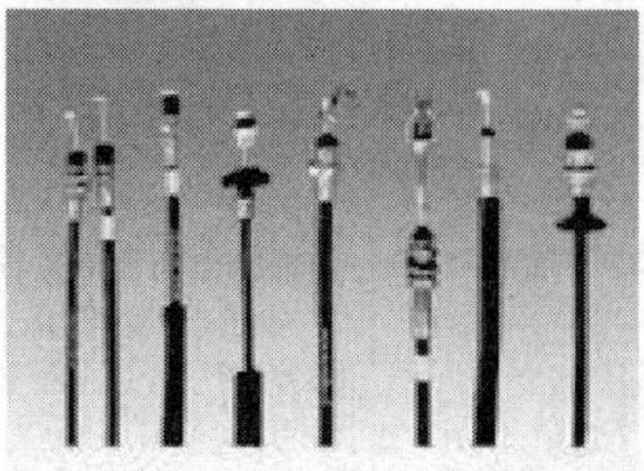 | 没有固定形状，传递较小扭矩，如传递汽车车速的软轴、节气门拉索等 |

## 三、轴的结构

1. 轴的结构应满足条件

轴的结构（如图 6-1 所示）应满足以下条件。

1) 轴的受力合理，有利于提高轴的强度和刚度。

2）轴便于加工制造，轴上零件便于拆装和调整。

3）轴的定位准确，固定可靠。

4）尽可能减少应力集中，减轻重量。

(a) 结构图　　　　　　　　　　　　(b) 轴上各段的名称

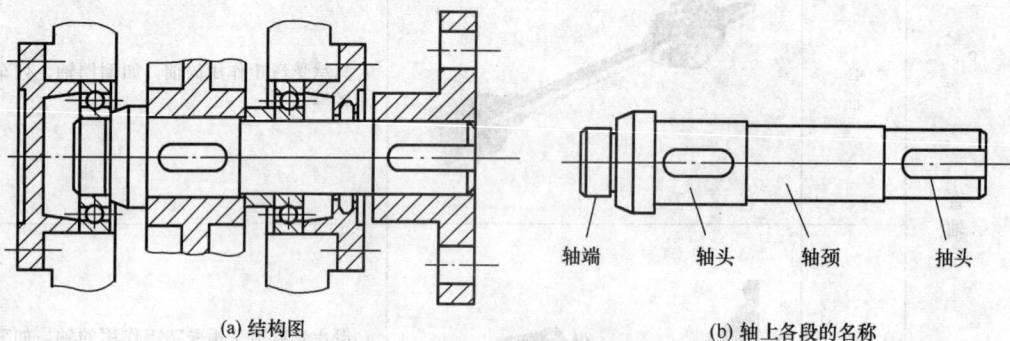

图 6-1　轴的结构

**2. 轴上零件的固定**

轴上零件的固定分为轴向定位和周向固定。定位使轴上零件处于正确的工作位置，固定使轴上零件牢固地保持这一位置。

（1）轴向定位方法

轴向定位方法如表 6-3 所列。

表 6-3　轴向定位方法

| 类　型 | | 示　意　图 | 特性及应用场合 |
|---|---|---|---|
| 轴向定位 | 轴肩轴环定位 |  轴肩　　　轴环 | 轴肩和轴环结构简单，定位可靠，可承受较大的轴向力，常用于齿轮、链轮、带轮和联轴器等定位。 |
| | 轴筒定位 |  | 结构简单、定位可靠，轴上不需要开槽、钻孔和车螺纹，不影响轴的疲劳强度，一般应用于轴上两个零件之间的定位 |

续表

| 类型 | | 示意图 | 特性及应用场合 |
|---|---|---|---|
| 轴向定位 | 螺母定位 | 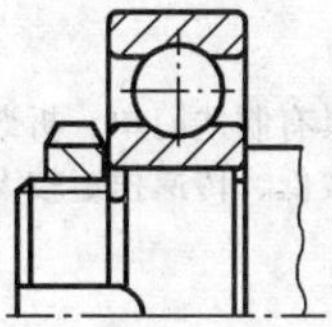 | 可承受大的轴向力，能实现轴上零件的间隙调整的优点，但轴上螺纹处有较大的应力集中，会降低轴的强度，一般用于轴上两零件间距离较远的轴端 |
| | 轴端挡圈定位 | 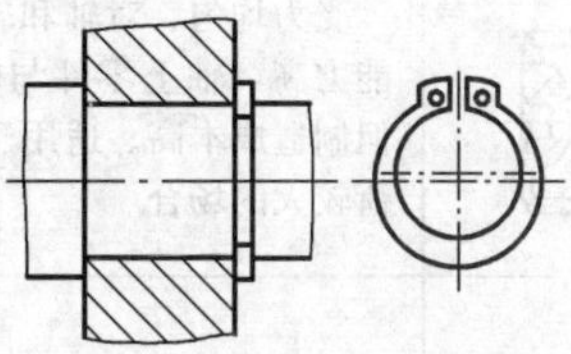 | 结构紧凑、简单，拆装方便，便受力较小，且轴上切槽会引起应力集中，常用于轴端零件的轴向定位 |
| | 圆锥面定位 | 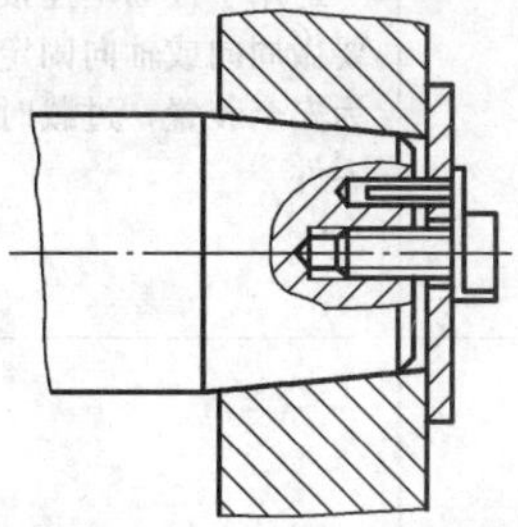 | 装拆方便，可兼用于周向定位。适用于高速、冲击以及对中性要求较高的场合，只适用于轴端零件的轴向定位 |
| | 轴承端盖定位 | 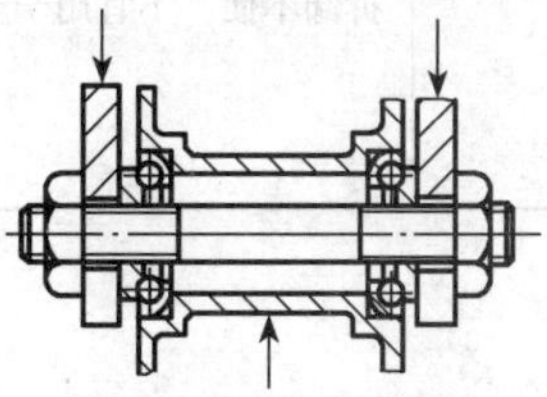 | 轴承端盖用螺钉与箱体连接而使滚动轴承的外圈得以轴向定位，例如变速器轴承盖的应用 |
| | 其他定位 | 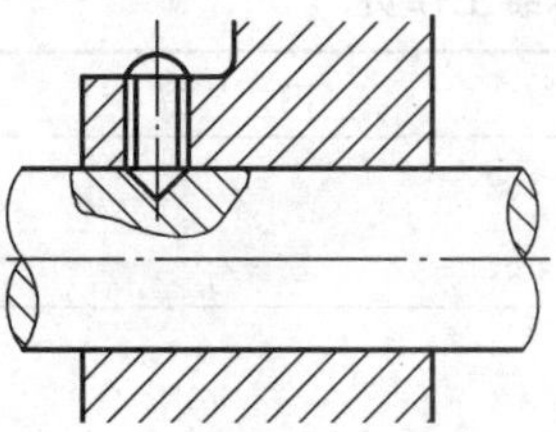 | 紧定螺钉、弹簧挡圈等定位多用于轴向力不大的场合，且不适宜高速场合 |

(2) 周向固定方法

周向固定方法如表 6-4 所列。

**表 6-4 周向固定方法**

| 类 型 | | 示 意 图 | 特 性 |
|---|---|---|---|
| 周向固定 | 键连接 | 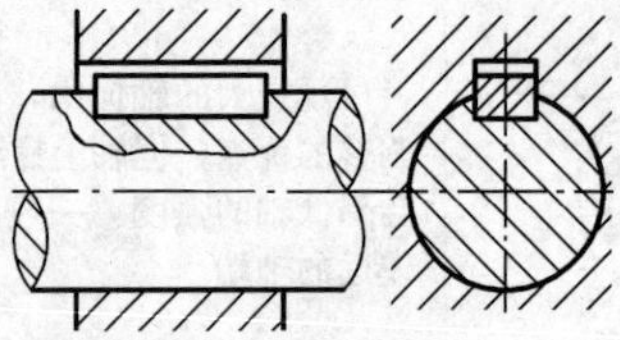 | 具有制造简单、拆装方便，适用于对中性要求较低、传递扭矩较大的场合 |
| | 花键连接 | 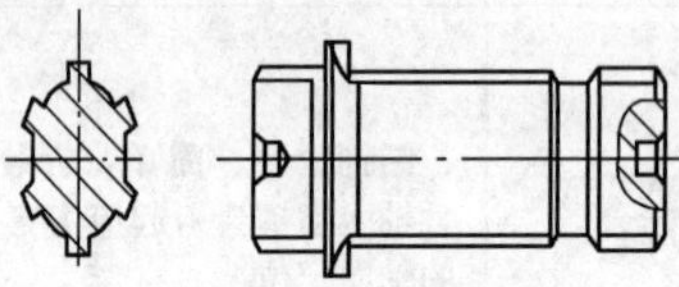 | 受力均匀、对轴和轮毂的强度削弱小、承载能力高，轴上零件与轴的对中性、导向性好，但制造成本高。适用于定心精度要求较高和载荷较大的场合 |
| | 销连接 | 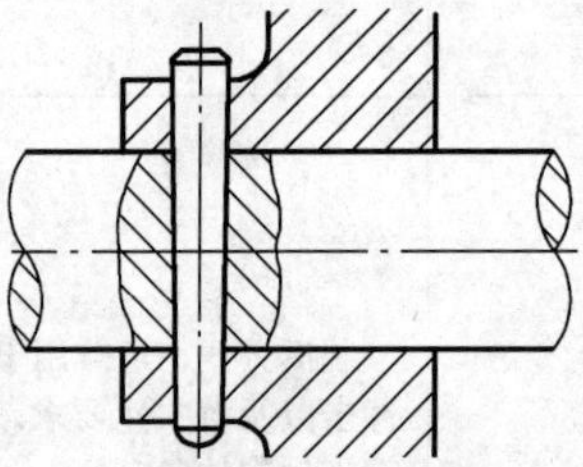 | 适用于被固定连接的零件受力不大且同时需要做周向或轴向固定的不太重要的场合，宜作为安全装置，过载时可被剪断，防止损坏其他零件 |
| | 过盈连接 | 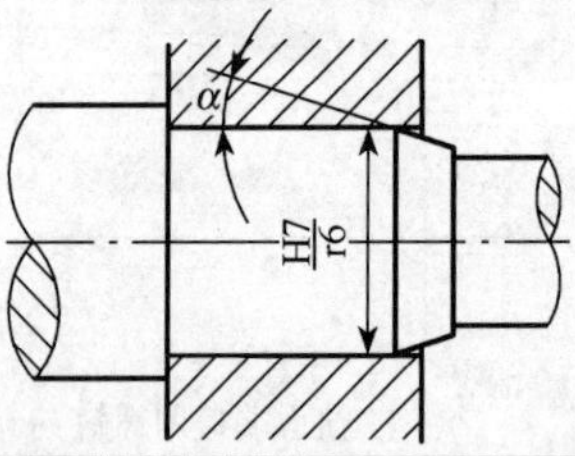 | 同时有轴向和周向固定作用，对中精度高，拆卸不便，不宜用于重载和多次装拆的场合 |

## 工作页

**变速器拆装工作页**

| 序 号 | 项 目 | 内 容 |
|---|---|---|
| 1 | 记录本次操作所需工量具 | |
| 2 | 记录分解步骤 | |

续表

| 序　号 | 项　目 | 内　　容 |
|---|---|---|
| 3 | 清洁方法记录 | |
| 4 | 记录装复步骤 | |
| 5 | "5S" 要求<br>做到了吗 | |
| 6 | 本次任务收获与不足 | |

## 课堂练习

1. 反复练习 EQ1090 变速器二轴的安装。
2. 分析轴结构应满足的条件。
3. 用草图绘制出轴的各种周向固定方法。

## 任务评测

| | 检测项目 | 评分标准 | 分　值 | 学生自评 | 教师评估 |
|---|---|---|---|---|---|
| 任务知识内容 | 轴的功能的掌握 | 要求会描述 | 5 | | |
| | 生产轴材料要求 | 要求会描述 | 5 | | |
| | 轴的分类 | 要求会描述 | 5 | | |
| | 直轴的类型 | 要求会描述 | 5 | | |
| | 转轴的特性 | 要求会描述 | 5 | | |
| | 轴的轴向定位方法 | 要求会描述 | 5 | | |
| | 轴的周向固定方法 | 要求会描述 | 5 | | |
| | 举例说明轴在汽车上的应用 | 要求说出三处以上 | 5 | | |

续表

| 检测项目 | | 评分标准 | 分　值 | 学生自评 | 教师评估 |
|---|---|---|---|---|---|
| 任务操作技能 | 变速器盖的拆装 | 按规定要求会规范操作 | 10 | | |
| | 一轴轴承盖的拆装 | 按规定要求会规范操作 | 10 | | |
| | 二轴总成的拆装 | 按规定要求会规范操作 | 10 | | |
| | 中间轴和倒挡轴的观察 | 会分析二轴的受力特点 | 10 | | |
| | 安全操作 | 操作中严格遵守安全守则 | 10 | | |
| | "5S"规范 | 操作中执行"5S"规范 | 10 | | |

# 任务二　常用轴承的认识与选用

## 任务分析

轴承用于支撑旋转零件，也就是"承轴"。汽车上除了应用了滚动轴承外，还应用着另一种轴承——滑动轴承。本次教学通过拆装发动机连杆轴瓦和观察滚动轴承来了解、认识和掌握轴承的相关知识。

## 简述任务

1）会正确拆装发动机连杆轴瓦。
2）熟悉滑动轴承、滚动轴承装配的相关知识和安装特点。

## 任务教学方式

| 教学步骤 | 时间安排 | 教学方式 |
|---|---|---|
| 阅读教材 | 课余 | 自学、查资料 |
| 知识点讲授 | 学时数2 | 在常用轴承的认识与选用学习中，结合多媒体课件演示，让学生掌握轴承的相关知识 |
| 任务操作 | 学时数1 | 通过对东风EQ1090汽车变速器一、二轴轴承的观察和发动机连杆轴瓦拆装，学生边学边练，同时教师合理分组分工，让学生掌握技能的同时，学习轴承连接的有关知识 |

## 任务准备

准备1：学生正确穿戴工作服，按指令列队依次进入实训工场，并在操作工位前立正待命，把工具依次整齐摆放在工作台上。

准备 2：学生每四人一套器材，根据教师口令和多媒体演示完成拆装任务。

准备 3［器材准备（每组）］：①公斤扳手；②橡胶锤、铝棒；③套筒扳手；④棘轮扳手；⑤活塞环卡箍；⑥塑料套；⑦机油、棉纱纱布。

注意：操作时每一道工序都必须按实习老师的指令统一进行。

## 任务实施

### 一、发动机连杆轴瓦的拆装

发动机连杆轴瓦的拆装如表 6-5 所列。

表 6-5　发动机连杆轴瓦的拆装

| 序号 | 步　骤 | 示　意　图 | 说　明 |
|---|---|---|---|
| 1 | 准备 | | 把所要拆卸的活塞转到下止点位置，转动发动机翻身架使发动机曲轴位置朝上 |
| 2 | 拆卸连杆轴承盖固定螺母 | | 用公斤扳手松开连杆螺母后，用棘轮扳手旋出螺母 |
| 3 | 取下连杆轴承盖 | | 取下前可用铝棒或橡胶锤轻轻敲击轴承盖两侧，松动后用手取下 |

续表

| 序 号 | 步 骤 | 示 意 图 | 说 明 |
|---|---|---|---|
| 4 | 给连杆螺栓装上塑料保护套 |  | 为了防止在拆装中损坏连杆螺栓螺纹，给连杆螺栓装上塑料保护套 |
| 5 | 取出活塞连杆组 | 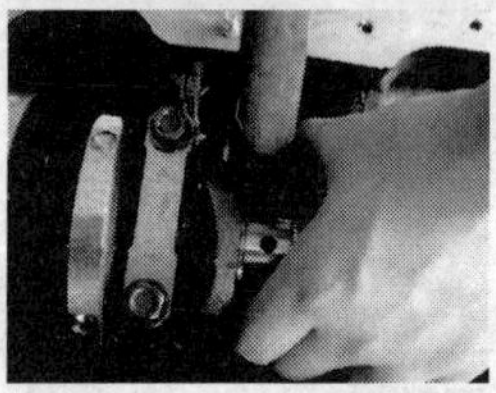 | 橡胶锤结合锤柄敲击连杆螺栓端部，取下活塞连杆组 |
| 6 | 取下连杆轴瓦 | 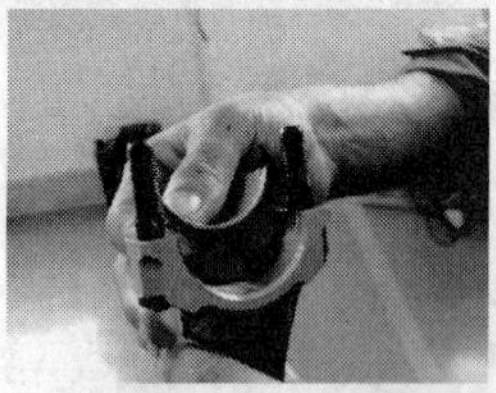 | 取下轴瓦时要观察轴瓦上的记号，感觉其装配松紧度 |
| 7 | 观察轴瓦与轴承盖、连杆的装配关系 | 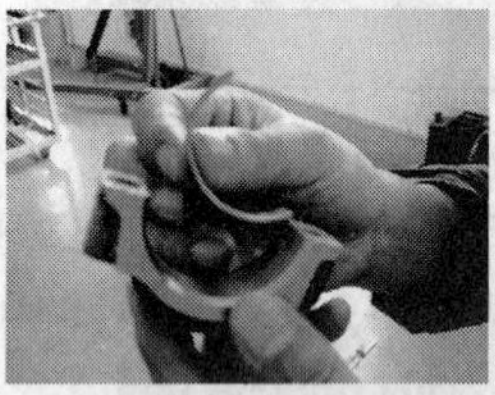 | 观察轴瓦的外型、材料、装配特点等情况 |
| 8 | 装复活塞连杆组 |  | 在教师指导下装复活塞连杆组 |
| 9 | 滚动轴承的拆装 |  | 在任务一东风变速器拆装的基础上，继续尝试滚动轴承的拆装，并观察该轴承的结构、安装特点、受力等情况 |

**二、轴承的分类与应用特点**

轴承根据其摩擦性质的不同，分为滑动轴承和滚动轴承两大类。其中，滚动轴承的摩擦因数低，起动阻力小，因其已经标准化，设计、使用、润滑、维护等方面较为方便，得到广泛应用。滑动轴承相对而言应用少些，在一些特殊的场合中被选用。

1. 滑动轴承

（1）滑动轴承的特点

滑动轴承工作平稳，噪声较滚动轴承低，工作可靠。如果能保证滑动表面被润滑油膜分开而不发生接触，可以大大地减小摩擦损失，但是，普通滑动轴承的起动摩擦阻力大。

（2）滑动轴承的应用

滑动轴承的主要应用场合如下。

- 工作转速较高的场合。
- 要求对轴的支承位置特别精确的场合。
- 承载量较大场合。
- 承受巨大的冲击和振动载荷的场合。
- 根据装配要求必须做成剖分式的场合。
- 要求径向尺寸小的轴承。
- 要求在特殊的工作条件下工作的轴承（如在腐蚀性的介质中）。

（3）滑动轴承的分类及特性

滑动轴承根据它所承受载荷的方向，可分为向心滑动轴承和推力滑动轴承，如表 6-6 所示。

**表 6-6　滑动轴承的分类及特性**

| 类　型 | | 示　意　图 | 特性及应用场合 |
|---|---|---|---|
| 向心推力轴承 | 整体式滑动轴承 | | 它是在机体、箱体或轴承座上直接加工出来的，这种轴承制造容易、结构简单、成本低，但是磨损后无法补偿间隙，安装和检修不方便。用于低速、轻载和不经常拆卸的场合 |
| | 剖分式滑动轴承 | | 与整体式相比，安装和维护方便，而且还可以根据承受载荷的方向确定相应的剖分面的位置，产生磨损时，可用更换剖分面垫片的方法实现对间隙的调整，应用广泛 |

103

| 类　　型 | 示　意　图 | 特性及应用场合 |
|---|---|---|
| 推力滑动轴承 | | 　有立式和卧式之分，其中立式止推轴瓦的外表面做成球状，以确保与轴承座良好的配合，并能同时实现自动调心的功能。卧式则在轴颈上设有多个止推环，能承受双向的轴向力，还有一种是单独制作的，目的是为了轴向定位 |
| 轴瓦 | | 　形似瓦片，俗称轴瓦，由两个半圆形的瓦片组成。它有薄壁和厚壁，单金属片和双金属片，整体式和剖分式等之分。主要用于支承高速旋转、高精度、重载、有冲击的轴类零件 |

**2. 滚动轴承**

(1) 滚动轴承的特点

滚动轴承是利用滚动体在轴径与支承座圈之间滚动的原理制成的。与滑动轴承相比，滚动轴承有以下优缺点。

优点如下。

1) 在一般使用条件下摩擦因数低，转动时摩擦力小，效率高。

2) 可用预紧的方法提高支承刚度及旋转精度。

3) 以同尺寸的轴颈，滚动轴承的宽度小，可使机器的轴向尺寸紧凑。

4) 润滑方法简便，轴承损坏易于更换。

缺点如下。

1) 承受冲击载荷的能力较差。

2) 高速运转时噪声大。

3) 比滑动轴承径向尺寸大。

4) 与滑动轴承相比，寿命较低。

(2) 滚动轴承的基本结构

常见的滚动轴承如图 6-2 所示，由内圈、外圈、滚动体和保持架组成。

各组成作用如下。

1) 内圈：支承轴，一般随轴一起旋转。

2) 外圈：支承轴承座等零件，一般固定。

3）滚动体：在滚道中自转或公转运动，承受主要的磨损。

4）保持架：将滚动体等距分布，减少摩擦和磨损。

常见的滚动体如图 6-3 所示，有球、圆柱、圆锥等。滚动体是形成滚动摩擦不可缺少的零件。

图 6-2　滚动轴承
基本结构

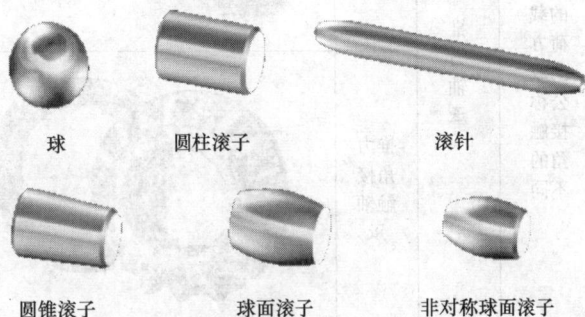

球　　　　圆柱滚子　　　　滚针

圆锥滚子　　　球面滚子　　　非对称球面滚子

图 6-3　滚动轴承常见的滚动体

（3）滚动轴承的分类和应用

常用滚动轴承的种类很多，不同类型的轴承，结构不同，其性能与特点也不同，表 6-7 列出部分滚动轴承的类型。

表 6-7　滚动轴承的分类和应用

| 分类项目 | 类型 | | 示意图 | 特性与应用 |
|---|---|---|---|---|
| 所能承受的载荷方向或公称接触角的不同 | 向心轴承 | 径向接触轴承 |  | 主要用于承受径向载荷的滚动轴承。按其公称接触角从 0°～45°不同，又分为两种，径向接触轴承——公称接触角为 0 的向心轴承，向心角接触轴承——公称接触角大于 0°～45°的向心轴承 |
| | | 向心角接触轴承 |  | |

续表

| 分类项目 | 类型 | 示意图 | 特性与应用 |
|---|---|---|---|
| 所能承受的载荷方向或公称接触角的不同 | 推力轴承 — 轴向接触轴承 |  | 主要用于承受轴向载荷的滚动轴承，其公称接触角为45°～90°。按分类按公称接触角不同又分为两种，轴向接触轴承——公称接触角为90°的推力轴承，推力角接触轴承——公称接触角大于45°但小于90°的推力轴承 |
| | 推力轴承 — 推力角接触轴承 |  | |
| 按其滚动体的种类 | 球轴承 |  | 滚动体为球的轴承，适用于承受径向载荷较小的场合 |
| | 滚子轴承 — 圆柱滚子轴承 |  | 滚子轴承即滚动体为滚子的轴承。圆柱滚子轴承即滚动体是圆柱滚子的轴承。圆柱滚子的长度与直径之比小于或等于3，适用于承受径向载荷大又有冲击的场合 |
| | 滚子轴承 — 滚针轴承 |  | 滚针轴承即滚动体是滚针的轴承，滚针的长度与直径之比大于3，但直径小于或等于5mm，应用于承受径向载荷较大且转速较高的场合 |

续表

| 分类项目 | 类型 | 示意图 | 特性与应用 |
|---|---|---|---|
| 按其滚动体的种类 | 滚子轴承 | 圆锥滚子轴承 |  圆锥滚子轴承即滚动体是圆锥滚子的轴承 |
| | | 调心滚子轴承 |  调心滚子轴承即滚动体是球面滚子的轴承。适用于承受轴向载荷较小、径向载荷较大的场合 |
| 按其工作时能否调心 | 调心轴承 |  | 调心轴承即滚道是球面形的，能适应两滚道轴心线间的角偏差及角运动的轴承 |
| | 非调心轴承 |  | 非调心轴承是能阻抗滚道间轴心线角偏移的轴承 |
| 按其部件能否分离 | 可分离轴承 |  | 可分离轴承即部件可分离的轴承 |

续表

| 分类项目 | 类　型 | 示　意　图 | 特性与应用 |
|---|---|---|---|
| 按其部件能否分离 | 不可分离轴承 |  | 不可分离轴承即在最终配套后，套圈均不能任意自由分离的轴承 |
| 按滚动体的列数 | 单列轴承 |  | 单列轴承即单列滚动体的轴承 |
| | 双列轴承 |  | 双列轴承即两列滚动体的轴承 |
| | 多列轴承 | 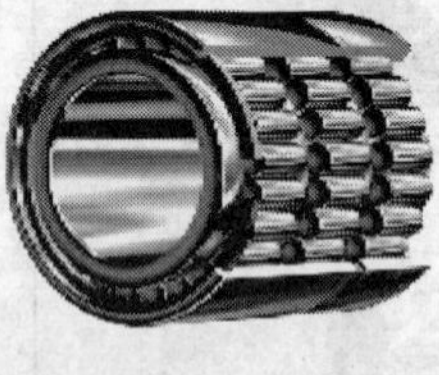 | 多列轴承即多于两列滚动体的轴承，如三列、四列轴承 |
| 按其外径尺寸大小 |  | | 轴承按其外径尺寸大小可分为以下几类。<br>微型轴承——公称外径尺寸范围为26mm以下的轴承。<br>小型轴承——公称外径尺寸范围为28～55mm的轴承。<br>中小型轴承——公称外径尺寸范围为60～115mm的轴承。<br>中大型轴承——公称外径尺寸范围为120～190mm的轴承。<br>大型轴承——公称外径尺寸范围为200～430mm的轴承。<br>特大型轴承——公称外径尺寸范围为440mm以上的轴承 |

（4）滚动轴承代号的组成

滚动轴承的种类繁多，每一种的结构、尺寸、精度要求和技术要求都是不同的，为了便于制造、选择和使用，GB/T 272—1993 规定了滚动轴承代号的结构及表示方法，如表 6-8 所列，分为前置代号、基本代号和后置代号三部分。

表 6-8　滚动轴承的代号

| 前 置 代 号 | 基 本 代 号 | | | | 后 置 代 号 |
|---|---|---|---|---|---|
| 字母 | 类型代号 | 宽度代号 | 尺寸系列代号 | 内径代号 | 字母符号，数字 |
| | 数字或字母 | 一位数字 | 一位数字 | 二位数字 | |

1）前置代号。用字母来表示，用来说明成套轴承的部分件特点。可通过查 GB/T272—1993 来得到。

2）基本代号。这一部分是轴承的基础，能反映出轴承的类型、结构和尺寸。基本代号格式为 类型代号 ＋ 宽度代号 ＋ 尺寸系列代号 ＋ 内径代号 。

3）后置代号。后置代号是由数字和字母组成，它的含义较多，包括轴承结构、材料的特殊要求、公差等相关内容，可以通过 GB/T272—1993 查看。

滚动轴承代号示例如图 6-4 所示。

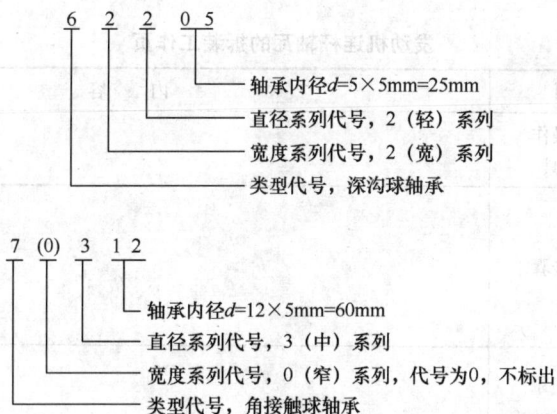

```
6  2  2  0  5
            └── 轴承内径 d=5×5mm=25mm
         └───── 直径系列代号，2（轻）系列
      └──────── 宽度系列代号，2（宽）系列
   └─────────── 类型代号，深沟球轴承
```

```
7  (0)  3  1  2
               └── 轴承内径 d=12×5mm=60mm
            └───── 直径系列代号，3（中）系列
       └────────── 宽度系列代号，0（窄）系列，代号为 0，不标出
   └─────────────── 类型代号，角接触球轴承
```

图 6-4　轴承代号示例

（5）滚动轴承类型的选择

滚动轴承类型多种多样，选用时可考虑以下因素。

1）载荷的大小、方向和性质。球轴承适于承受轻载荷，滚子轴承适于承受重载荷及冲击载荷。当滚动轴承承受纯轴向载荷时，一般选用推力轴承；当滚动轴承承受纯径向载荷时，一般选用深沟球轴承或短圆柱滚子轴承；当滚动轴承承受纯径向载荷的同时，还有不大的轴向载荷时，可选用深沟球轴承、角接触球轴承、圆锥滚子轴承及调心球或调心滚子轴承；当轴向载荷较大时，可选用接触角较大的角接触球轴承及圆锥滚子轴承，或者选用向心轴承和推力轴承组合在一起，这在极高轴向载荷或特别要求有较大轴向刚性时尤为适宜。

2）允许转速。因轴承的类型不同有很大的差异。一般情况下，摩擦小、发热量少的轴承适于高转速。设计时应力求滚动轴承在低于其极限转速的条件下工作。

3）刚性。轴承承受负荷时，轴承套圈和滚动体接触处就会产生弹性变形，变形量与载荷成比例，其比值决定轴承刚性的大小。一般可通过轴承的预紧来提高轴承的刚性；此外，在轴承支承设计中，考虑轴承的组合和排列方式也可改善轴承的支承刚度。

4）调心性能和安装误差。轴承装入工作位置后，往往由于制造误差造成安装和定位不良。此时常因轴产生挠度和热膨胀等原因，使轴承承受过大的载荷，引起早期的损坏。自动调心轴承可自行克服由安装误差引起的缺陷，因而是适合此类用途的轴承。

5）安装和拆卸。圆锥滚子轴承、滚针轴承和圆锥滚子轴承等，属于内外圈可分离的轴承类型（即所谓分离型轴承），安装拆卸方便。

6）市场性。即使是列入产品目录的轴承，市场上不一定有销售；反之，未列入产品目录的轴承有的却大量生产。因而，应清楚使用的轴承是否易购买。

## 工作页

**发动机连杆轴瓦的拆装工作页**

| 序号 | 项　　目 | 内　　容 |
|---|---|---|
| 1 | 记录本次操作所需工量具 | |
| 2 | 记录分解步骤 | |
| 3 | 清洁方法记录 | |
| 4 | 记录装复步骤 | |
| 5 | "5S"要求做到了吗 | |
| 6 | 本次任务收获与不足 | |

## 课堂练习

1. 分析流动轴承中不同滚动体的特点。
2. 分析并比较老师提供的滑动（滚动）轴承结构及代号。

## 任务评测

| | 检 测 项 目 | 评 分 标 准 | 分　值 | 学生自评 | 教师评估 |
|---|---|---|---|---|---|
| 任务知识内容 | 轴承的功用的掌握 | 要求会描述 | 5 | | |
| | 轴承材料要求 | 要求会描述 | 5 | | |
| | 轴承的分类 | 要求会描述 | 5 | | |
| | 滑动轴承的应用 | 要求会描述 | 5 | | |
| | 滚动轴承的应用 | 要求会描述 | 5 | | |
| | 滚动轴承的代号 | 要求掌握 | 5 | | |
| | 滚动轴承的选用原则 | 要求能说出四点以上 | 5 | | |
| | 举例说明滚动、滑动轴承在汽车上应用 | 要求说出三处以上 | 5 | | |
| 任务操作技能 | 连杆轴承盖的拆装 | 按规定要求会规范操作 | 10 | | |
| | 活塞连杆组的拆装 | 按规定要求会规范操作 | 10 | | |
| | 轴瓦的拆装 | 按规定要求会规范操作 | 10 | | |
| | 活塞连杆组拆装中定位要求 | 要求会规范操作并说明原因 | 10 | | |
| | 安全操作 | 操作中严格遵守安全守则 | 10 | | |
| | "5S"规范 | 操作中执行"5S"规范 | 10 | | |

# 项目小结

1）通过变速器的拆装，掌握轴的特点和安装方法。
2）通过轴的介绍，了解常用轴的类型、各自特点、应用场合等知识。
3）通过活塞连杆组的拆装和滚动轴承的观察，掌握轴承的特点和安装方法。
4）通过轴承的介绍，了解滑动、滚动轴承的类型、各自特点、应用场合等知识。

## 思 考 与 练 习

1. 判断题。

(1) 轴的材料必须有足够强度和刚度。（　　）

(2) 轴筒定位结构简单，定位可靠，轴上不需要开槽。（　　）

(3) 键用于周向固定，制造简单，但拆装不便。（　　）

(4) 传动轴是只承受弯矩的轴。（　　）

(5) 软轴没有固定形状，传递较小扭矩。（　　）

(6) 活塞连杆组的拆装对发动机位置不作要求。（　　）

(7) 连杆轴瓦安装时要对准标记。（　　）

(8) 球轴承适于承受轻载荷。（　　）

(9) 轴瓦主要用于支承高速旋转、高精度、重载、有冲击的轴类零件。（　　）

(10) 滑动轴承根据它所承受载荷的方向，可分为向心滑动轴承和向轴滑动轴承。（　　）

2. 选择题。

(1) 下列不是按轴线形状分类的轴是（　　）。

    A. 直轴　　　　B. 曲轴　　　　C. 软轴　　　　D. 阶梯轴

(2) 下列哪一种是轴周向固定方式的（　　）。

    A. 轴肩定位　　B. 花键连接　　C. 轴环定位　　D. 轴端挡圈

(3) 不属于过盈连接的周向固定特点的是（　　）。

    A. 中精度高　　　　　　　　B. 不宜用于重载

    C. 有轴向和周向固定作用　　D. 拆卸方便

(4) 下列属于螺母定位特征的是（　　）。

    A. 承受轴向力较小　　　　　B. 不降低轴的强度

    C. 能实现轴上零件的间隙调整　　D. 不出现应力集中现象

(5) 下列一般不用作轴材料的是（　　）。

    A. 碳钢　　　　B. 合金钢　　　C. 球墨铸铁　　D. 碳素工具钢

(6) 下列不是滚动轴承组成的是（　　）。

    A. 内圈　　　　B. 外圈　　　　C. 滚动体　　　D. 钢环

(7) 下列哪个滚动轴承是其滚动体的种类分（　　）。

    A. 单列滚动轴承　　　　　　B. 推力滚动轴承

    C. 球轴承　　　　　　　　　D. 可拆式滚动轴承

（8）下列不属于滚动轴承的代号组成部分的是（　　）。

　　A. 类型代号　　　B. 内径代号　　　C. 滚动体代号　　　D. 尺寸系列代号

（9）主要用于承受轴向载荷的滚动轴承为（　　）。

　　A. 推力轴承　　　B. 向心轴承　　　C. 球轴承　　　　　D. 双列轴承

（10）属于滑动轴承优点的是（　　）。

　　A. 在一般使用条件下摩擦因数低，转动时摩擦力小，效率高

　　B. 工作转速较高的场合

　　C. 可用预紧的方法提高支承刚度及旋转精度

　　D. 润滑方法简便，轴承损坏易于更换

# 项目 7

## 键与销的认识与选用

▶ **知识目标**

1. 了解键与销的基本类型与应用特点。
2. 知道键与销的正确选用原则。
3. 熟悉键与销连接各构件之间的相互装配关系。

▶ **技能目标**

1. 观察常用键和销在汽车上的应用。
2. 会正确拆装汽车上键和销的连接。

▶ **重点难点提示**

1. 键与销的正确选用需要学生在了解各键、销特性和装配环节工作环境的基本上而定，有一定的难度。
2. 汽车部件上键与销的拆装要按工艺手册规范操作。

# 任务一  常用键的认识与选用

## 任务分析

汽车上有许多传动件采用键连接，本任务在拆卸发电机带轮的基础上，让学生了解键的相关知识，并且让学生有正确选用键的相关知识。

## 简述任务

1) 会正确拆装发电机带轮。
2) 熟悉键的相关知识。

## 任务教学方式

| 教学步骤 | 时间安排 | 教学方式 |
|---|---|---|
| 阅读教材 | 课余 | 自学、查资料、相互讨论、上网查询 |
| 知识点讲授 | 学时数 2 | 在常用键的认识与选用学习中，结合多媒体课件演示，让学生掌握键的相关知识 |
| 任务操作 | 学时数 1 | 在对发电机带轮拆装中，学生边学边练，同时教师合理分组分工，让学生掌握技能的同时，学习键连接的有关知识 |

## 任务准备

准备 1：学生正确穿戴工作服，按指令列队依次进入实训工场，并在操作工位前立正待命；把工具和交流发电机依次整齐摆放在工作台上。

准备 2：学生每人一套器材，根据教师口令和多媒体演示完成拆装任务。

准备 3 [器材准备（每组）]：①桑塔纳轿车 JFZ1813Z 交流发电机一台；②活扳手一把；③12~14mm 梅花扳手一把；④Y 型套筒扳手一把；⑤一字螺丝刀一把；⑥十字螺丝刀一把；⑦尖嘴钳一把；⑧24mm 套筒及弯接杆各一个；⑨多媒体设备一套。

**注意**：操作时每一道工序都必须按实习老师的指令统一进行。举例：分解步骤 1 拆卸输出端子紧固螺母，准备、开始后，学员才开始操作；每一操作步骤完成后学员必须举手报告：完毕（或操作完毕）；然后面向讲台立正站立在操作工位前，等候下一个操作口令。

## 任务实施

### 一、发电机的拆装（拆装到带轮止）

发电机的拆装如表 7-1 所列。

表 7-1　发电机的拆装

| 序号 | 步骤 | 示意图 | 说明 |
|---|---|---|---|
| 1 | 拆下端子紧固螺母 | | 用梅花扳手拆下"输出"端子（B＋）和"磁场输出"端子（D＋）上的紧固螺母 |
| 2 | 拆下绝缘防尘罩 | | 拆下绝缘防尘罩固定螺栓，取下绝缘防尘罩 |
| 3 | 拆下 IC 调节器和电刷组件 | | 拆下固定电刷组件和调节器总成的两个固定螺栓，取下电刷组件和调节器 |
| 4 | 拆下电容器 | | 拆下防干扰电容器固定螺栓，拔下电容器引线插头，取下电容器 |
| 5 | 装回防尘罩 | | 装回防尘罩，把发电机带轮朝上放置 |

续表

| 序 号 | 步 骤 | 示 意 图 | 说 明 |
|---|---|---|---|
| 6 | 拆下带轮紧固螺母及带轮 | | 用套筒扳手及弯接杆拆下带轮的紧固螺母 |
| 7 | 观察带轮与转子轴间键连接 | | 反复观察发电机转子轴与带轮间的键连接情况，可反复装卸几次 |
| 8 | 取下风扇、半圆键、垫圈 | | 取下螺母、垫片、风扇、半圆键、垫圈等 |
| 9 | 装复发电机 | | 以先拆后装的原则，按顺序在教师指导下进行装复发电机 |

## 二、键连接的类型及作用

### 1. 键连接的作用

键是连接件，是汽车中最常用的连接方式之一，主要用来进行轴和轴上零件之间的固定，传递运动或转矩，也可实现轴上零件的周向固定或轴向滑动的导向。

### 2. 键连接的类型

按键连接的结构形状不同分平键、半圆键和花键三类；根据键工作前是否存在预紧力，键连接分为松键连接和紧键连接两类。

（1）平键

平键的类型及特性如表 7-2 所列。

表 7-2　平键的类型及特性

| 类　型 | | 示　意　图 | 特性及应用场合 |
|---|---|---|---|
| 平 键 | A 型 平 键 | 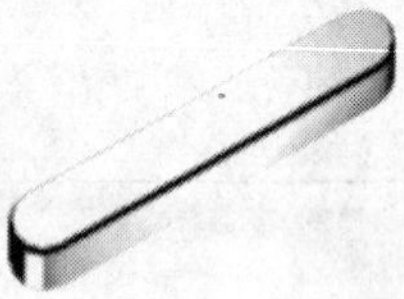 | 用于端铣刀加工的轴槽，键在槽中固定良好，但轴上应力集中较大，常用于轴的中间部位 |
| | B 型 平 键 | 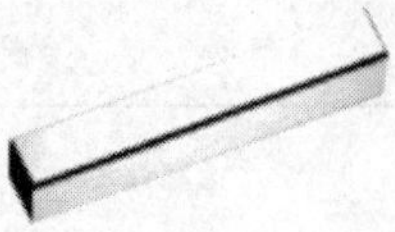 | 无轴向定位，应力集中小，常用于轴的中间部位 |
| | C 型 平 键 | 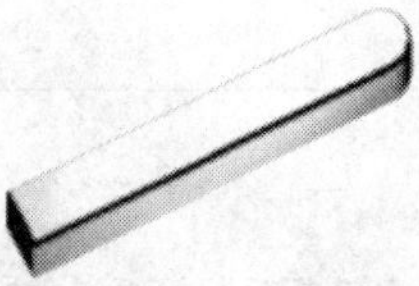 | 立铣刀加工，用于轴端 |
| | 导 向 平 键 | 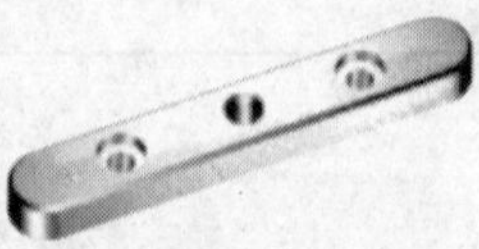 | 用螺钉固定在槽中，键与毂槽为动配合，轴上零件能进行轴向移动。为了拆键方便，设有起键螺钉。用于轴上零件轴向移动量不大的场合 |
| | 滑 键 |  | 适用于零件滑移距离较大的场合，将键固定在轮毂上，并与轮毂一起在轴上的键槽中滑动 |

工作原理：二侧是工作面，靠二侧面挤压传递转矩

使用提示：承载能力不够时采用按 180°布置两个键

失效形式：静连接平键工作面受键槽挤压易挤溃、剪断；动连接平键工作面易磨损

（2）半圆键

半圆键类型及特性如表 7-3 所列。

表 7-3　半圆键类型及特性

| 类　型 | 示　意　图 | 特性及应用场合 |
|---|---|---|
| 半圆键 | | 结构：键呈半圆形，键能在轴上的键槽中摆动，以适应轮毂中键槽的斜度<br>工作原理：侧面工作面，侧面挤压传递转矩<br>应用：一般用于轻载，适用于轴的锥形端部<br>失效形式：键剪断、工作面压溃 |

（3）花键

花键类型及特性如表 7-4 所列。

表 7-4　花键类型及特性

| 类　型 | | 示　意　图 | 特性及应用场合 | |
|---|---|---|---|---|
| 花键 | 矩形花键 | | 多齿工作，承载能力高，对中性好，导向性好，齿根较浅，应力集中较小，轴与毂强度削弱，应用广泛 | 花键结构：沿圆周均匀分面的多个键齿分别构成内、外花键<br>工作原理：二侧面是工作面，靠键的二侧面挤压传递转矩<br>花键特征：齿多、工作面积大，承载能力强；受力均匀；精度高；对中性好；导向性好；制造成本高 |
| | 渐开线花键 | | 受载时齿上有径向力，能起自动定心作用，使各齿受力均匀，强度高，寿命长。应用于载荷较高定心精度要求较高，以及尺寸较大的连接 | |
| | 三角形花键 | ◁1:6　手柄　轴 | 三角形花键的键齿较小，齿数较多，对轴的强度削弱小，适用于较小直径的轻载场合，应用较少 | |

## 工作页

**发电机拆装工作页**

| 序　号 | 项　目 | 内　容 |
|---|---|---|
| 1 | 记录本次操作所需工量具 | |
| 2 | 记录分解步骤 | |
| 3 | 清洁方法记录 | |
| 4 | 记录装复步骤 | |
| 5 | "5S" 要求做到了吗 | |
| 6 | 本次任务收获与不足 | |

## 课堂练习

1. 绘制普通平键的外形。
2. 分析花键的特点。

## 任务评测

| | 检测项目 | 评分标准 | 分　值 | 学生自评 | 教师评估 |
|---|---|---|---|---|---|
| 任务知识内容 | 键作用的掌握 | 要求会描述 | 5 | | |
| | 键分类了解 | 要求会描述 | 5 | | |
| | 平键特点的了解 | 要求会描述 | 5 | | |
| | 普通平键的了解 | 要求会描述 | 5 | | |
| | 半圆键的工作原理 | 要求会描述 | 5 | | |
| | 花键的结构特点 | 要求会描述 | 5 | | |
| | 花键特点了解 | 要求会描述 | 5 | | |
| | 你会选择键吗? | 简单讲述键选择原则 | 5 | | |

续表

| 检测项目 | | 评分标准 | 分 值 | 学生自评 | 教师评估 |
|---|---|---|---|---|---|
| 任务操作技能 | 防尘罩的拆装 | 按规定要求会规范操作 | 10 | | |
| | IC调节器的拆装 | 按规定要求会规范操作 | 10 | | |
| | 电容器的拆装 | 按规定要求会规范操作 | 10 | | |
| | 半圆键的安装 | 按规定要求会规范操作 | 10 | | |
| | 安全操作 | 操作中严格遵守安全守则 | 10 | | |
| | "5S"规范 | 操作中执行"5S"规范 | 10 | | |

# 任务二　常用销的认识与选用

## 任务分析

汽车上有许多传动件除了采用键连接外，还有一种方法是通过销连接，例如活塞与连杆、转向节与车轴等，通过对活塞连杆组的拆装和对销连接装置工作过程的观察，了解销连接装置的特性，工作原理等知识。

## 简述任务

1) 会正确拆装活塞连杆组。
2) 熟悉销的相关知识。

## 任务教学方式

| 教学步骤 | 时间安排 | 教学方式 |
|---|---|---|
| 阅读教材 | 课余 | 查资料、上网查询 |
| 知识点讲授 | 学时数1 | 在常用销的认识与选用学习中，结合多媒体课件演示，让学生掌握销的相关知识 |
| 任务操作 | 学时数1 | 通过对活塞连杆组的拆装，学生边学边练，同时教师合理分组分工，让学生掌握技能的同时，学习销连接的有关知识 |

## 任务准备

准备1：学生正确穿戴工作服，按指令列队依次进入实训工场，并在操作工位前立正待命；把工具和活塞连杆组依次整齐摆放在工作台上。

准备 2：三位学生合用一套器材，根据教师口令和多媒体演示完成拆装任务。三人分工情况，甲同学负责拆装，乙同学负责递工具、摆放零件，丙同学负责阅读操作手册。

准备 3［器材准备（每组）］：①丰田 4Y 发动机活塞连杆组；②卡簧钳；③活塞销专用冲头；④活塞环拆装钳；⑤多媒体设备一套；加热装置共用，可以是铝盆或加热池等。

## 任务实施

### 一、发电机活塞连杆的拆装（拆装到带轮止）

发电机活塞连杆的拆装如表 7-5 所列。

表 7-5　发电机活塞连杆的拆装

| 序号 | 步骤 | 示意图 | 说明 |
|---|---|---|---|
| 1 | 观察活塞连杆组连接关系 | | 用手摆动活动，观察活塞与连杆的连接关系 |
| 2 | 拆卸气环 | | 用活塞环钳从上到下依次拆卸气环 |
| 3 | 拆卸油环 | | 用手取下油环 |
| 4 | 拆卸活塞销二头卡簧 | | 用卡簧钳取下活塞钳两边的卡簧，注意卡簧弹性大，取下时要防止它弹出 |

续表

| 序号 | 步　骤 | 示　意　图 | 说　明 |
|---|---|---|---|
| 5 | 加热活塞连杆组 | | 因为常温下本活塞连杆与销间为过盈配合，所以加热组件，使其产生一定间隙，方便拆卸 |
| 6 | 用专用冲头取出活塞销 | | 活塞连杆组加热后防止烫手，操作同学一定要戴上厚手套，并用纱布包上活塞 |
| 7 | 观察活塞销 | | 取下活塞销后，观察其内外结构 |
| 8 | 装复活塞销 | | 以先拆后装的原则，按顺序在教师指导下进行活塞连杆组。注意①装活塞销时要把活塞加热（或活塞销冷冻），以方便装配。②活塞环端隙开口有规定方向，需要根据手册而定 |

## 二、销连接的作用、类型和分类

### 1. 销连接的作用

销连接主要用于确定零件之间的相互位置，并可传递不大的载荷，也可用于轴和轮毂或其他零件的连接。

2. 键连接的类型

1）按销连接的用途一般可分为定位销与传力销（主要有圆柱销和圆锥销两大类）、安全销和销轴（主要有销轴和带孔销两大类）三种。

2）按销的结构一般可分为圆柱销、圆锥销、槽销、销轴、带孔销、开口销等类型。

3. 各类销的特性

各类销的特性如表7-6所列。

表7-6　各类销的特性

| 类　型 | 示　意　图 | 特性、应用场合及分类 |
|---|---|---|
| 圆柱销 | | 主要用于定位，也可用于连接，但只能传递不大的横向力和转矩，不适合多次拆装的场合。分成普通圆柱销、螺纹圆柱销、内螺纹圆柱销、弹性圆柱销四种 |
| 圆锥销 | | 圆锥销有1∶50的锥度，方便安装，其定位精度比圆柱稍高，有可靠的自销性，多用于经常拆卸的场合。分成普通圆锥销、螺尾圆锥销、内螺纹圆锥销、开尾圆锥销四种 |
| 槽销 | | 槽销压入销孔后，它的凹槽即产生收缩变形，借助材料的弹性而固定在销孔中，销孔无需铰光可多次拆装。多用于传递载荷，对于受振动载荷的连接也很适用。有些场合，槽销可代替键和螺栓等使用 |
| 销轴 | | 主要起销钉作用，用于铰接处，并用开口销锁定，拆装方便。分成普通销轴和带孔销轴两种 |

续表

| 类　型 | 示　意　图 | 特性、应用场合及分类 |
|---|---|---|
| 带孔销 |  | 主要起销钉作用，用于铰连接处 |
| 开口销 |   | 开口销是一种防松零件，用于锁紧其他紧固件 |

## 工作页

### 活塞连杆组拆装工作页

| 序　号 | 项　目 | 内　容 |
|---|---|---|
| 1 | 记录本次操作所需工量具 | |
| 2 | 记录分解步骤 | |
| 3 | 清洁方法记录 | |
| 4 | 记录装复步骤 | |
| 5 | "5S"要求做到了吗 | |
| 6 | 本次任务收获与不足 | |

**课堂练习**

1. 练习开口销的拆装。
2. 绘制各类销的外形。

**任务评测**

| 检测项目 | | 评分标准 | 分 值 | 学生自评 | 教师评估 |
|---|---|---|---|---|---|
| 任务知识内容 | 销作用的掌握 | 要求会描述 | 5 | | |
| | 销分类了解 | 要求会描述 | 5 | | |
| | 圆柱销特点的了解 | 要求会描述 | 5 | | |
| | 圆锥销的了解 | 要求会描述 | 5 | | |
| | 开口销的应用特点 | 要求会描述 | 5 | | |
| | 销轴的应用场合 | 要求会描述 | 5 | | |
| | 带孔销特性 | 要求会描述 | 5 | | |
| | 你会选择销吗? | 简单讲述键选择原则 | 5 | | |
| 任务操作技能 | 气环的拆装 | 按规定要求会规范操作 | 10 | | |
| | 油环的拆装 | 按规定要求会规范操作 | 10 | | |
| | 活塞销卡簧的拆装 | 按规定要求会规范操作 | 10 | | |
| | 活塞销的拆装 | 按规定要求会规范操作 | 10 | | |
| | 安全操作 | 操作中严格遵守安全守则 | 10 | | |
| | "5S"规范 | 操作中执行"5S"规范 | 10 | | |

**项目小结**

1) 通过对发电机的拆装,掌握半圆键的特点和安装方法。
2) 通过对键的介绍,了解常用键的工作原理、应用特点、失效形式等知识。
3) 通过活塞连杆组的拆装,掌握圆柱销的特点和安装方法。
4) 通过常用销的介绍,了解销的特性、应用特点、分类等知识。

## 思考与练习

1. 判断题。

(1) 矩形花键对中性好。（　　）

(2) 普通平键主要是两侧面为工作面，靠两侧面挤压传递转矩。（　　）

(3) 发电机拆装按先拆先装原则。（　　）

(4) 半圆键连接可用于中等载荷。（　　）

(5) 导向平键常用于轴上零件轴向移动量不大的场合。（　　）

(6) 圆柱销一般用于可多次拆装的场合。（　　）

(7) 圆锥销锥度越大越好。（　　）

(8) 活塞环油环一般可手工直接拆装。（　　）

(9) 活塞销为开口销。（　　）

(10) 销轴常用于铰接处。（　　）

2. 选择题。

(1) 下列哪一种普通平键用于轴端（　　）。

    A. A 型　　　　　　B. B 型　　　　　　C. C 型　　　　　　D. D 型

(2) 动连接平键工作面易（　　）。

    A. 磨损　　　　　　B. 挤溃　　　　　　C. 剪断　　　　　　D. 变形

(3) 下列哪一种属于紧键连接（　　）。

    A. 平键　　　　　　B. 花键连接　　　　C. 楔键　　　　　　D. 半圆键

(4) 下列哪一种的工作面是上、下两面（　　）。

    A. 普通平键　　　　B. 半圆键　　　　　C. 楔键　　　　　　D. 花键连接

(5) 花键受力处是（　　）。

    A. 二侧面　　　　　　　　　　　　　　　B. 上、下面

    C. 所有花键外轮廓　　　　　　　　　　　D. 不能确定

(6) 下列哪种销类型不是按用途来分的（　　）。

    A. 安全销　　　　　B. 传力销　　　　　C. 圆锥销　　　　　D. 定位销

(7) 下列中是安全销特点的是（　　）。

    A. 过载被剪断　　　　　　　　　　　　　B. 其中一种形式可起锁止作用

    C. 主要为了转递力　　　　　　　　　　　D. 主要用于固定零件

(8) 活塞销是种（　　）。

    A. 圆柱销　　　　　　　　　　　　　　　B. 圆锥销

C. 安全销       D. 槽销

(9) 圆锥销（   ）。

    A. 定位精度较高       B. 用于螺母防松

    C. 不常拆卸       D. 一般有 1：10 锥度

(10) 下列是销轴特性的是（   ）。

    A. 用于铰接处       B. 拆装困难

    C. 用于安全保护，过载剪断       D. 有一定锥度

# 项目 8

## 螺纹的认识与选用

▶ **知识目标**

1. 了解螺纹的形成、分类和特点。
2. 了解螺纹的主要参数。
3. 熟悉螺纹在汽车上的应用。
4. 掌握常见螺纹的选用原则及螺纹防松方法。

▶ **技能目标**

1. 观察螺纹在汽车上的应用。
2. 会正确拆装汽车上螺纹的连接件。

▶ **重点难点提示**

1. 掌握各种螺纹的应用特点有一定的难度。
2. 少数螺纹参数较抽象，需在实践中仔细体会。

# 任务　常用螺纹的认识与选用

## 任务分析

发动机气缸盖常用螺栓与气缸体固定在一起，它们之间的螺纹连接具有一定的代表性，近几年的各类汽修技能竞赛中，常把气缸盖的拆装作为参与项目。本任务在拆装丰田 8A 发动机气缸盖的基础上，让学生了解螺纹连接的相关知识。

## 简述任务

1）会正确拆装丰田 8A 发动机气缸盖。

2）熟悉螺纹的相关知识。

## 任务教学方式

| 教学步骤 | 时间安排 | 教学方式 |
| --- | --- | --- |
| 预习 | 课余 | 观察、自学、查资料 |
| 知识点讲授 | 学时数 3 | 在常用螺纹的认识与选用学习中，结合实物和多媒体课件演示，让学生掌握螺纹的相关知识 |
| 任务操作 | 学时数 1 | 对丰田 8A 发动机气缸盖拆装中，学生边学边练，同时教师合理分组分工，让学生掌握技能的同时，学习螺纹的有关知识 |

## 任务准备

准备 1：学生正确穿戴工作服，按指令列队依次进入实训工场，并在操作工位前立正待命；把工具依次整齐摆放在工作台上。

准备 2：学生每四人一套器材，根据教师口令和多媒体演示完成拆装任务。

准备 3〔器材准备（每组）〕：①零件车、工具车（常用工具）；②扭力扳手；③棘轮扳手；④短接杆（10mm "米"字型套筒）；⑤棉纱布、机油、吸铁棒；⑥丰田 8A 发动机（各附件已去除）；⑦多媒体设备一套。

注意：操作时每一道工序都必须按实习老师的指令统一进行。

## 任务实施

### 一、丰田 8A 发动机气缸盖拆装

发动机气缸盖的拆装如表 8-1 所列。

表 8-1 发动机气缸盖的拆装

| 序号 | 步 骤 | 示 意 图 | 说 明 |
|---|---|---|---|
| 1 | 旋松气缸盖螺栓 | | 用扭力扳手,分三次并且从两边到中间均匀地旋松 10 个气缸盖螺栓 |
| 2 | 用棘轮扳手进行旋松 | | 为提高拆装效率,用棘轮扳手来旋松螺栓 |
| 3 | 取出气缸盖螺栓 | | 按序摆放 |
| 4 | 取出气缸盖螺栓垫圈 | | 按序摆放 |
| 5 | 将气缸盖螺栓以及垫圈按照次序取出放置到规定的位置 | | 为便于装复,螺栓、垫圈必须摆放有序 |

续表

| 序号 | 步　骤 | 示 意 图 | 说　明 |
|---|---|---|---|
| 6 | 松动气缸盖 |  | 用橡胶锤轻击气缸盖边缘，使其松动 |
| 7 | 用螺丝刀从气缸体上的定位销处撬起气缸盖 |  | 用螺丝刀时不要损伤气缸盖与气缸体的接触表面 |
| 8 | 取下气缸盖 |  | 取下气缸盖放置到木块上，不能把气缸盖直接放在平板或地面上 |
| 9 | 取气缸垫 | 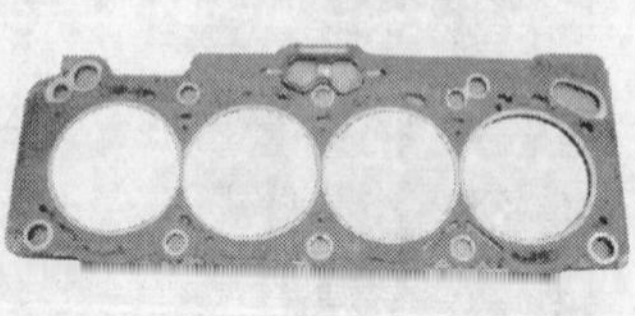 | 将气缸垫取下放置到规定的位置 |

续表

| 序号 | 步　骤 | 示　意　图 | 说　明 |
|---|---|---|---|
| 10 | 清洁润滑零件 |  | 注意对零件的清洁、润滑 |
| 11 | 装复气缸盖 |  | 在教师指导下，按先拆后装的原则装复气缸盖 |

## 二、螺纹的形成、分类和特点

### 1. 螺纹的形成

普通螺纹可以看成是将一个直角三角形绕在一个圆柱上，并使三角形的底边与圆柱外表面重合，在圆柱表面形成了一条螺旋线，这就是我们所称的"螺纹"，如图 8-1 所示。

图 8-1　螺纹示例

螺纹可以由车床加工，也可以由钳工通过攻螺纹或套螺纹而成。

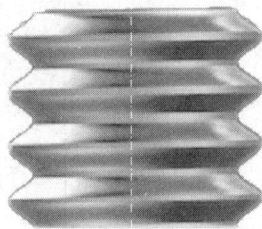

### 2. 螺纹的分类

根据不同的分类方法，螺纹类型有多种，下面列举了五种螺纹分类方法，如表 8-2 所列。

**表 8-2   螺纹的分类**

| 分类方法 | 类 型 | 示 意 图 | 特征或应用 |
|---|---|---|---|
| 按螺纹所在表面不同 | 外螺纹 |  | 制作在零件外表面上的螺纹称外螺纹 |
| | 内螺纹 | 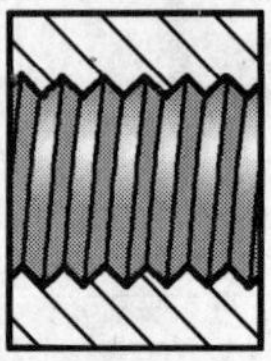 | 制作在零件孔腔内表面的螺纹称内螺纹 |
| 按螺纹线数目不同 | 单线螺纹 | 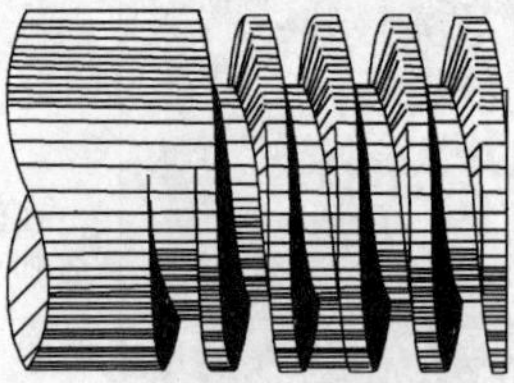 | 单线螺纹由于其螺旋升角较小（不容易滑动），螺栓和螺母旋合形成的摩擦力较大（有自锁能力），用在螺纹的锁紧，例如固定吊扇的螺栓螺母、煤气瓶的接头和机械设备里零件间的固定连接等 |
| | 多线螺纹 | 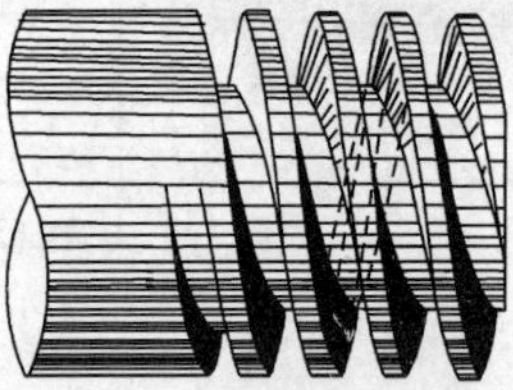 | 而多线螺纹由于其螺旋升角较大（容易滑动），螺栓和螺母旋合形成的摩擦力较小，用于传递动力和运动，例如用于抬高车轮维修的千斤顶、用于夹紧机件进行钳工加工的台虎钳和用于加工螺纹的车床丝杆等 |
| 按螺纹旋向不同 | 左旋螺纹 | 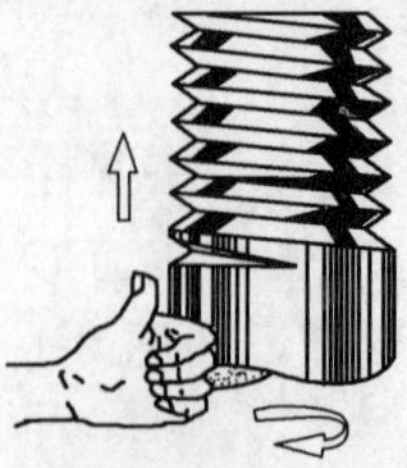 | 将外螺纹轴线垂直放置，螺纹右上左下则为右旋，左上右下为左旋。右旋螺纹顺时针旋转时旋合，逆时针旋转时退出，左旋螺纹反之，其中以右旋为最常用。以右、左手判断右旋螺纹和左旋螺纹的方法如图所示 |
| | 右旋螺纹 |  | |

续表

| 分类方法 | 类型 | 示意图 | 特征或应用 |
|---|---|---|---|
| 按螺纹截面形状不同 | 三角形螺纹 | | 牙型为等边三角形，牙型角 $\alpha=60°$，牙根强度较高，自锁性能好，是最常用的连接螺纹。同一公称直径按螺距大小分为粗牙和细牙螺纹。一般情况下用粗牙螺纹，细牙螺纹常用于薄壁零件或变载荷的连接，也可作为微调机构的调整螺纹用 |
| | 梯形螺纹 | | 牙型为等腰梯形，牙型角 $\alpha=30°$。传动效率比矩形螺纹略低，但工艺性好，牙根强度高，避免了矩形螺纹的缺点，是最常用的传动螺纹 |
| 按螺纹截面形状不同 | 锯齿形螺纹 | | 牙型为不等腰梯形，工作面牙型角为 3°，非工作面牙型角为 30°。它兼有矩形螺纹传动效率高和梯形螺纹牙根强度高的优点，但只能用于单方向的螺旋传动中 |
| | 矩形螺纹 | | 牙型为正方形，牙型角 $\alpha=0°$，牙厚为螺距的一半，尚未标准化。传动效率较其他螺纹高，故多用于传动。缺点是牙根强度较低，磨损后间隙难以补偿，传动精度较低 |

| 分类方法 | 类型 | 示 意 图 | 特征或应用 |
|---|---|---|---|
| 按螺纹用途不同 | 连接螺纹 |  | 常用的螺纹连接件有螺栓、双头螺柱、螺钉、螺母和垫片等,为螺纹的主要应用。这些零件都是标准件,结构、形状、尺寸都制定有国家标准,设计时可根据有关标准选用 |
| | 传动螺纹 |  | 利用螺杆和螺母组成的螺旋副来实现传动要求,工作平稳,传动要求高,易于自锁,良好减速性能。应用在台虎钳、千斤顶等场合 |

### 三、螺纹的主要参数

螺纹的主要参数如图 8-2 所示。

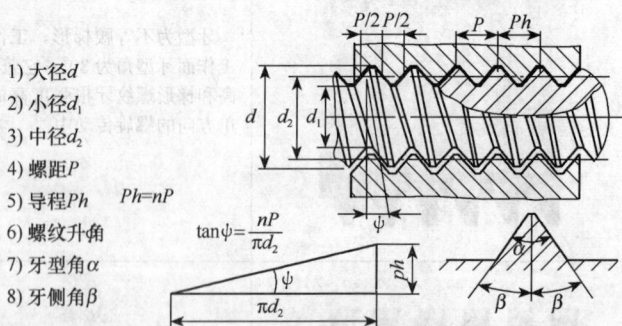

1) 大径 $d$
2) 小径 $d_1$
3) 中径 $d_2$
4) 螺距 $P$
5) 导程 $Ph$    $Ph = nP$
6) 螺纹升角    $\tan\psi = \dfrac{nP}{\pi d_2}$
7) 牙型角 $\alpha$
8) 牙侧角 $\beta$

图 8-2　螺纹的主要参数

1) 大径 ($D$、$d$):与外螺纹牙顶或内螺纹牙底相重合的假想圆柱面的直径称为大径。内、外螺纹的大径分别以 $D$ 和 $d$ 表示。

2) 小径 ($D_1$、$d_1$):与外螺纹牙底或内螺纹牙顶相重合的假想圆柱面的直径称为小径。内、外螺纹的小径分别以 $D_1$ 和 $d_1$ 表示。

3) 中径 ($D_2$、$d_2$):中径是一个假想圆柱的直径,该圆柱的母线(称为中径线)通过牙型上沟槽和凸起宽度相等的地方,此圆柱称为中径圆柱。内、外螺纹的中径分

别以 $D_2$ 和 $d_2$ 表示。

4）螺距（$P$）：相邻两牙在中径圆柱面的母线上对应两点间的轴向距离。

5）导程（$Ph$，$Ph=nP$）：同一螺旋线上相邻两牙在中径圆柱面的母线上的对应两点间的轴向距离。

6）螺纹升角（$\psi$，$\tan\psi=nP/\pi d_2$）：在中径圆柱面上螺旋线的切线与垂直于螺旋线轴线的平面的夹角。

7）牙型角（$\alpha$）：螺纹轴向平面内螺纹牙型两侧边的夹角。

8）牙侧角（$\beta$）：螺纹牙型的侧边与螺纹轴线的垂直平面的夹角。

9）线数（$n$）：螺纹螺旋线数目，一般为便于制造，一般 $n\leqslant4$。

**四、螺纹连接的类型与应用**

螺纹连接是利用螺纹零件构成的可拆卸的固定连接。螺纹连接具有结构简单、紧固可靠、装拆迅速方便等特点，因此应用极为广泛。

螺纹连接的类型有螺栓连接、双头螺柱连接、螺钉连接和紧定螺钉连接四种，如表 8-3 所列。

表 8-3 螺纹连接的类型与应用

| 类型 | 示意图（一） | 示意图（二） | 特性及应用 |
|---|---|---|---|
| 螺栓连接 | | | 普通螺栓连接——被连接件不太厚，螺杆带钉头，通孔不带螺纹，螺杆穿过通孔与螺母配合使用。装配后孔与杆间有间隙，间隙在工作中不许消失，结构简单，装拆方便，可多个装拆，应用较广。<br><br>精密螺栓连接——装配后无间隙，主要承受横向载荷，也可作定位用，采用基孔制配合铰制孔螺栓连接（H7/m6，H7/n6） |
| 双头螺柱连接 | | | 螺杆两端无钉头，但均有螺纹，装配时一端旋入被连接件，另一端配以螺母。适于常拆卸而被连接件之一较厚时。拆装时只需拆螺母，而不将双头螺栓从被连接件中拧出 |

续表

| 类型 | 示意图（一） | 示意图（二） | 特性及应用 |
|------|------------|------------|-----------|
| 螺钉连接 | | | 适于被连接件之一较厚（上带螺纹孔），不需经常装拆，一端有螺钉头，不需螺母，适于受载较小，且不经常装拆的场合 |
| 紧定螺钉连接 | | | 拧入后，利用杆末端顶住另一零件表面或旋入零件相应的缺口中以固定零件的相对位置。可传递不大的轴向力或扭矩 |

## 五、螺纹连接件的防松装置

### 1. 螺纹连接预紧

1）预紧目的：汽车上的螺纹连接，预紧的目的是增强连接的刚性，提高紧密性和防松能力，确保连接安全工作。

2）预紧度确定方法有经验控制、测力矩扳手（如图 8-3 所示）和定力矩扳手（如图 8-4 所示）。

图 8-3　测力矩扳手

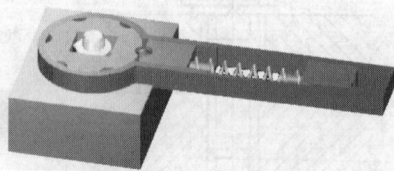

图 8-4　定力矩扳手

## 2. 螺纹连接的防松方法

螺纹连接的防松目的是限制螺旋副的相对转动，以防止连接的松动，影响正常工作。螺纹连接的防松方法有摩擦防松、机械防松、永久防松，如表 8-4 所列。

表 8-4　螺纹连接的防松方法

| 防松方法 | 分　类 | 示　意　图 | 特点及应用 |
|---|---|---|---|
| 摩擦防松 | 垫圈防松 | | 垫圈压平产生弹力，保持螺纹间的压力，增加了摩擦力，同时切口尖角也阻止螺母反转作用；结构简单、工作可靠、应用较广泛 |
| | 自锁螺母防松 | | 螺母一端制成非圆形收口或开封后径向收口。当螺母拧紧后，收口涨开，利用收口的回弹力使旋合螺纹间压紧。这种方法结构简单，防松可靠，可多次装卸而不降低防松性能 |
| | 对顶螺母防松 | | 利用主、副螺母的对顶作用，把该段螺纹拉紧，保持螺纹间的压力。即使外载荷消失，此压力也仍然存在。外廓尺寸大，应用不如弹簧垫图普遍 |
| 机械防松 | 槽形螺母和开口销 | | 销钉在螺母槽内插入孔中，使螺母和螺栓不能产生相对转动，安全可靠，应用较广 |

| 防松方法 | 分 类 | 示 意 图 | 特点及应用 |
|---|---|---|---|
| 机械防松 | 止动垫片防松 | 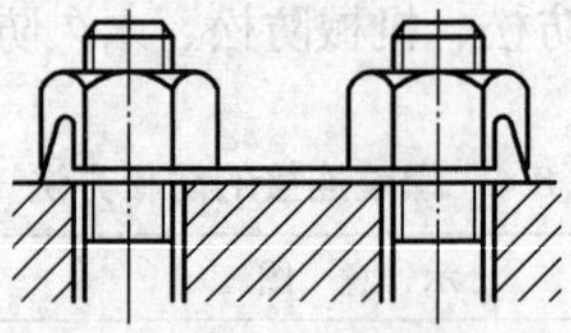 | 在旋紧螺母后，止动垫片一侧被折转；垫圈另一侧折于固定处，则可固定螺母与被连接件的相对位置。要求有固定垫片的结构 |
| | 串联钢丝防松 | 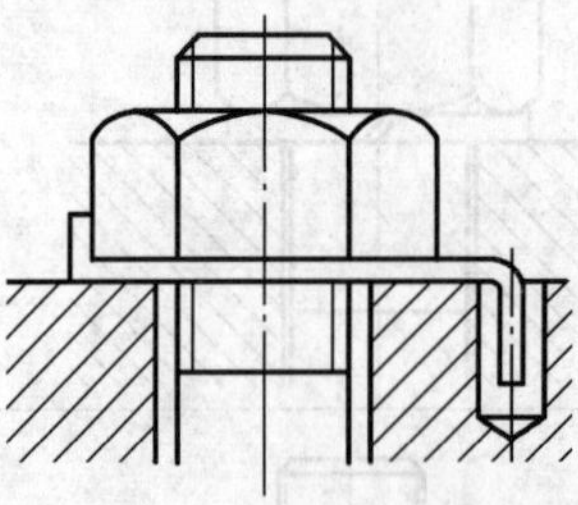 | 螺钉紧固后，在螺钉头部小孔中串入铁丝，但应注意串孔方向为旋紧方向。简单安全，常用于无螺母的螺钉连接 |
| 永久防松 | 焊（粘）接 | 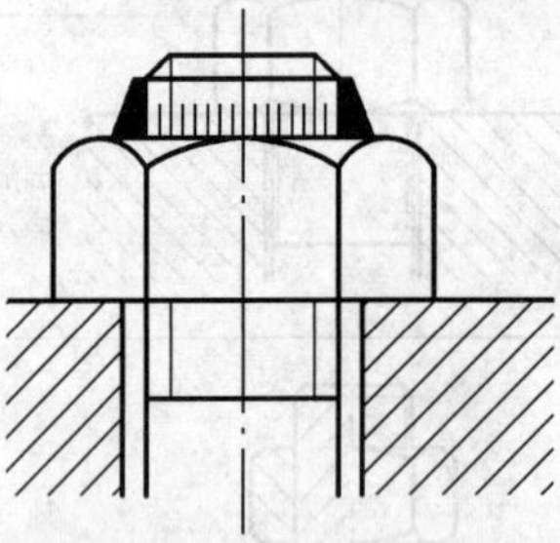 | 粘接一般用厌氧黏结剂涂于螺纹旋合表面，拧紧后黏结剂能自行固化，效果良好，用于固定后不拆卸的场合，如防盗窗，蓄电池防盗架等 |
| | 冲边（铆）接 | 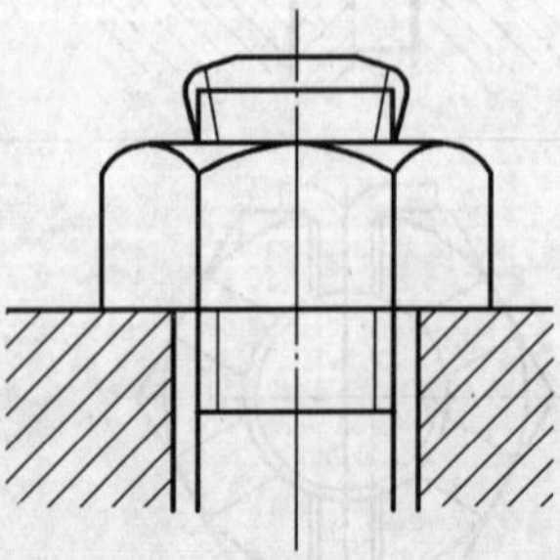 | 冲边防松时，冲点中心在螺纹内径圆周边上，冲三点或四点；铆接用专用设备来安装。冲边与铆接都用于固定后不作拆卸的场合，如防盗窗装置，离合器摩擦片等 |

## 工作页

**丰田 8A 发动机气缸盖拆装工作页**

| 序　号 | 项　　目 | 内　　容 |
|---|---|---|
| 1 | 记录本次操作所需工量具 | |
| 2 | 记录分解步骤 | |
| 3 | 清洁方法记录 | |
| 4 | 记录装复步骤 | |
| 5 | "5S"要求做到了吗 | |
| 6 | 本次任务收获与不足 | |

## 课堂练习

1. 结合实际来判断螺纹的旋向。

2. 绘制不同截面的螺纹图。

3. 分析不同螺纹防松方法的优点。

## 任务评测

| 检测项目 | | 评分标准 | 分　值 | 学生自评 | 教师评估 |
|---|---|---|---|---|---|
| 任务知识内容 | 螺纹的形成 | 要求会描述 | 5 | | |
| | 螺纹加工方法 | 要求会描述 | 5 | | |
| | 按旋向不同进行螺纹的分类 | 要求会正确回答 | 5 | | |
| | 螺纹大径的含义 | 要求会描述 | 5 | | |
| | 螺距的含义 | 要求会描述 | 5 | | |
| | 螺距与导程的区别 | 要求会描述 | 5 | | |
| | 双头螺柱的特点 | 要求会描述 | 5 | | |
| | 举例说明螺纹在汽车上防松的应用 | 要求说出三处以上 | 5 | | |
| 任务操作技能 | 气缸盖的拆装 | 按规定要求会规范操作 | 10 | | |
| | 气缸盖螺栓拆装 | 按规定要求会规范操作 | 10 | | |
| | 气缸盖取下 | 按规定要求会规范操作 | 10 | | |
| | 气缸盖安装 | 分析螺纹紧固方法 | 10 | | |
| | 安全操作 | 操作中严格遵守安全守则 | 10 | | |
| | "5S"规范 | 操作中执行"5S"规范 | 10 | | |

## 项目小结

1）通过气缸盖的拆装，掌握气缸盖螺栓的使用。
2）通过螺纹的介绍，了解常用螺纹的参数类型、各自特点、应用场合等知识。

## 思考与练习

1. 判断题。

（1）气缸盖螺栓拆卸是按先中间后四周顺序。（　　　）

（2）槽形螺母和开口销防松方式不太可靠。（　　　）

（3）螺纹牙型角和牙侧角是一样的概念。（　　　）

（4）紧定螺钉连接可传递大的扭矩。（　　）

（5）单线螺纹由于其螺旋升角较大，容易滑动。（　　）

2. 选择题。

（1）用于连接的螺纹牙型为三角形，这是因为三角形螺纹（　　）。

    A. 牙根强度高，自锁性能好　　　　B. 传动效率高

    C. 防振性能好　　　　　　　　　　D. 自锁性能差

（2）在螺栓连接中，有时在一个螺栓上采用双螺母，其目的是（　　）。

    A. 提高强度　　　　　　　　　　　B. 提高刚度

    C. 防松　　　　　　　　　　　　　D. 减小每圈螺纹牙上的受力

（3）螺纹在圆柱外表面的称（　　）。

    A. 外螺纹　　　　　　　　　　　　B. 内螺纹

    C. 左螺纹　　　　　　　　　　　　D. 右螺纹

（4）下列属于螺纹机械防松的是（　　）。

    A. 用开口销　　　　　　　　　　　B. 采用对顶螺母

    C. 垫圈防松　　　　　　　　　　　D. 自锁螺母防松

（5）下列不属于永久防松的是（　　）。

    A. 焊接　　　　　　　　　　　　　B. 铆接

    C. 串联钢丝防松懈　　　　　　　　D. 冲边

# 项目 9

## 常用机构的认识与选用

# 任务一　平面连杆机构的认识

## 任务分析

本任务实施时学生首先根据教师提供的材料安装四杆机构，然后演示铰链四杆机构并进行归纳。可以三人一组，A负责装配演示，B负责记录相关内容，C负责材料工具的传递。任务实施过程中培养学生的动手能力，合作能力。过程按备料→连接→演示→分析→总结进行。

## 简述任务

1）会正确安装铰链四杆机构。
2）会正确演示铰链四杆机构。

## 任务教学方式

| 教学步骤 | 时间安排 | 教学方式 |
|---|---|---|
| 预习 | 课余 | 自学、观察 |
| 知识点讲授 | 学时数 2 | 在平面连杆机构的认识与选用学习中，结合实物演示，让学生掌握平面连杆机构的相关知识 |
| 任务操作 | 学时数 1 | 对铰链四杆机构的安装和演示中，学生边学边练，同时教师合理分组分工，让学生掌握技能的同时，学习平面连杆机构的有关知识 |

## 任务准备

准备1：学生每组一套器材，根据教师的示范讲解和多媒体课件完成装配、演示任务。

准备2［器材准备（每组）］：①杆件四根；②螺母与螺栓四副；③小锉刀一把（用作修刮毛刺）。

## 任务实施

### 一、铰链四杆机构的安装

铰链四杆机构的安装如表9-1所列。

**表 9-1 铰链四杆机构的安装**

| 序 号 | 示 意 图 | 说 明 |
|---|---|---|
| 1 |  | 材料由教师提供，一般为竹片或塑料片。为保证有曲柄出现，教师可控制四杆的长度，也可在一杆上多钻几个孔（如左图1号杆），保证不同安装点有不同四杆机构出现，本次图示安装1号杆时处于可调的最短状态。<br><br>为防止毛刺伤手，操作前要求学生检查材料边缘是否光滑，发现问题及时修整 |
| 2 |  | 学生利用螺栓、螺母连接各杆件，注意不可固定过于紧固，相邻竹片间处应能自由转动 |

## 二、铰链四杆机构的演示

### 1. 铰链四杆机构的组成

1）铰链四杆机构中，固定不动的构件称为机架，图 9-1 所示的 $a$ 杆。机构中不与机架相连的构件称为连杆，图 9-1 所示的 $c$ 杆。机构中与机架用低副（低副——两构件以面接触的运动副）相连的构件称为连架杆，图 9-1 所示的 $b$、$d$ 杆。

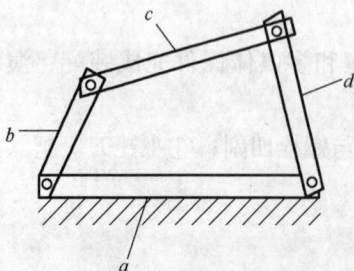

2）曲柄是与机架用转动副相连且能绕该转动副轴线整圈旋转的构件。

3）摇杆是与机架相连但只能绕该转动副轴线摆动的构件。

### 2. 铰链四杆机构的演示

铰链四杆机构的演示如表 9-2 所列。

图 9-1 四杆机构

**表 9-2 铰链四杆机构演示**

| 序 号 | 示 意 图 | 说 明 |
|---|---|---|
| 1 | 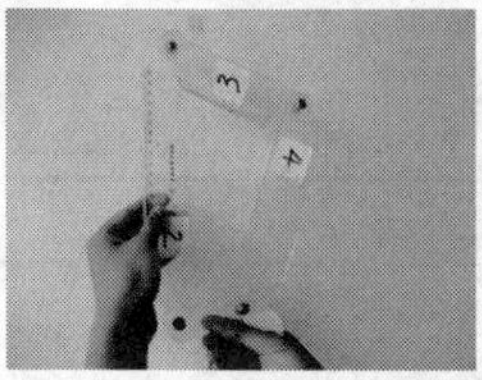 | 1）1号杆为机架，转动2号杆，观察2、4号杆的运动方式。<br>2）同学通过仔细观察记录2、4号杆出现的运动方式。<br>3）图示铰链四杆长度关系为1+2≤3+4且1<3<4<2 |
| 2 | 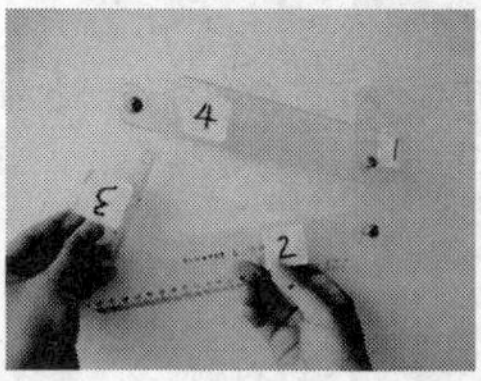 | 1）2号杆为机架，转动3号杆，观察1、3号杆的运动方式。<br>2）同学们记录1、3号杆出现的运动方式 |
| 3 | 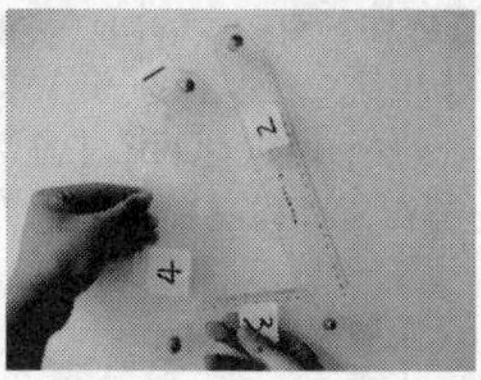 | 1）3号杆为机架，转动4号杆，观察2、4号杆的运动方式。<br>2）同学记录2、4号杆出现的运动方式 |
| 4 | 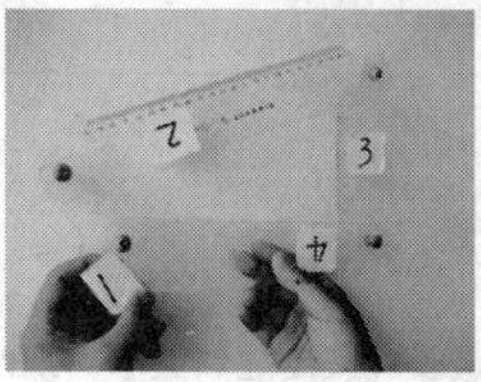 | 1）4号杆为机架，转动1号杆，观察1、3号杆的运动方式。<br>2）同学记录1、3号杆出现的运动方式 |
| 5 | 拆卸1号杆，选择1号杆上使其安装后能达到最大长度的两孔安装，使1+2>3+4 | |
| 6 | 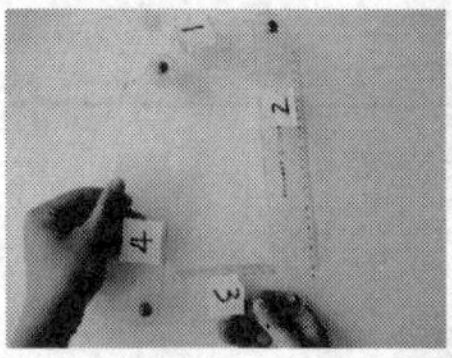  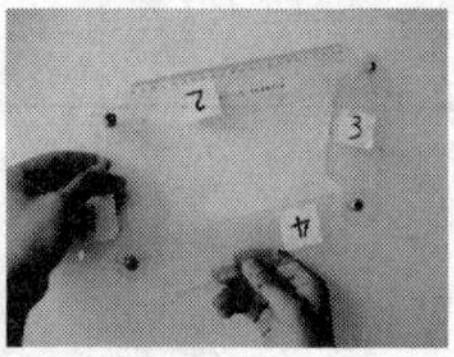 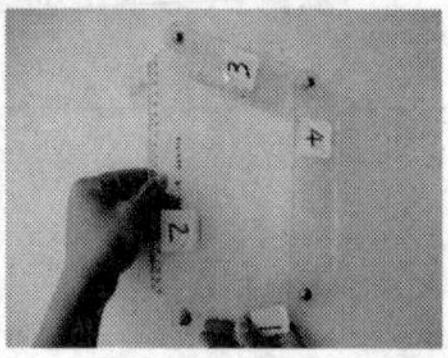 | |
| 7 | 以不同杆件为机架，转动连架杆，观察连杆架可能出现的运动方式，并记录下来 | |

### 3. 铰链四杆机构中曲柄存在的条件

铰链四杆机构中曲柄存在的条件如表 9-3 所示。

**表 9-3　铰链四杆机构中曲柄存在的条件**

| 示意图 | 说明 |
| --- | --- |
| 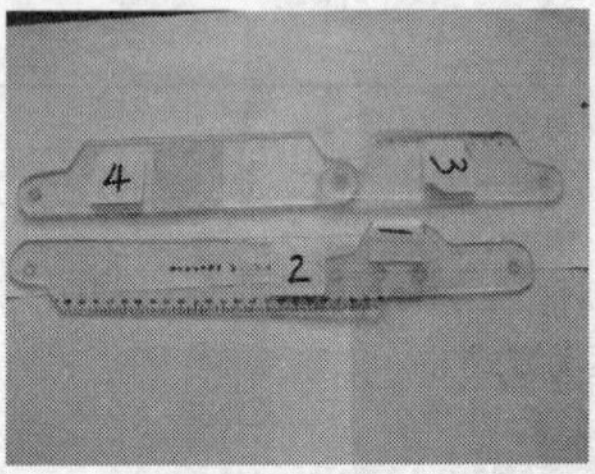 | 最短杆与最长杆长度之和小于或等于其余两杆长度之和 |
| 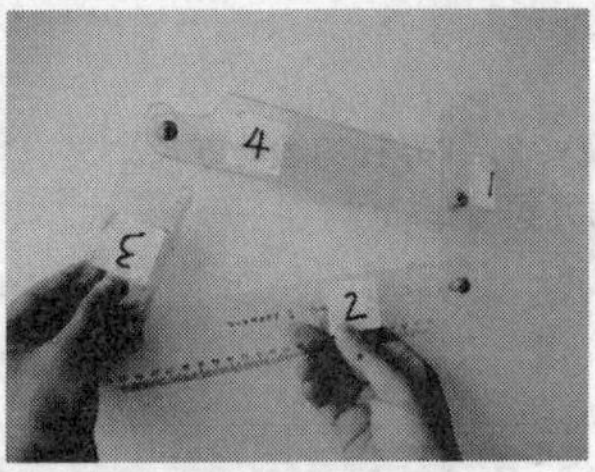 | 连架杆与机架中必有一个是最短杆；图示铰链四杆长度关系为 1<3<4<2（必须 1、2 或 4 作为机架）。<br>　根据曲柄存在条件：最短杆与最长杆长度之和小于或等于其余两杆长度之和，可以推论出铰链四杆机构三种基本类型的判别方法。<br>　1）取最短杆为连架杆时，构成曲柄摇杆机构。<br>　2）取最短杆为机架时，构成双曲柄机构。<br>　3）取最短杆为连杆时，构成双摇杆机构 |
| 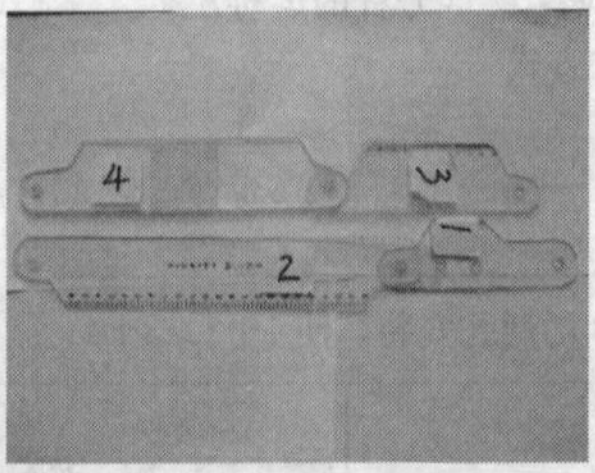 | 若铰链四杆机构中最短杆与最长杆长度之和大于其余两杆长度之和，则无曲柄存在，只能构成双摇杆机构 |

## 三、铰链四杆机构的演化

铰链四杆机构的演化如表 9-4 所列。

表 9-4 铰链四杆机构的演化

| 名 称 | 示 意 图 | 应 用 |
|---|---|---|
| 曲柄滑块机构 |  | 应用于内燃机中的活塞连杆机构 |
| 反向双曲柄机构 |  | 车门开启机构，采用的是反向平行双曲柄机构。主动曲柄 *AB* 转动时，通过连杆 *BC* 使从动曲柄 *CD* 反向转动，保证两扇车门的同时开启和关闭至各自的预定位置 |
| 曲柄摇杆机构 |  | 自卸载货汽车的翻斗机构。当液压缸中输入压力油时，活塞杆向右伸出，通过左边的摇杆和连杆推动右边的摇杆摇动，从而使车斗中的货物自动卸下 |

## 四、汽车刮水器的观察与分析

汽车刮水器示意如图 9-2 所示。

图 9-2 汽车刮水器示意图

**1. 了解电动刮水器总成的组成**

电动刮水器一般由电动机总成、底板、拉杆、摆杆、刷架、刮臂和刮水片等组成，如图 9-2 所示。

**2. 刮水过程演示**

1）观察电动刮水器在汽车上各总成间的相互连接关系。

2) 观察电动刮水器的转矩传递方式。

3) 分析电动刮水器中铰链四杆机构的演变类型。

## 五、机器和机构

### 1. 机器和机构

机器和机构如表 9-5 所列。

表 9-5　机器和机构

| 名　　称 | 示意图（列举） | 特　　性 |
|---|---|---|
| 机器 | | 机器的种类繁多（如汽车、机床等），用来变换或传递能量，以代替人的劳动。尽管它们的形态、性能、结构各异，但都具有以下共同特征。<br>1) 是一种人为实体的组合。<br>2) 各实体之间具有确定的相对运动。<br>3) 能进行能量、物料或信息的变换与传递，并完成有用的机械功或实现能量转换 |
| 机构 | | 机构由具有确定的相对运动的构件组成，机器能完成有用的机械功或转换机械能，而机构只是完成传递运动、力或改变运动形式的实体，例如曲柄连杆机构 |
| 构件 | | 构件就是机构中的运动单元。构件可以是一个独立的零件，也可以是由几个零件刚性地连接组成的，如连杆组合 |
| 零件 | | 零件是最小的制造单元如活塞、螺栓等 |

从运动角度看，构件是一个有独立运动的单元体，机构由具有确定的相对运动的构件组成。构件可以是一个独立的零件，也可以是由几个零件刚性地连接组成的。

从制造的角度看，机器是由若干零件组成的，零件是最小的制造单元。较复杂的机器是先由零件组装部件，再由零件和部件组装成机器。

## 2. 机器的组成

一般来说，机器由原动部分、工作（执行）部分、传动部分、控制系统及一些辅助装置等组成，如图 9-3 所示及表 9-6 所列。

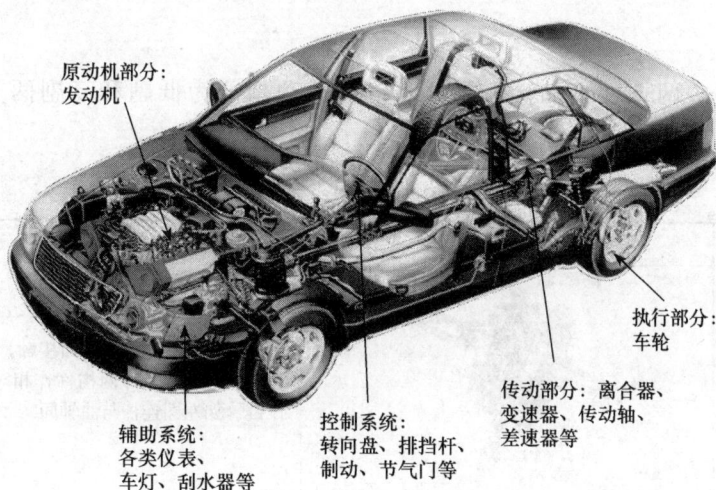

图 9-3 机器（例如汽车）的组成

**表 9-6 机器的组成**

| 组成部分 | 作　用 |
|---|---|
| 原动机 | 是驱动整个机器以完成预定功能的动力源。它把其他形式的能量转换为机械能。原动机的动力输出绝大多数呈旋转运动的状态，输出一定的转矩。原动机经历了如下发展过程：人力、畜力→水力机、风力机→蒸汽机、内燃机、汽轮机、电动机 |
| 执行部分 | 是用来完成机器预定功能的组成部分，一部机器可以只有一个执行部分，也可以把机器的功能分解成好几个执行部分 |
| 传动部分 | 用来连接原动机部分和执行部分，它将原动机的运动形式、运动及动力参数转变为执行部分所需的运动形式、运动及动力参数。例如：把旋转运动转换为直线运动；高转速变为低转速；小转矩变为大转矩等。机器的传动部分大多数采用机械传动系统，有时也采用液压或电力传动系统。机械传动系统是绝大多数机器不可缺少的重要组成部分 |
| 操纵或控制部分 | 这部分的作用是显示和反映机器的运行位置和状态，控制机器正常运行和工作。控制装置可以是机械装置、电子装置、电气装置等 |

## 六、运动副

### 1. 定义

由两个构件直接接触并产生一定相对运动的连接，称为运动副。

### 2. 分类

按运动副中两构件间的接触形式不同，运动副分为低副和高副两类，如表 9-7 所列。

表 9-7　低副和高副

| 分　类 | | 示　意　图 | 定义及应用 |
|---|---|---|---|
| 低副 | 转动副 |  | 低副：运动副元素为面接触。<br>转动副：只允许两构件作相对转动，又称为铰链。如左图连杆与曲轴间 |
| | 移动副 |  | 只允许两构件间沿某一直线作相对移动 |
| 高副 | |  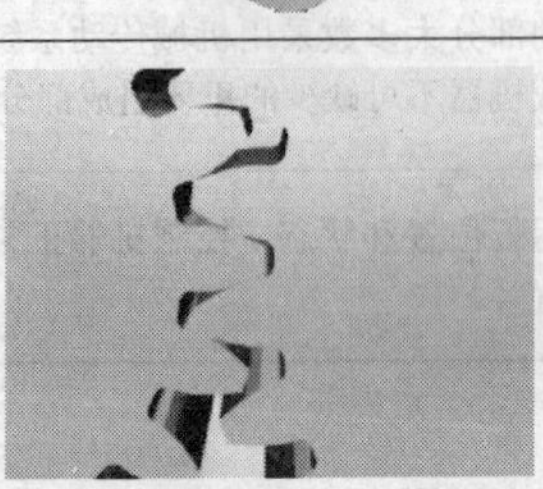 | 运动副元素为以点或线接触。构成高副的两面构件之间的相对运动是"转动与移动"的叠加，如左图凸轮推动挺柱运动和齿轮间啮合 |

## 课堂练习

1. 分析铰链四杆机构存在的曲柄条件。
2. 绘制汽车刮水器的结构草图。

## 任务评测

| 检测项目 | | 评分标准 | 分　值 | 学生自评 | 教师评估 |
|---|---|---|---|---|---|
| 任务知识内容 | 曲柄存在条件 | 要求会描述 | 10 | | |
| | 曲柄不存在原因 | 要求会描述 | 10 | | |
| | 机构与构件区别 | 要求会描述 | 5 | | |
| | 构件与零件区别 | 要求会描述 | 5 | | |
| | 机器定义 | 要求会描述 | 5 | | |
| | 高副特点 | 要求会描述 | 5 | | |
| | 低副分类 | 要求会描述 | 5 | | |
| | 转动副特点 | 简单讲述运动副选择原则 | 5 | | |
| 任务操作技能 | 铰链四杆机构的安装 | 按规定要求会规范操作 | 10 | | |
| | 铰链四杆机构的演示 | 按规定要求会规范操作 | 20 | | |
| | 铰链四杆机构的调整 | 按规定要求会规范操作 | 10 | | |
| | 安全操作 | 操作中严格遵守安全守则 | 10 | | |
| | "5S" 规范 | 操作中执行 "5S" 规范 | 10 | | |

# 任务二　凸轮机构的认识

## 任务分析

　　凸轮机构在汽车配气机构中广泛应用，本任务在拆卸发动机凸轮轴的基础上，让学生掌握凸轮机构的相关知识，并了解其运动规律。

## 简述任务

1）会正确拆装丰田 8A 发动机的凸轮轴。
2）熟悉凸轮机构的相关知识。

## 任务教学方式

| 教学步骤 | 时间安排 | 教学方式 |
|---|---|---|
| 阅读教材 | 课余 | 查资料、上网查询 |
| 知识点讲授 | 学时数 2 | 在凸轮机构的认识与选用学习中，结合多媒体课件演示，让学生掌握凸轮机构的相关知识 |
| 任务操作 | 学时数 2 | 通过对凸轮机构的拆装，学生边学边练，同时教师合理分组分工，让学生掌握技能的同时，学习凸轮机构的有关知识 |

## 任务准备

准备 1：学生正确穿戴工作服，按指令列队依次进入实训工场，并在操作工位前立正待命；把工具依次整齐摆放在工作台上。

准备 2：学生每四人一套器材，根据教师口令和多媒体演示完成拆装任务。

准备 3〔器材准备（每组）〕：①丰田 8A 发动机一台（附件已拆）；②10mm 套筒；③短接杆；④棘轮扳手；⑤扭力扳手；⑥活动扳手；⑦多媒体设备一套。

## 任务实施

### 一、拆卸 8A 发动机副凸轮轴

拆卸 8A 发动机副凸轮轴的步骤如表 9-8 所列。

表 9-8 拆卸 8A 发动机副凸轮轴步骤

| 序号 | 步骤 | 示意图 | 说明 |
|---|---|---|---|
| 1 | 转动凸轮轴 | | 转动凸轮轴的六角部分，将副齿轮小孔转上来。注意，它定位主齿轮和副齿轮 |
| 2 | 旋松 1 号轴承盖 | | 用扭力扳手旋松 1 号轴承盖螺栓 |

| 序 号 | 步 骤 | 示 意 图 | 说 明 |
|:---:|:---|:---:|:---|
| 3 | 旋松轴承盖螺栓 | | 用手旋松轴承盖螺栓并且拆卸 |
| 4 | 取下轴承盖 | | 取下 1 号轴承盖 |
| 5 | 旋松凸轮轴轴承盖其余螺栓 | | 用扭力扳手按规定顺序旋松副凸轮轴轴承盖螺栓 |
| 6 | 进一步旋松轴承盖螺栓 | | 用 10mm 梅花扳手旋松轴承盖螺栓 |
| 7 | 摆放轴承盖和螺栓 | | 按照顺序 1-2-3-4-5 将副凸轮轴轴承盖和螺栓放置到规定的位置 |
| 8 | 取下凸轮轴 | | 取下副凸轮轴并且放置到规定的位置,并观察凸轮结构 |

| 序 号 | 步 骤 | 示 意 图 | 说 明 |
|---|---|---|---|
| 9 | 装复 | | 在教师指导下，根据维修手册要求，装复凸轮轴 |

## 二、凸轮机构的基本应用和分类

### 1. 凸轮机构的基本组成

凸轮机构是一种常见的高副机构，它结构简单紧凑，能够实现各种复杂的运动要求，广泛应用于各种机械和自动控制装置中，如表 9-9 所列。

表 9-9　凸轮机构的组成及优缺点

| | | |
|---|---|---|
| 凸轮机构 | 组成 | 凸轮机构主要是由凸轮、从动件和机架所组成，而主动件凸轮是一个具有一定形状的曲线轮廓或凹槽的构件。当凸轮运动时，通过其轮廓或凹槽与从动件接触，使从动件实现预期的运动规律 |
| | 优点 | 要正确设计出凸轮轮廓曲线，就可使从动件实现预定的运动规律，而且结构简单，工作可靠 |
| | 缺点 | 凸轮与从动件之间为点接触或线接触，单位面积受压力较大，容易磨损，多用于传递力不大的控制机构和调节机构中 |

### 2. 凸轮机构的分类与应用

凸轮机构的分类如表 9-10 所列。

表 9-10　凸轮机构的分类

| 分类方法 | 类 型 | 示 意 图 | 特性及应用场合 |
|---|---|---|---|
| 按凸轮形状分 | 盘形凸轮 | | 盘形凸轮是一个绕固定轴转动并具有变化半径的盘形零件，它是凸轮最基本的型式。适用于推杆行程较短的传动机构 |

| 分类方法 | 类 型 | 示 意 图 | 特性及应用场合 |
|---|---|---|---|
| 按凸轮形状分 | 移动凸轮 | | 当盘形凸轮的回转中心趋于无穷远时，盘形凸轮就变成了移动凸轮，它的底面是平面，顶面是起伏的曲面，当它左右移动时，推动从动件做有规律的运动（直动或摆动） |
| | 圆柱凸轮 | | 可看成将移动凸轮卷成圆柱体而得到的。这种凸轮是在圆柱面上开有曲线凹槽或在圆柱端面上作出曲线轮廓，当其转动时，推杆在平行其轴线或包括其轴线的平面内运动，主要适用于行程较大的机械 |
| 按从动件的端部形式分 | 尖顶式从动件 | | 从动件以尖顶与凸轮轮廓保持接触。这种从动件结构简单，能实现任意预期的运动规律。尖顶与凸轮是点接触，磨损快，只宜用于受力不大的低速凸轮机构 |
| | 滚子式从动件 | | 从动件以铰接的滚子与凸轮轮廓接触。滚子与凸轮轮廓间为滚动摩擦，耐磨损，可以承受较大的载荷，是从动件中最常用的一种形式 |
| | 平底式从动件 | | 从动件与凸轮轮廓表面接触的端面为一平面，优点是凸轮对推杆的作用始终垂直于推杆的底边，故受力比较平稳，摩擦减少，但灵敏性较差 |

续表

| 分类方法 | 类型 | 示意图 | 特性及应用场合 |
|---|---|---|---|
| 按从动杆的运动方式分 | 移动从动杆 | | 根据从动件的端部形式和凸轮形状不同，移动从动杆式凸轮机构有着不同的特性，具体根据实际情况来确定应用场合 |
| | 摆动从动杆 | | 根据从动件的端部形式不同，摆动从动杆式凸轮机构有着不同的特性，具体根据实际情况来确定应用场合 |

凸轮机构的应用举例如图 9-4 所示。

(a) 在印染机中的应用

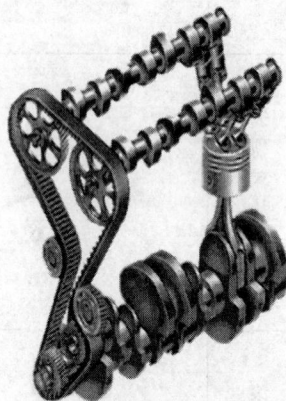

(b) 在汽车配气机构中的应用

(c) 在机床加工中的应用

(d) 在泵中的应用

图 9-4　凸轮机构的应用举例

## 工作页

**凸轮拆装工作页**

| 序 号 | 项 目 | 内 容 |
|---|---|---|
| 1 | 记录本次操作所需工量具 | |
| 2 | 记录分解步骤 | |
| 3 | 清洁方法记录 | |
| 4 | 记录装复步骤 | |
| 5 | "5S" 要求做到了吗 | |
| 6 | 本次任务收获与不足 | |

## 课堂练习

1. 绘制不同形状的凸轮草图。
2. 分析凸轮工作特点。

## 任务评测

| | 检测项目 | 评分标准 | 分 值 | 学生自评 | 教师评估 |
|---|---|---|---|---|---|
| 任务知识内容 | 凸轮作用的掌握 | 要求会描述 | 5 | | |
| | 凸轮分类方法 | 要求会描述 | 5 | | |
| | 盘形凸轮特点 | 要求会描述 | 5 | | |
| | 滚子式凸轮的了解 | 要求会描述 | 5 | | |
| | 平底式凸轮的应用特点 | 要求会描述 | 5 | | |
| | 凸轮组成 | 要求会描述 | 5 | | |
| | 凸轮机构缺点 | 要求会描述 | 5 | | |
| | 凸轮应用 | 要求说出三处以上的应用场合 | 5 | | |

续表

| 检测项目 | | 评分标准 | 分 值 | 学生自评 | 教师评估 |
|---|---|---|---|---|---|
| 任务操作技能 | 转动凸轮轴方法 | 按规定要求会规范操作 | 10 | | |
| | 1号轴承盖拆装 | 按规定要求会规范操作 | 10 | | |
| | 轴承盖螺栓拆卸 | 按规定要求会规范操作 | 10 | | |
| | 凸轮的安装 | 按规定要求会规范操作 | 10 | | |
| | 安全操作 | 操作中严格遵守安全守则 | 10 | | |
| | "5S"规范 | 操作中执行"5S"规范 | 10 | | |

## 项目小结

1）通过铰链四杆机构的安装与演示，熟悉其曲柄存在的条件。

2）了解机器、机构、构件、零件相互关系，熟悉运动副。

3）通过凸轮的拆装，熟悉凸轮的工作、安装特点。

4）理论实践一体教学使学生熟悉凸轮机构的基本组成、分类与应用特点。

## 思考与练习

1. 选择题。

　　（1）活塞连杆机构属于（　　）机构。

　　　　A. 曲柄摇杆机构　　　B. 双曲柄机构　　　C. 双摇杆机构　　　D. 曲柄滑块机构

　　（2）在曲柄摇杆机构中，最短的构件是（　　）。

　　　　A. 连杆　　　　　　B. 曲柄　　　　　　C. 机架　　　　　　D. 摇杆

　　（3）最小的制造单元是（　　）。

　　　　A. 零件　　　　　　B. 机构　　　　　　C. 构件　　　　　　D. 机器

　　（4）能把转动转换成往复直线运动，也可把往复直线运动转换成旋转运动的机构是（　　）。

　　　　A. 曲柄摇杆机构　　　B. 双曲柄机构　　　C. 双摇杆机构　　　D. 曲柄滑块机构

　　（5）铰链四杆机构中不直接与（　　）相连的杆件称为连杆。

A. 连杆　　　　　　B. 曲柄　　　　　C. 机架　　　　　D. 摇杆

(6) 凸轮机构属于（　　）。

A. 高副　　　　　　B. 低副　　　　　C. 转动副　　　　D. 移动副

(7) 下列不是凸轮分类方法的是（　　）。

A. 按凸轮尺寸分　　　　　　　　　B. 按凸轮形状分

C. 按从动件运动方式分　　　　　　D. 按从动件端部结构形式

(8) 属于滚子式从动杆凸轮特点的是（　　）。

A. 耐磨损　　　　　　　　　　　　B. 从动件作摆动

C. 不常用　　　　　　　　　　　　D. 用于受力不大的场合

(9) 下列不属于凸轮机构组成部分的是（　　）。

A. 凸轮　　　　　　B. 从动件　　　　C. 机架　　　　　D. 滚子轴

(10) 下列属于按从动件端部结构形式分的是（　　）。

A. 圆柱式　　　　　B. 摆动式　　　　C. 盘式　　　　　D. 尖顶式

2. 判断题。

(1) 汽车的刮水器属于双曲柄机构。（　　）

(2) 若铰链四杆机构中最短杆与最长杆长度之和大于其余两杆长度之和，则无曲柄存在，只能构成双摇杆机构。（　　）

(3) 最短杆与最长杆长度之和小于或等于其余两杆长度之和，则：取最短杆为连架杆时，构成双摇杆机构。（　　）

(4) 低副是指两构件以面接触的运动副。（　　）

(5) 从制造的角度看，机器是由若干零件组成的，构件是最小的制造单元。（　　）

(6) 凸轮机构在汽车配气机构中应用较广。（　　）

(7) 盘形凸轮是凸轮机构中最基本的型式。（　　）

(8) 移动式凸轮可把盘形凸轮的回转中心看作是趋于无穷大。（　　）

(9) 凸轮与从动件之间为点接触或线接触，单位面积受压力较小，容易磨损。（　　）

(10) 凸轮机构是一种常见的高副机构，不能够实现各种复杂的运动要求。（　　）

# 项目 10

## 带与链传动的认识与选用

▶ **知识目标**

1. 了解带和链传动的基本类型与应用特点。
2. 知道 V 带和链正确选用原则。

▶ **技能目标**

1. 观察常用带和链传动在汽车上的应用。
2. 会正确调整汽车上 V 带和链传动,能正确操纵链式举升机。

▶ **重点难点提示**

1. V 带有多种类型,正确选用 V 带,需要学生在充分了解 V 带的基础上进行。
2. 发电机 V 带张紧要按工艺手册规范操作。

# 任务一　常用带传动的认识与选用

## 任务分析

汽车的工作其实就是动力传递的过程，在汽车上我们也发现有多种不同的动力传递方式。在调整发电机 V 带张紧度的基础上，让学生了解带传动的相关知识。

## 简述任务

1) 会正确调整发电机 V 带张紧度。
2) 熟悉 V 带传动的相关知识。

## 任务教学方式

| 教学步骤 | 时间安排 | 教学方式 |
| --- | --- | --- |
| 阅读教材 | 课余 | 自学、查资料、相互讨论、上网查询 |
| 知识点讲授 | 学时数 2 | 在常用带传动的认识与选用学习中，结合多媒体课件演示，让学生掌握带传动的相关知识 |
| 任务操作 | 学时数 1 | 对发电机 V 带张紧度调整中，学生边学边练，同时，教师合理分组分工，让学生掌握技能的同时，学习 V 带传动的有关知识 |

## 任务准备

准备 1：学生正确穿戴工作服，按指令列队依次进入实训工场，并在操作工位前立正待命；把工具依次整齐摆放在工作台上。

准备 2：学生每四人一套器材，根据教师口令和多媒体演示完成拆装任务。

准备 3［器材准备（每组）］：①台式发动机一台（本次选用 EQ1090 发动机）；② 12—14 开口扳手；③14—17 开口扳手；④14—17 梅花扳手；⑤机油壶；⑥撬棒；⑦棉纱布。

## 任务实施

### 一、发电机的 V 带张紧度的调整

发电机的 V 带张紧度的调整步骤如表 10-1 所列。

表 10-1　发电机 V 带张紧度的调整步骤

| 序号 | 步　骤 | 示　意　图 | 说　明 |
|---|---|---|---|
| 1 | 观察 |  | 观察该发电机 V 带安装情况 |
| 2 | 旋松调整螺栓 | 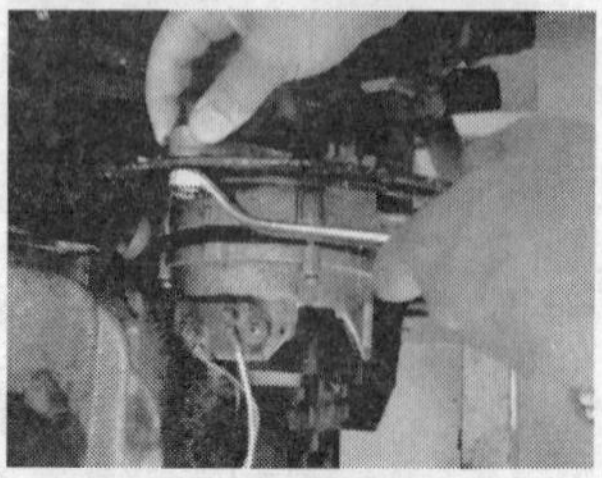 | 用梅花扳手旋松 V 带调整螺栓 |
| 3 | 旋松发电机固定螺栓 | 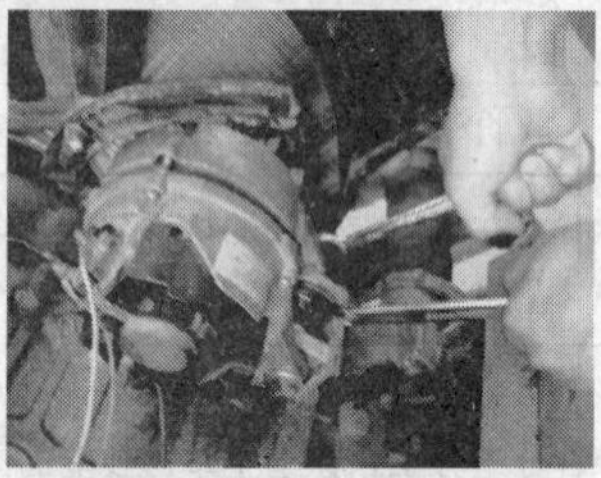 | 用 14～17 开口扳手、14～17 梅花扳手旋松发电机固定螺栓 |
| 4 | 观察传动 V 带安装情况 | 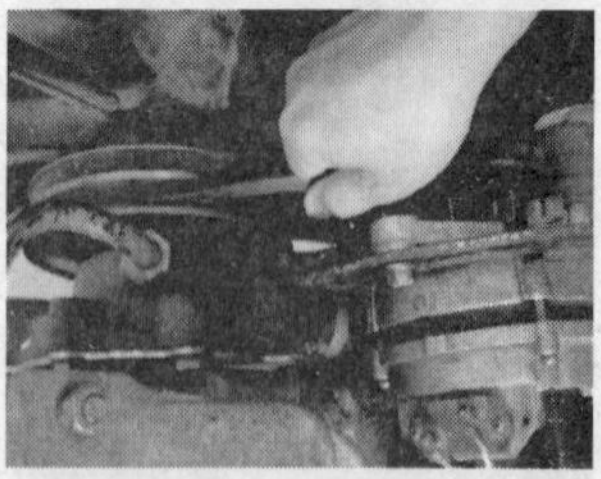 | 使传动 V 带处于松弛状态，并观察 V 带的结构及磨损情况 |
| 5 | 张紧 V 带 |  | 用撬棒张紧 V 带，以用右手大拇指能按下 15mm 为宜 |

续表

| 序号 | 步　骤 | 示　意　图 | 说　明 |
|---|---|---|---|
| 6 | 固定调整螺栓 | 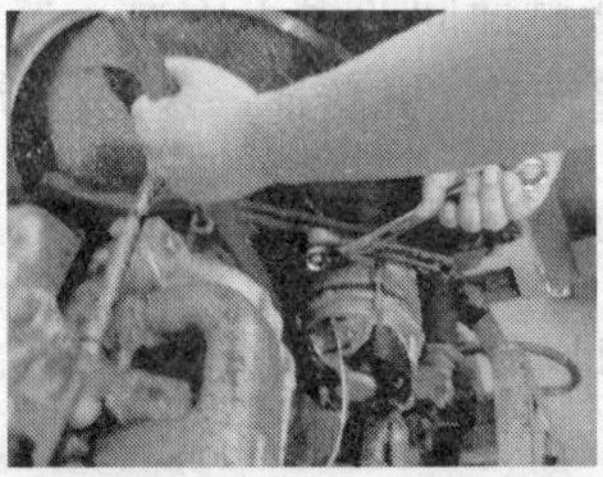 | 撬棒张紧 V 带保持力度不变，固定调整螺栓 |
| 7 | 检查 V 带张紧度 | 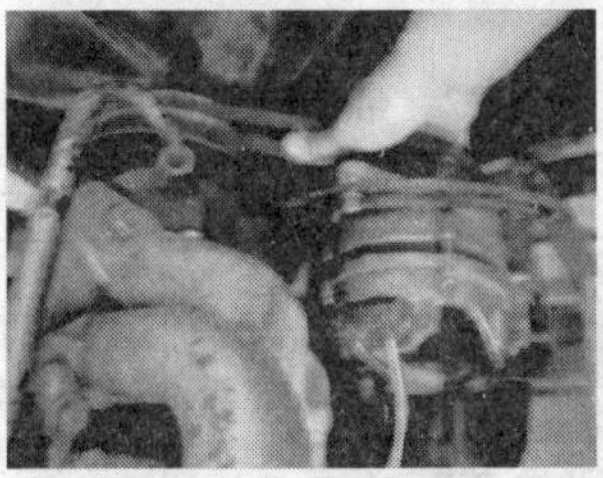 | 为防止螺栓紧固时使 V 带张紧度变化，再次检查 V 带张紧情况 |
| 8 | 紧发电机固定螺母 | 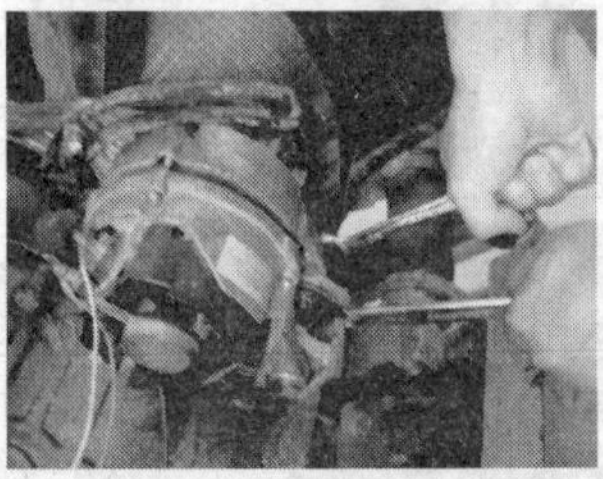 | 依次紧固发电机两个固定螺母 |
| 9 | 润滑 |  | 机油润滑各螺纹及连接处 |

## 二、带传动的组成及类型

### 1. 组成

带传动是应用比较广泛的一种机械传动，一般是由主动带轮、从动带轮和张紧在两轮上的传动带所组成。

## 2. 工作原理

由于带被张紧，使带与带轮接触面间产生正压力。当主动轮转动时，靠带与带轮接触面间的摩擦力带动从动轮一起转动，并传递一定的运动和动力。

## 3. 带传动的类型、特点及应用

根据工作原理不同，带传动可以分为摩擦带传动和啮合带传动两类。
（1）带传动的分类

带传动分类如表 10-2 所列。

表 10-2  带传动分类

| 类 型 | | 示 意 图 | 特性及应用 |
|---|---|---|---|
| 摩擦带传动 | 平带传动 | | 平带的横截面是扁平矩形，工作面是与轮缘接触的内表面。平带一般是由橡胶布带用接头连接成环形带，故传动不够平稳，常用于中心距较大的情况。由于平带可扭曲，在小功率传动中可用来进行交叉或半交叉传动 |
| | V 带传动 | | 在一般机械传动中，应用最为广泛的是 V 带传动。V 带的横截面呈等腰梯形，传动时，以两侧为工作面，但 V 带与轮槽槽底不接触。在同样的张紧力下，V 带传动较平带传动能产生更大的摩擦力，这是 V 带传动性能上的最大优点，可传递较大的载荷 |
| | 多楔带传动 | | 多楔带综合了平带弯曲应力小和 V 带摩擦力大的优点，传递功率大，能避免多根 V 带传动时各带受力不均的缺陷 |
| | 圆形带传动 | | 横截面为圆形，常用皮革或棉绳制成，圆带多用于小功率传动 |

续表

| 类 型 | | 示 意 图 | 特性及应用 |
|---|---|---|---|
| 啮合带传动 | 同步齿形带传动 |  | 利用带轮上的齿槽与传动带上的齿相互啮合传递运动和动力，带与带轮间是啮合传动，没有相对滑动，可保持主、从动轮线速度同步 |
| | 齿孔带传动 |  | 利用带轮上的齿与传动带上的孔相互啮合传递运动和动力。齿孔带传动同样可避免带与轮间相对滑动 |

（2）带传动的特点

1）带传动属于挠性传动，传动平稳、噪声小，可缓冲吸振。

2）带传动过载时，带会在带轮上打滑，而起到保护其他传动件免受损坏的作用。

3）带传动允许较大的中心距，结构简单，制造、安装和维护较方便，且成本低廉。

4）由于带与带轮之间存在滑动，传动比严格保持不变。带传动的传动效率较低，所以工作时需要张紧，带对带轮轴有一定的压轴力。

5）带的寿命一般较短，需要经常更换。

## 三、V 带的结构与标准

### 1. V 带安装特点

V 带传动是由 V 带和 V 带带轮组成的摩擦传动，一般 V 带都制成无接头的环形，横截面呈梯形，V 带安装在相应的轮槽内，两侧面为工作面，而与槽底没有接触，楔角为 40°，如图 10-1 所示。

### 2. V 带的结构

V 带分为帘布结构和线绳结构。两种结构如图 10-2 所示。

两种结构均由伸张层、强力层、压缩层和包布层组成。伸张层和压缩层在 V 带与带轮接触工作时分别被伸张和压缩，材质一般为胶料。强力层是 V 带的主要承力层，两种结构分别是胶帘面和胶线绳，常用 V 带主要采用帘布结构；线绳结构比较柔软，

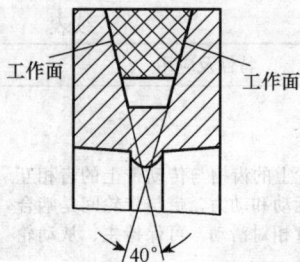

图 10-1　V 带安装特点

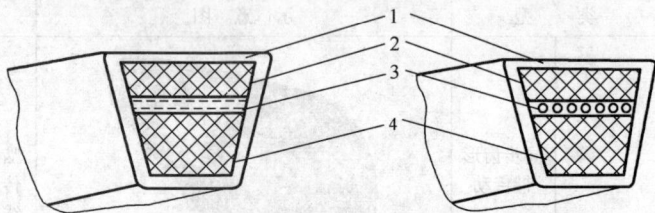

图 10-2　V 带结构

1-包布层；2-伸张层；3-强力层；4-压缩层

抗弯曲疲劳性能也好，但抗拉强度低，仅适用于载荷不大，小直径带轮和转速较高的场合。包布层用胶帆布制成，对 V 带起保护作用。

图 10-3　V 带型号

**3. V 带的型号**

V 带的型号如图 10-3 所示。

普通 V 带按截面尺寸分为 Y、Z、A、B、C、D、E 七种型号，其截面尺寸和长度都已标准化。

**4. V 带的类型**

V 带有普通 V 带、窄 V 带、接头 V 带等近十种，其中普通 V 带应用最为广泛。目前，窄 V 带在国内也有了较为广泛的应用，特别在中型和重型设备中有取代普通 V 带的趋势。

**四、传动比 $i$ 的计算**

传动比计算公式可简化为

$$i = n_1/n_2 = d_2/d_1 = z_2/z_1$$

式中，$n_1$ 为主动轮转速（r/min）；$n_2$ 为从动轮转速（r/min）；$d_2$ 为从动轮直径；$d_1$ 为主动轮直径；$z_2$ 为从动轮齿数；$z_1$ 为主动轮齿数。

**五、带传动的张紧装置与调整**

**1. V 带的正确选用**

V 带及其带轮的正确安装、调整和维护是保证 V 带传动正常工作和延长其使用寿命的有效措施，具体操作时应注意以下几点。

1）选用的 V 带型号和基准长度应适当，以保证 V 带在轮槽中处于正确的位置。V 带型号选用不当有两种情况，一种是 V 带截面过大，使 V 带两侧工作面不能完全与轮槽接触，由此造成 V 带传动能力的降低。另一种是 V 带截面过小，使 V 带底面与轮槽底面接触，由此导致 V 带两工作侧面接触不良，而在轮槽中打滑，如图 10-4 所示。

图 10-4 V 带在轮槽中的正确位置

2）两带轮的轴线应保持平行，主动轮和从动轮的轮槽应在同一平面内。

3）V 带的张紧程度要适当，在中等中心距的情况下，以大拇指能将带按下 15mm 为宜，如图 10-5 所示。

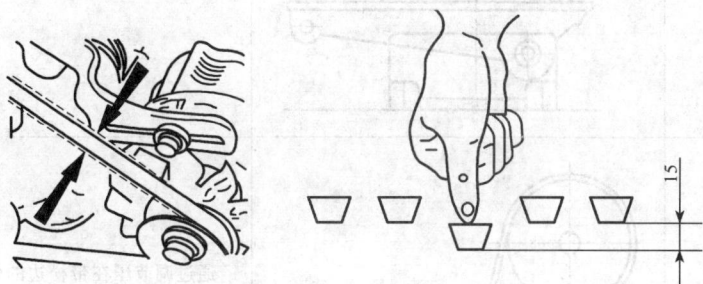

图 10-5 V 带的张紧程度要适当

4）多根成组使用的 V 带，如有其中一根失效，一般应同时更换同组的其他 V 带，以免造成新老胶带的受力不均匀。

2. 带传动的张紧与调整

带传动的张紧程度对其传动能力、寿命和轴压力都有很大的影响。带传动工作一段时间后会由于塑性变形而松弛，使其拉力减小，传动能力下降，需要重新张紧。常见张紧方法有以下几种，如表 10-3 所列。

表 10-3 带传动的张紧与调整

| 张紧方法 | | 示 意 图 | 说 明 |
|---|---|---|---|
| 调整中心距法 | 定期张紧 |  | 定期调整带传动的中心距来张紧带。调整时，用调节螺钉改变电动机的位置，然后用螺栓固定电动机。主要适用于水平或近似水平布置的带传动 |

续表

| 张紧方法 | 示意图 | | 说　明 |
|---|---|---|---|
| 调整中心距法 | 自动张紧 | 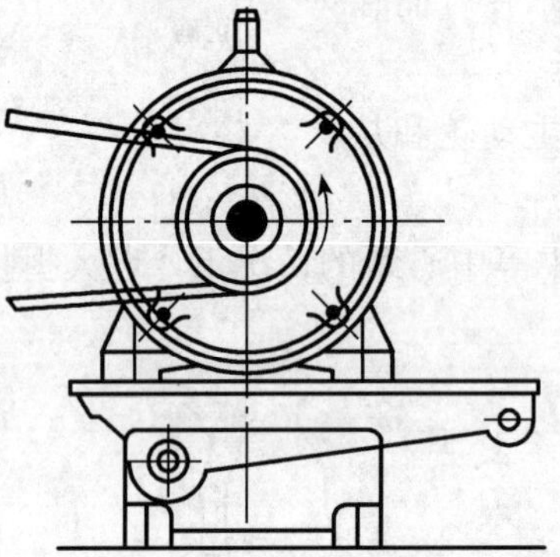 | 装有带轮的电动机安装在浮动的摆架上，利用电动机与摆架的自重实现自动张紧 |
| | 张紧轮法 | 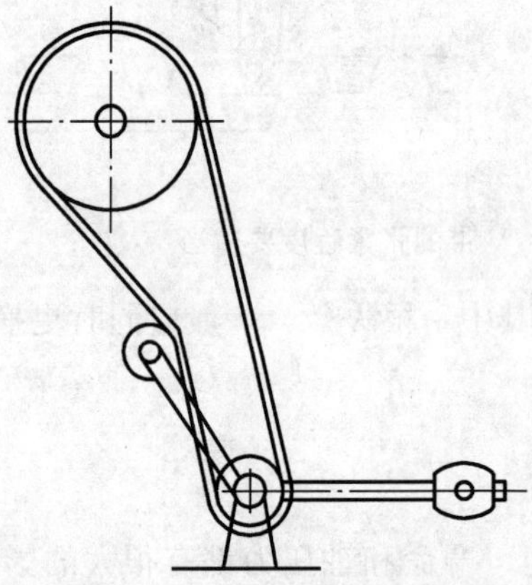 | 通过调节压在带松边的张紧轮，达到张紧目的。V带传动用张紧轮装置时，张紧轮应安装在带松边内侧，尽量靠近大轮，防止因张紧造成小轮包角过小，而且也避免带的反向弯曲。平带传动用张紧轮装置时，张紧轮应安装在带松边外侧，尽量靠近小轮，以增大小轮包角 |

## 工作页

发电机 V 带张紧工作页

| 序　号 | 项　目 | 内　容 |
|---|---|---|
| 1 | 记录本次操作所需工量具 | |
| 2 | 记录操作步骤 | |

续表

| 序 号 | 项 目 | 内 容 |
|---|---|---|
| 3 | 清洁方法记录 | |
| 4 | "5S"要求<br>做到了吗 | |
| 5 | 本次任务收获<br>与不足 | |

## 课堂练习

1. 绘制不同类型的传动带草图。
2. 分析 V 型带选用原则。
3. 简述带传动的张紧方法。

## 任务评测

| 检 测 项 目 | | 评 分 标 准 | 分 值 | 学生自评 | 教师评估 |
|---|---|---|---|---|---|
| 任务知<br>识内容 | 带传动的原理 | 要求会描述 | 5 | | |
| | 带传动的分类 | 要求会描述 | 5 | | |
| | V 带特点的了解 | 要求会描述 | 5 | | |
| | V 带的类型 | 要求会描述 | 5 | | |
| | V 带的工作原理 | 要求会描述 | 5 | | |
| | V 带的结构 | 要求会描述 | 5 | | |
| | 带张紧方法 | 要求会明确回答 | 5 | | |
| | 带传动应用 | 简单讲述三处以上带传动应用 | 5 | | |
| 任务操<br>作技能 | 发电机固定<br>螺栓的松卸 | 按规定要求会规范操作 | 10 | | |
| | 发电机张紧度控制 | 按规定要求会规范操作 | 20 | | |
| | V 带磨损观察 | 按规定要求会规范操作 | 10 | | |
| | 安全操作 | 操作中严格遵守安全守则 | 10 | | |
| | "5S"规范 | 操作中执行"5S"规范 | 10 | | |

# 任务二 常用链传动的认识与选用

## 任务分析

链传动在机动车配气机构、传动机构及汽保设备中应用广泛，本任务通过链式二柱式举升机的使用，让同学们了解链传动的相关知识。

## 简述任务

1) 会正确操作二柱式举升机。
2) 熟悉链传动相关知识。

## 任务教学方式

| 教学步骤 | 时间安排 | 教学方式 |
|---|---|---|
| 阅读教材 | 课余 | 查资料、上网查询 |
| 知识点讲授 | 学时数 1 | 在链传动的认识与选用学习中，结合多媒体课件演示，让学生掌握链传动的相关知识 |
| 任务操作 | 学时数 1 | 通过对二柱式举升机的使用，学生边学边练，同时教师合理分组分工，让学生掌握技能的同时，学习链传动的有关知识 |

## 任务准备

准备 1：学生正确穿戴工作服，按指令列队依次进入实训工场，并在操作工位前立正待命。

准备 2：学生每四人一套器材，根据教师口令和多媒体演示完成拆装任务。

准备 3〔器材准备（每组）〕：二柱式举升机四台。

## 任务实施

**一、两柱式举升机的使用**（为保证安全，可在无载荷下使用）

两柱式举升机的使用步骤如表 10-4 所列。

表 10-4　两柱式举升机的使用

| 序 号 | 步 骤 | 示 意 图 | 说 明 |
|---|---|---|---|
| 1 | 阅读举升机的使用须知 | 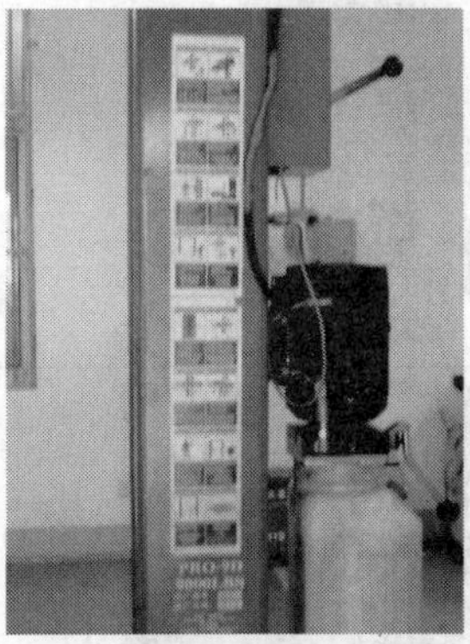 | 每位同学在使用举升机前都要阅读使用须知，并能简要回答其要点 |
| 2 | 观察结构 |  | 观察举升机结构，特别是其链传动部分 |
| 3 | 举升准备 |  | 举升前松开机器锁止机构 |
| 4 | 举升 | 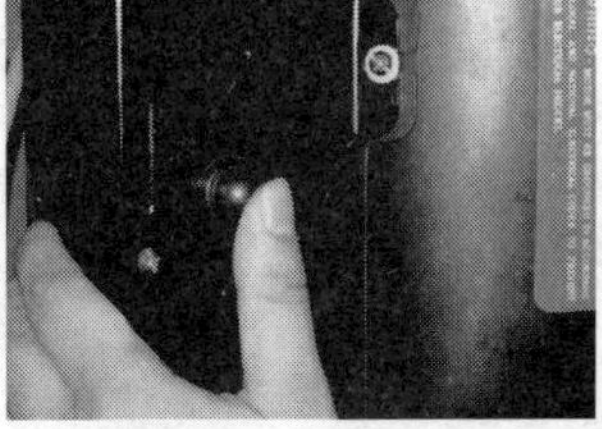 | 按下举升按钮，观察举升机上升 |

续表

| 序 号 | 步 骤 | 示 意 图 | 说 明 |
|---|---|---|---|
| 5 | 观察链传动 | | 举升时观察链传动的工作 |
| 6 | 松开锁止机构 | | 下降举升器前先松开锁止机构 |
| 7 | 按下降按钮 | | 按下降按钮，放下举升机 |
| 8 | 回复 | | 把举升机下降到安全位置 |

## 二、链传动的特点

链传动是通过链条将具有特殊齿形的主动链的运动和动力传递到从动链轮的一种传动方式，如图 10-6 所示。

图 10-6　链传动的特点

与带传动相比，链传动主要优点如下。

1）链轮传动没有弹性滑动和打滑，能保持准确的平均传动比。

2）需要的张紧力小，作用在轴上的压力小，可减少轴承的摩擦损失。

3）结构紧凑。

4）能在高温，有油污等恶劣环境下工作。

5）制造和安装精度较低，中心距较大时其传动结构简单。

链传动的缺点如下。

1）瞬时转速和瞬时传动比不是常数，传动的平稳性较差，有一定的冲击和噪声。

2）成本高，易磨损，易伸长，传动平稳差。

3）仅能用于两平行轴间的传动。

### 三、链传动的分类及应用

常用于传递力的传动链主要有套筒滚子链和齿形链两种，如表10-5所列。

表 10-5　链传动的分类及应用

| 类　　型 | 示　意　图 | 特性及应用 |
| --- | --- | --- |
| 套筒滚子链 | | 套筒滚子链由滚子、套筒、销轴、内链板、外链板组成。内链板与套筒、外链板与销轴均为过盈配合；套筒与销轴、滚子与套筒均为间隙配合，使内、外链板构成可实现相对转动的活络连接，减小链条与链轮间的磨损 |
| 齿形链 | | 齿形链是由许多齿形链板用铰链连接而成。与滚子链相比，齿形链运转平稳、噪声小、承受冲击载荷的能力高。缺点是结构复杂、价格较贵、比较重。多应用于高速（链速可达40m/s）或运动精度要求较高的场合 |

### 四、链传动的布置、张紧与润滑

1. 布置原则

链传动的布置原则如表10-6和表10-7所列。

### 表 10-6 链传动布置（一）

| 正确布置 | 不正确布置 | 说　明 |
|---|---|---|
| | | 两轮轴线在同一水平面，紧边在上或下均不影响工作 |
| | | 两轮轴线不在同一水平面，松边应在下面，否则松边下垂量增大后，链条易与链轮卡死 |

### 表 10-7 链传动布置（二）

| 正确布置 | 不正确布置 | 说　明 |
|---|---|---|
| | | 两轴在同一水平面，松边应在下面，否则下垂量增大后，松边会与紧边相碰，需经常调整中心距 |
| | | 两轮轴线在同一铅垂面内，下垂量增大，会减少下链轮有效啮合齿数，降低传动能力，可采用以下方法：中心距可调、张紧装置、上下两轮错开，使其不在同一铅垂面内 |

1）链传动一般应布置在铅垂面内，尽可能避免布置在水平或倾斜平面内。

2）中心线一般宜水平或接近水平布置，链传动的紧边在上方或在下方都可以，但在上方好一些。

3）链传动的两轴应平行，应尽量保持链传动的两个链轮共面，否则工作中容易脱链。

#### 2. 链的张紧

链的张紧方法如表 10-8 所列。

表 10-8 链的张紧方法

| 张紧方法 | 图　示 | 张紧方法 | 图　示 |
|---|---|---|---|
| 弹簧力 | 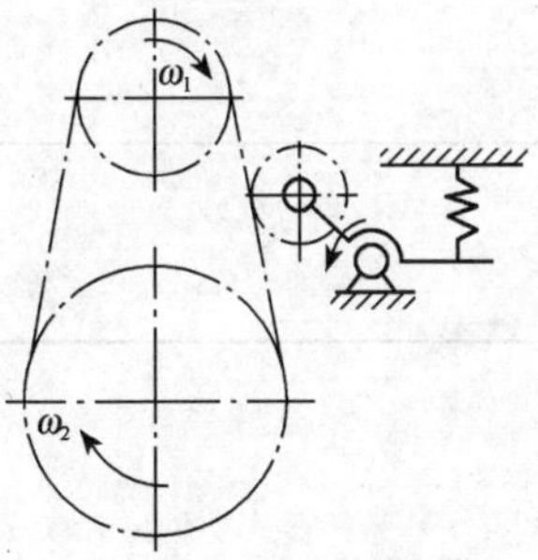 | 重力 | 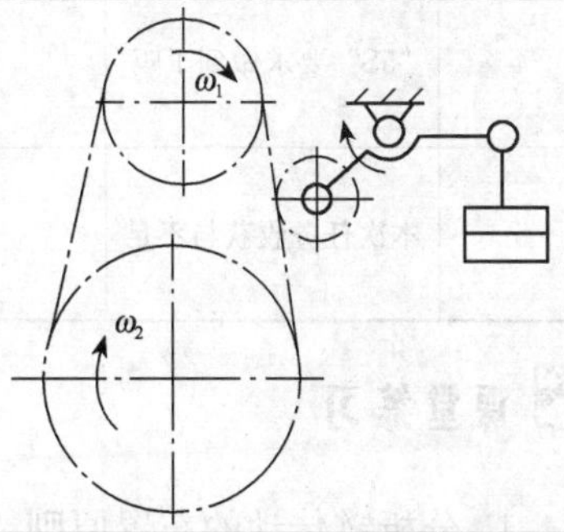 |
| 压板张紧 | 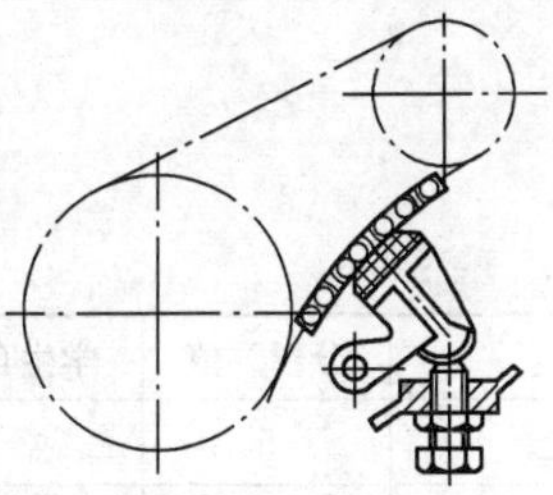 | 托板张紧 | 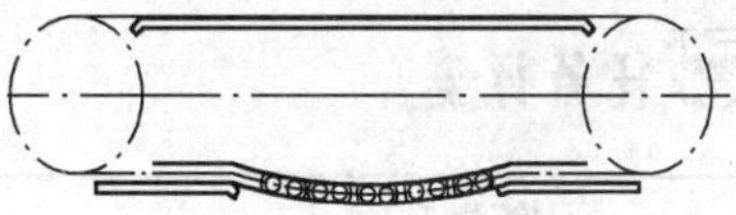 |

### 3. 链传动的润滑

润滑对链传动影响很大，良好的润滑将减少磨损，缓和冲击，延长链条的使用寿命。环境温度高或载荷大的链传动取黏度高的润滑油，反之取黏度低的润滑油。

润滑方法有人工给油，油杯滴油，油浴润滑、飞溅给油，用油泵强制润滑和冷却。

## 🚗 工作页

### 两柱式举升机使用工作页

| 序　号 | 项　目 | 内　容 |
|---|---|---|
| 1 | 记录举升机操作须知 | |
| 2 | 记录操作步骤 | |
| 3 | 清洁方法记录 | |

| 序　号 | 项　目 | 内　容 |
|---|---|---|
| 4 | "5S"要求做到了吗 | |
| 5 | 本次任务收获与不足 | |

## 课堂练习

1. 分析链传动的布置原则。
2. 说说链传动的缺点。

## 任务评测

| 检测项目 | | 评分标准 | 分　值 | 学生自评 | 教师评估 |
|---|---|---|---|---|---|
| 任务知识内容 | 链传动特点 | 要求会描述三点以上 | 5 | | |
| | 链传动缺点 | 要求会描述 | 5 | | |
| | 链传动分类 | 要求会描述 | 5 | | |
| | 链传动布置原则 | 要求会描述 | 10 | | |
| | 链传动张紧方法 | 要求会描述 | 10 | | |
| | 链传动应用 | 列举三处链传动应用 | 5 | | |
| 任务操作技能 | 举升前准备的拆装 | 按规定要求会规范操作 | 20 | | |
| | 举升方法 | 按规定要求会规范操作 | 10 | | |
| | 下降方法 | 按规定要求会规范操作 | 10 | | |
| | 安全操作 | 操作中严格遵守安全守则 | 10 | | |
| | "5S"规范 | 操作中执行"5S"规范 | 10 | | |

## 项目小结

1) 通过发电机的 V 带张紧调试，掌握 V 带的特点和常用张紧方法。
2) 通过带传动的介绍，了解带传动的类型、应用特点、调整张紧方式等知识。
3) 通过举升机的使用，观察链传动的基本过程。
4) 通过常用链传动的介绍，了解链的特性、应用特点、布置、张紧等知识。

**思考与练习**

1. 判断题。

（1）汽车发电机传动常用链传动。（　　　）

（2）平带传动比 V 带传动可靠。（　　　）

（3）带传动可以用于中心距较大的场合。（　　　）

（4）传动带的调整常有调中心距法和张紧轮法。（　　　）

（5）V 带按截面尺寸分为 Y、Z、A、B、C、D、E 七种型号。（　　　）

（6）链传动易打滑。（　　　）

（7）链传动成本高，但不易磨损。（　　　）

（8）链传动润滑要求不高。（　　　）

（9）链传动一般应布置在铅垂面内，尽可能避免布置在水平或倾斜平面内。（　　　）

（10）链传动是通过链条将具有特殊齿形的主动链的运动和动力传递到从动链轮的一种传动方式。（　　　）

2. 选择题。

（1）带传动比 $i$ 的计算公式为（　　　）。

　　　A. 主动轮转速与从动轮转速之比　　　B. 从动轮转速与主动轮转速之比

　　　C. 主动轮直径与从动轮直径之比　　　D. 主动轮齿数与从动轮齿数之比

（2）下列 V 带截面尺寸最大的是（　　　）。

　　　A. E 型　　　　　　B. Y 型　　　　　　C. A 型　　　　　　D. Z 型

（3）V 带轮夹角常为（　　　）。

　　　A. 40°　　　　　　B. 50°　　　　　　C. 20°　　　　　　D. 70°

（4）V 带结构常有伸张层、强力层、压缩层和（　　　）组成。

　　　A. 外布层　　　　　B. 包布层　　　　　C. 内布层　　　　　D. 中性层

（5）根据工作原理不同，带传动可以分为摩擦带传动（　　　）二类。

　　　A. 松紧带　　　　　　　　　　　　B. 啮合带传动两类

　　　C. 多层带　　　　　　　　　　　　D. 刚性带

（6）常用于传递力的传动链主要有套筒滚子链和（　　　）两种。

　　　A. 齿形链　　　　　B. 凸轮链　　　　　C. 曲柄链　　　　　D. 圆柱链

（7）齿形链与滚子链相比优点（　　　）。

　　　A. 运转平稳　　　　B. 价格较贵　　　　C. 结构复杂　　　　D. 噪声大

（8）链传动的布置原则有（　　　）。

A. 链传动的紧边下方好一些

B. 可以是水平或倾斜平面内

C. 链传动一般应布置在铅垂面内

D. 链传动的两轴可不平行

(9) 不是链润滑常用方法的是（　　　）。

A. 人工给油 　　　　　　　　　　B. 油杯滴油

C. 拆卸后浸泡机油中 　　　　　　D. 用油泵强制润滑和冷却

(10) 套筒滚子链的组成有滚子、套筒、内链板、外链板和（　　　）。

A. 凸轮 　　　　　B. 摇杆 　　　　　C. 销轴 　　　　　D. 中链板

# 项目 11

## 齿轮传动的认识与选用

▶ **知识目标**

1. 了解齿轮传动的基本类型与应用特点。
2. 知道正确选用齿轮传动的原则。
3. 知道标准直齿齿轮基本尺寸，渐开线齿轮啮合传动特点。
4. 熟悉轮系分类、应用、传动比计算方法。

▶ **技能目标**

1. 观察常用齿轮传动在汽车上的应用。
2. 会正确拆装桑塔纳汽车变速器。

▶ **重点难点提示**

1. 标准直齿圆柱齿轮的基本尺寸理解有一定难度，学生对轮系传动比的计算需要反复练习。
2. 桑塔纳汽车变速器的拆装，需要学生对照维修手册，在教师指导下规范操作。

# 任务 齿轮传动的认识与选用

## 任务分析

我们通过拆装桑塔纳汽车变速器来了解和掌握齿轮传动的相关知识，会正确拆装桑塔纳汽车变速器，并熟悉齿轮传动的相关知识。

## 任务教学方式

| 教学步骤 | 时间安排 | 教学方式 |
|---|---|---|
| 阅读教材 | 课余 | 自学、查资料、相互讨论、上网查询 |
| 知识点讲授 | 学时数 4 | 在齿轮传动的认识与选用学习中，结合多媒体课件演示，让学生掌握齿轮传动的相关知识 |
| 任务操作 | 学时数 1 | 对桑塔纳汽车变速器拆装中，学生边学边练，同时，教师合理分组分工，让学生掌握技能的同时，学习齿轮传动的有关知识 |

## 任务准备

准备 1：学生正确穿戴工作服，按指令列队依次进入实训工场，并在操作工位前立正待命；把工具依次整齐摆放在工作台上。

准备 2：学生每四人一套器材，根据教师口令和多媒体演示完成拆装任务。

准备 3〔器材准备（每组）〕：①桑塔纳变速器；②套筒扳手；③12—14 梅花扳手；④12、14 丁字套筒扳手；⑤铝棒；⑥橡皮锤；⑦棉纱布。

## 任务实施

**一、桑塔纳汽车变速器的拆装**（要求总成拆卸，不要求齿轮逐个拆卸）

桑塔纳汽车变速器的拆装如表 11-1 所列。

**二、齿轮传动的特点、应用及分类**

1. 定义

齿轮传动是指用主、从动轮轮齿直接啮合，传递运动和动力的装置。

**表 11-1　桑塔纳汽车变速器的拆装**

| 序号 | 步　骤 | 示　意　图 | 说　　明 |
|---|---|---|---|
| 1 | 准备 | 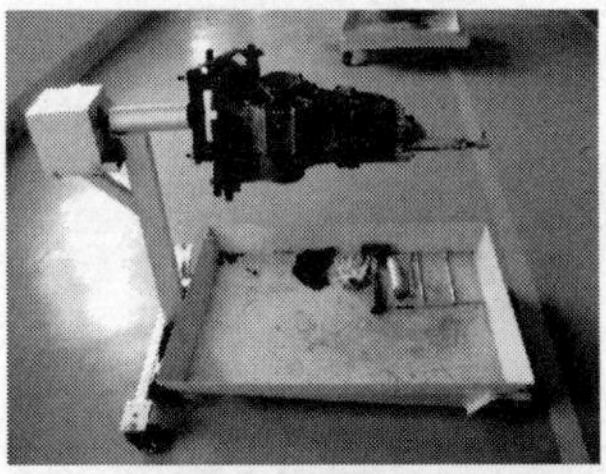 | 拆卸前把变速器拨到空挡位置 |
| 2 | 拆卸变速器后端盖 | 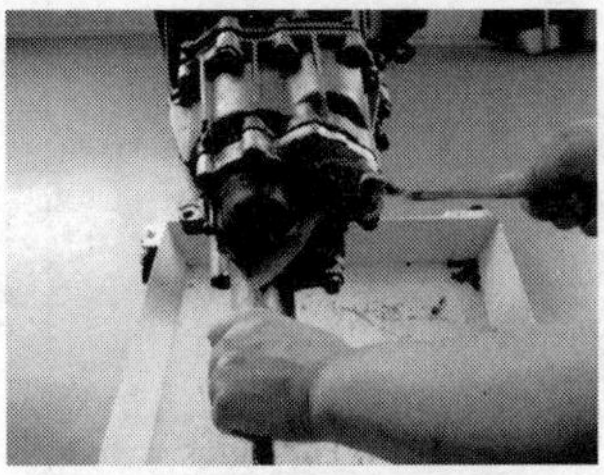 | 用套筒扳手结合梅花扳手松卸变速器后端盖螺栓 |
| 3 | 拆主、从动轴总成 |  | 按规定顺序松开主、从动轴壳体螺栓 |
| 4 | 取主、从动齿轮轴总成 |  | 把主、从动齿轮轴总成摆放在规定场地 |
| 5 | 齿轮观察 | 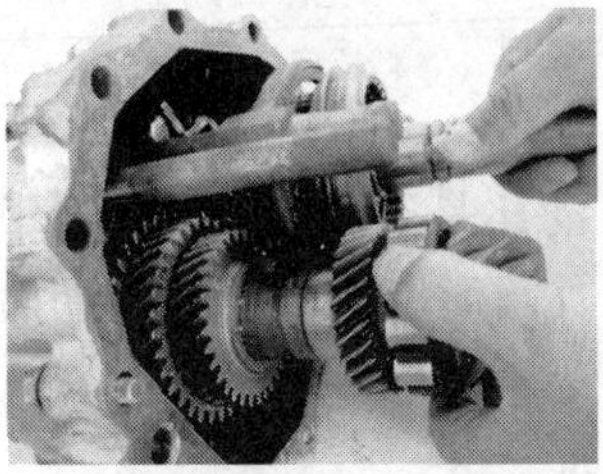 | 观察变速器内各齿轮的结构及相互配合关系 |

| 序号 | 步骤 | 示意图 | 说明 |
|---|---|---|---|
| 6 | 观察倒挡齿轮轴 | | 从壳体内取出倒挡轴,观察其齿轮结构 |
| 7 | 装复 | | 在教师指导下,按操作手册要求装复变器 |

## 2. 特点

在所有机械传动中,齿轮传动应用最广,可用来传递任意位置的两轴之间的运动和动力。

齿轮传动与带传动相比主要有以下优点。

1)传递动力大、效率高。

2)寿命长,工作平稳,可靠性高。

3)能保证恒定的传动比,能传递任意夹角两轴间的运动。

齿轮传动与带传动相比主要有以下缺点。

1)制造、安装精度要求较高,因而成本也较高。

2)不宜进行远距离传动。

## 3. 齿轮传动分类

齿轮机构有多种类型,按其传动比是否恒定,可分为圆形齿轮机构和非圆齿轮机构,我们这里分析圆形齿轮的情况。圆形齿轮机构又分平面齿轮机构和空间齿轮机构,这两种齿轮机构涵盖了多种传动。

1)平面齿轮机构如表 11-2 所列。

表 11-2 平面齿轮机构

| 类 型 | 名 称 | 示 意 图 | 特 性 |
|---|---|---|---|
| 直齿圆柱齿轮机构 | 外啮合齿轮机构 |  | 两齿轮相互啮合,转动方向相反 |
| | 内啮合齿轮机构 |  | 两齿轮相互啮合后,转动方向相同 |
| | 齿轮齿条机构 |  | 相当于将一个齿轮的齿数无限增加,这时分度圆变为直线,基圆半径也增加到无限大,齿条即是齿数趋于无穷多的齿轮 |
| 斜齿圆柱齿轮机构 | | | 这种齿轮的形成线和齿轮轴线有一倾斜的角度,这个倾斜角称为螺旋角 |
| 人字齿轮机构 | | | 人字齿轮的齿呈人字形,它是由螺旋角大小相等、旋向相反的两个斜齿轮拼合而成 |

2）空间齿轮机构如表 11-3 所列。

表 11-3　空间齿轮机构

| 类　型 | 名　称 | 示　意　图 | 特　性 |
|---|---|---|---|
| 空间齿轮机构 | 螺旋齿轮机构 |  | 是由两面个斜齿圆柱齿轮相啮合组成，它传递两轴不平行且相错成任意角度的运动 |
| | 蜗轮蜗杆机构 |  | 传递两轴垂直且相错的运动 |
| | 圆锥齿轮机构 |  | 轮齿分布在圆锥体的表面上，按齿形分为直齿、斜齿和曲齿三种，用于两轴之间的动力传动 |

### 三、渐开线齿轮部分名称和主要参数

渐开线齿轮部分名称和主要参数如图 11-1 所示及表 11-4 所列。

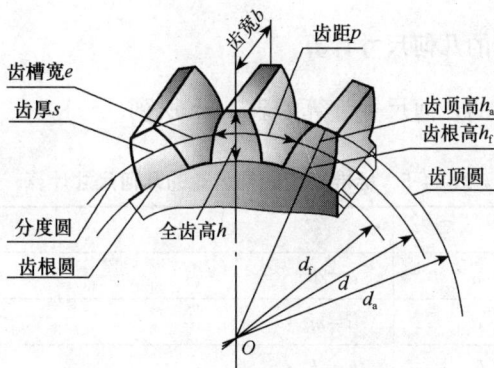

图 11-1 渐开线齿轮部分名称及主要参数

**表 11-4 渐开线齿轮部分名称及主要参数**

| 名 称 | 定 义 |
|---|---|
| 齿数 | 齿轮圆周上均匀分布的轮齿总数，用 $z$ 表示 |
| 齿顶圆 | 过所有轮齿顶部所作的圆称为齿顶圆，其直径和半径分别用 $d_a$ 和 $r_a$ 表示 |
| 齿根圆 | 过轮齿根部所作的圆称为齿根圆，其直径和半径分别用 $d_f$ 和 $r_f$ 表示 |
| 齿厚 | 任意直径 $d_k$ 的圆周上，轮齿两侧齿廓之间的弧长，用 $s_k$ 表示 |
| 齿槽宽 | 在直径为 $d_k$ 的圆周上，相邻轮齿两侧齿廓间的弧长称为该圆上的齿槽宽，用 $e_k$ 表示 |
| 齿距 | 在直径为 $d_k$ 的圆周上，相邻两齿同侧齿廓之间的弧长称为该圆上的齿距，用 $p_k$ 表示。显然 $p_k = s_k + e_k$ |
| 分度圆 | 为度量齿轮的几何尺寸而在齿轮的齿顶圆和齿根圆之间人为选定的一个基准圆称为分度圆，半径用 $r$ 表示，计算公式为 $d = mz$ |
| 齿顶高 | 齿顶圆和分度圆间的径向距离，用 $h_a$ 表示<br>$$h_a = h_a * m \quad (h_a * 为齿顶高系数)$$ |
| 齿根高 | 分度圆和齿根圆间的径向距离，用 $h_f$ 表示<br>$$h_f = (h_a * + c *) m \quad (c * 为顶隙系数)$$<br>我国标准规定：正常齿制 $h_a * = 1$，$c * = 0.25$；短齿制 $h_a * = 0.8$，$c * = 0.3$ |
| 齿高 | 齿顶圆和齿根圆间的径向距离，用 $h$ 表示。显然<br>$$h = h_a + h_f = (2h_a * + c *) m$$ |
| 齿轮宽度 | 沿齿轮轴线的长度，用 $b$ 表示 |
| 模数 | 模数是齿轮几何计算中最基本的一个参数，用 $m$ 表示，$m = p/\pi = d/z$，模数越大齿轮几何尺寸越大，轮齿也越大，因此承载能力也越大 |
| 周节 | 齿厚与齿间宽之和称为周节 $p = s + e$ |

## 四、标准直齿圆柱齿轮的几何尺寸计算

标准直齿圆柱齿轮的几何尺寸计算如表 11-5 所列。

表 11-5　标准直齿圆柱齿轮的几何尺寸计算

| 名　称 | 符　号 | 公　式 |
|---|---|---|
| 压力角 | $\alpha$ | $\alpha=20°$ |
| 分度圆直径 | $d$ | $d=mz$ |
| 齿顶高 | $h_a$ | $h_a=h_a*m$ |
| 齿根高 | $h_f$ | $h_f=(h_a*+c*)\,m$ |
| 全齿高 | $h$ | $h=h_a+h_f=(2h_a*+c*)\,m$ |
| 齿顶圆直径 | $d_a$ | $d_a=d+2h_a=(z+2h_a*)\,m$ |
| 齿根圆直径 | $d_f$ | $d_f=d-2h_f=(z-2h_a*-2c*)\,m$ |
| 基圆直径 | $d_b$ | $d_b=d\cos\alpha$ |
| 周节 | $P$ | $P=\pi m$ |
| 齿厚 | $s$ | $s=e=\pi m/2$ |
| 标准中心距 | $a$ | $a=(d_1+d_2)/2=m(z_1+z_2)/2$ |

## 五、齿轮传动常用材料、齿轮传动失效形式及维护

### 1. 齿轮传动常用材料

齿轮传动常用材料如表 11-6 所列。

表 11-6　齿轮传动常用材料

| 材　料 | 材料特性 |
|---|---|
| 锻钢 | 锻钢因具有强度高、韧性好、便于制造、便于热处理等优点，大多数齿轮都用锻钢制造 |
| 铸钢 | 当齿轮的尺寸较大（大于 400~600mm）而不便于锻造时，可用铸造方法制成铸钢齿坯，再进行正火处理以细化晶粒 |
| 铸铁 | 低速、轻载场合的齿轮可以制成铸铁齿坯。当尺寸大于 500mm 时可制成大齿圈，或制成轮辐式齿轮 |
| 非金属材料 | 常用的有夹布胶木、工程塑料等，适用于高速轻载、精度要求不高的场合 |

## 2. 齿轮传动失效形式

齿轮传动的失效形式如表 11-7 所列。

表 11-7　齿轮传动的失效形式

| 失效形式 | 示　意　图 | 失效原因 |
|---|---|---|
| 轮齿折断 | | 齿根过渡部分常存在应力集中，当应力值超过材料的弯曲疲劳极限时，齿根处产生疲劳裂纹，裂纹逐渐扩展，致使轮齿整体折断 |
| 齿面点蚀 | | 轮齿工作时，齿面接触处产生很大的接触应力，脱离啮合后接触应力消失，对齿面某一固定点来说它受到的接触应力是周期变化的脉动循环应力。当这种接触应力超过了轮齿材料的接触疲劳极限时，齿面产生裂纹，裂纹扩展致使表层金属微粒脱落，形成一些浅坑（小麻点），这种现象称为齿面点蚀 |
| 齿面胶合 | | 高速重载传动中，齿面间压力大，瞬时温度高，润滑油膜被破坏，齿面间会发生粘接在一起的现象，在轮齿表面沿滑动方向出现条状伤痕，称为胶合。防止胶合的措施：提高齿面硬度；降低齿面粗糙度；增大润滑油黏度；限制油温 |
| 齿面磨损 | | 轮齿在啮合过程中存在相对滑动，致使齿面间产生摩擦、磨损。当金属微粒、砂粒、灰尘等硬质磨粒进入轮齿间时引起磨粒磨损。齿面磨损使渐开线齿廓破坏，齿厚减薄，致使侧隙增大而引起冲击和振动。严重时会因齿厚减薄使强度降低而导致轮齿折断 |
| 齿面塑性变形 | | 重载且摩擦力很大时，齿面较软的轮齿表面就会沿摩擦方向产生塑性变形。主动齿轮齿面所受摩擦力背离节线，齿面在节线附近下凹；从动齿轮齿面所受摩擦力指向节线，齿面在节线附近上凸 |

### 3. 齿轮润滑

润滑油选择：在选择润滑油时，先根据齿轮的工作条件以及圆周速度由《机械设计手册》查得运动黏度值，再根据选定的黏度值确定润滑油的牌号。

润滑方式如表 11-8 所列。

表 11-8　齿轮润滑方式

| 润滑方式 | 示　意　图 |
|---|---|
| 浸油润滑 | |
| 喷油润滑 | |

## 六、轮系分类与应用

### 1. 轮系的定义

由一系列齿轮传动所组成的传动系统称为轮系，它通常介于原动机和执行机构之间，把原动机的运动和动力传给执行机构。

**2. 轮系的分类**

轮系的结构形式很多，根据轮系运转时各齿轮的几何轴线在空间的相对位置是否固定，轮系可分为定轴轮系和行星轮系，如表11-9所列。

**3. 轮系的应用**

轮系的应用主要如下。

1）用轮系传动就可以得到很大的传动比，如汽车、飞机变速器。

**表 11-9  轮系的分类**

| 类　　型 | 示　　意 | 定　　义 |
|---|---|---|
| 定轴轮系 | 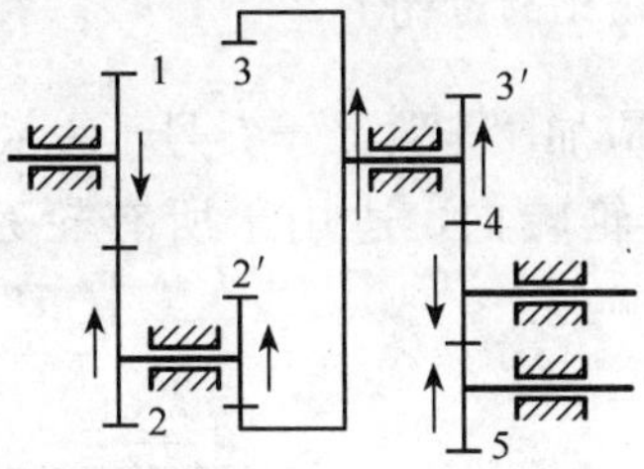 | 组成轮系的所有齿轮几何轴线的位置在运转过程中均固定不变的轮系，称为定轴轮系，又称普通轮系 |
| 行星轮系 | 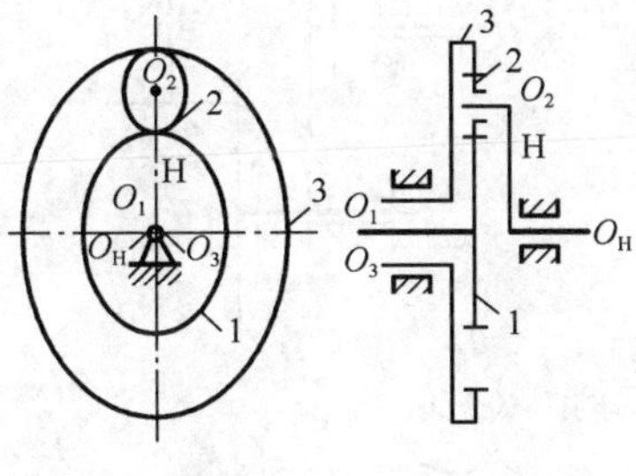 | 组成轮系的齿轮中至少有一个齿轮几何轴线的位置不固定，而是绕着其他定轴齿轮轴线回转的轮系，称为行星轮系，又称周转轮系。<br>周转轮系组成：2—行星轮；1、3—中心轮；H—系杆或行星架 |

2）轮系可做较远距离传动。

3）轮系可实现变速、换向要求。

4）轮系可合成或分解运动。

**七、定轴轮系传动比的计算及转向**

**1. 定轴轮系传动比的计算**

定轴轮系传动比 $i_{1k}$ ＝所有从动轮齿数的乘积/所有主动轮齿数的乘积

例：在图11-2所示轮系中，已知：蜗杆为单头且右旋，转速 $n_1 = 1440\text{r/min}$，转动方向如图示，其余各轮齿数为 $z_2 = 40$，$z_{2'} = 20$，$z_3 = 30$，$z_{3'} = 18$，$z_4 = 54$，则

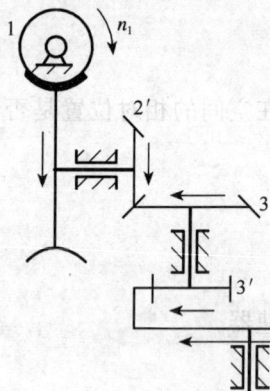

图 11-2 例题图

1）说明轮系属于何种类型。

2）计算齿轮 4 的转速 $n_4$。

3）在图中标出齿轮 4 的转动方向。

解：

1）该轮系为定轴轮系。

2）$n_4 = \dfrac{z_1 z_{2'} z_{3'} n_1}{z_2 z_3 z_4} = \dfrac{1 \times 20 \times 18}{40 \times 30 \times 54} \times 1440\text{r/min} = 8\text{r/min}$。

3）蜗杆传动可用左右手定则判断蜗轮转向↓。然后用画箭头方法判定出 $n_4$ 转向，$n_4$ 方向为←。

**2. 传动比的方向**

轮系中所有轴线平行，传动比计算式前应加"+"、"−"号，表示两轮的转向关系如图 11-3 所示。用画箭头的方法表示齿轮转向，适用于所有轮系，如图 11-4 和图 11-5 所示。

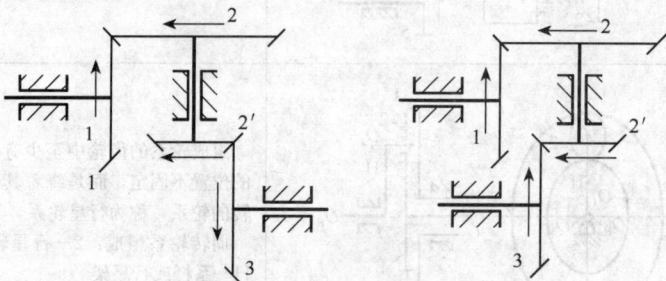

图 11-3 例图（一）

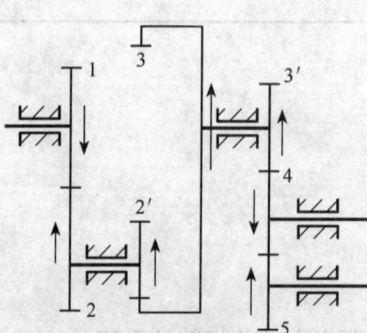

图 11-4 例图（二）

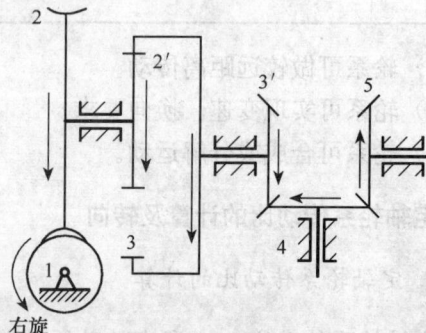

图 11-5 例图（三）

## 工作页

桑塔纳变速器拆装工作页

| 序 号 | 项 目 | 内 容 |
|---|---|---|
| 1 | 记录本次操作所需工量具 | |
| 2 | 记录分解步骤 | |
| 3 | 清洁方法记录 | |
| 4 | 记录装复步骤 | |
| 5 | "5S"要求做到了吗 | |
| 6 | 本次任务收获与不足 | |

## 课堂练习

1. 用草图表达齿轮各参数。
2. 分析齿轮失效形式。
3. 说说轮系中齿轮转向判断方法。

## 任务评测

| 检测项目 | | 评分标准 | 分 值 | 学生自评 | 教师评估 |
|---|---|---|---|---|---|
| 任务知识内容 | 齿轮定义的掌握 | 要求会描述 | 5 | | |
| | 齿轮分类了解 | 要求会描述 | 5 | | |
| | 齿轮特点的了解 | 要求会描述 | 5 | | |
| | 齿轮的了解 | 要求会描述 | 5 | | |
| | 渐开线齿轮主要参数 | 要求会描述 | 5 | | |
| | 轮系的应用 | 要求会描述 | 5 | | |
| | 轮系的分类 | 要求会描述 | 5 | | |
| | 说明齿轮的应用 | 简单说明齿轮应用四处以上 | 5 | | |

续表

| 检 测 项 目 | | 评 分 标 准 | 分　　值 | 学生自评 | 教师评估 |
|---|---|---|---|---|---|
| 任务操作技能 | 变速器后端盖的拆卸 | 按规定要求会规范操作 | 20 | | |
| | 主、从动齿轮轴总成拆装 | 按规定要求会规范操作 | 20 | | |
| | 安全操作 | 操作中严格遵守安全守则 | 10 | | |
| | "5S" 规范 | 操作中执行 "5S" 规范 | 10 | | |

## 项目小结

1) 通过对桑塔纳变速器的拆装，掌握齿轮的结构。

2) 通过对齿轮的介绍，了解常用齿轮和轮系的工作原理、应用特点、失效形式等知识。

## 思考与练习

1. 判断题。

(1) 齿轮传动与带传动相比，传递动力大、效率高。（　　）

(2) 齿根过渡部分常存在应力集中，当应力值超过材料的弯曲疲劳极限时，易产生疲劳裂纹。（　　）

(3) 由一系列齿轮传动所组成的传动系统称为轮系。（　　）

(4) 齿高是齿顶圆和齿根圆间的径向距离。（　　）

(5) 能保证恒定的传动比，但不能传递任意夹角两轴间的运动。（　　）

2. 选择题。

(1) 下列不属于齿轮常见损坏形式的是（　　）。

　　A. 轮齿折断　　　B. 齿面点蚀　　　C. 齿面胶合　　　D. 轮齿脱落

(2) 在直径为 $d_k$ 的圆周上，相邻轮齿两侧齿廓间的弧长称为该圆上（　　）。

　　A. 齿距　　　　　B. 齿高　　　　　C. 周节　　　　　D. 齿厚

(3) 外啮合直齿圆柱齿轮（　　）。

　　A. 齿轮转向相反　　　　　　　B. 齿轮转向相同

C. 齿轮转向相交                  D. 齿轮转向不能确定

(4)（    ）是齿轮几何计算中最基本的一个参数，用 $m$ 表示。

     A. 模数          B. 齿数          C. 分度圆          D. 压力角

(5) 齿条即是齿数趋于（    ）的齿轮。

     A. 零          B. 无穷多          C. 零或无穷多      D. 200 个

# 项目 12

## 液压和液力传动的认识

▶ **知识目标**

1. 了解液压元件的结构、工作原理及工作性能。
2. 概括液压传动系统的特点、组成、图形与符号及相关的基本概念。
3. 熟悉由液压元件所组成的各种基本回路的性能和特点。

▶ **技能目标**

1. 了解液压传动在汽车上的应用。
2. 观察掌握液压千斤顶的基本组成及千斤顶的使用。
3. 观察液压制动装置中起到液压传动作用的元件及拆装相关的零件。

▶ **重点难点提示**

1. 结合液压元件在汽车上的应用，重点掌握液压传动系统的基本组成和分析相关的工作原理。
2. 液压基本回路特点和应用。

# 任务一  液压千斤顶的应用

## 任务分析

液压千斤顶是汽车的辅助工具，应用非常广泛。通过对液压千斤顶应用的观察，了解液压传动系统的基本组成、工作原理及相关的液压传动基本概念。

## 简述任务

1) 了解液压千斤顶的基本组成。
2) 观察液压千斤顶各零件的运动变化。
3) 分析液压千斤顶的工作过程，了解液压传动系统的基本组成和工作原理。

## 任务教学方式

| 教学步骤 | 时间安排 | 教学方式 |
|---|---|---|
| 阅读教材 | 课余 | 自学、资料收集、相互讨论 |
| 知识点讲授 | 学时数2 | 结合多媒体课件演示，让学生掌握液压传动系统的基本组成、图形符号、特点和相关基本概念 |
| 任务操作 | 学时数2 | 学生通过分组对液压千斤顶的应用操作，让学生在边练边学中，熟悉液压千斤顶的基本技能操作，加深对液压传动系统的基础知识的掌握 |

## 任务准备

准备1：学生正确穿戴工作服，按指令列队依次进入实训工场，并且分组在相应的操作工位前立正待命；车辆正确摆放在指定位置，准备好相关的器材。

准备2：学生每组一套器材，根据教师的示范讲解和多媒体演示完成拆装任务。

准备3［器材准备（每组）］：①轿车一辆；②液压千斤顶；③安全支架；④三角垫木。

注意：由教师先通过多媒体讲解液压千斤顶使用的整个操作步骤，然后教师进行示范操作，学生进行观察和做好笔记，每组组长组织好小组的讨论并总结归纳操作的要点。

## 任务实施

### 一、液压千斤顶的应用

液压千斤顶的应用如表 12-1 所列。

表 12-1　液压千斤顶的应用

| 序号 | 步　骤 | 示　意　图 | 说　明 |
|---|---|---|---|
| 1 | 用三角垫木前后塞住车辆，车辆拉好手制动 | | 起到安全防护的作用，否则严禁起顶 |
| 2 | 将液压千斤顶放置在需起顶的车辆下面比较平整坚硬的地方 | | 千斤顶放置保持垂直状态放置位置要合理选择 |
| 3 | 旋动千斤顶手柄，关闭放油阀，提压千斤顶手柄，使千斤顶起顶平面缓慢接近被起顶的车辆底部，继续提压千斤顶手柄，车辆达到需要的高度后，立即在车架下面放上安全支架（或垫木），然后缓慢拧松千斤顶手柄，使车辆平稳地坐落在安全支架上 | | 起顶的时候要缓慢平稳，拧松千斤顶放油阀时必须缓慢，必须避免拧松过快而发生不安全事故 |

续表

| 序 号 | 步 骤 | 示 意 图 | 说 明 |
|---|---|---|---|
| 4 | 把液压千斤顶再次放置在车辆下面，按照前面的同样操作顶住车辆，拿去安全支架，然后缓慢拧松千斤顶手柄，使车辆平稳地坐落到地面 | 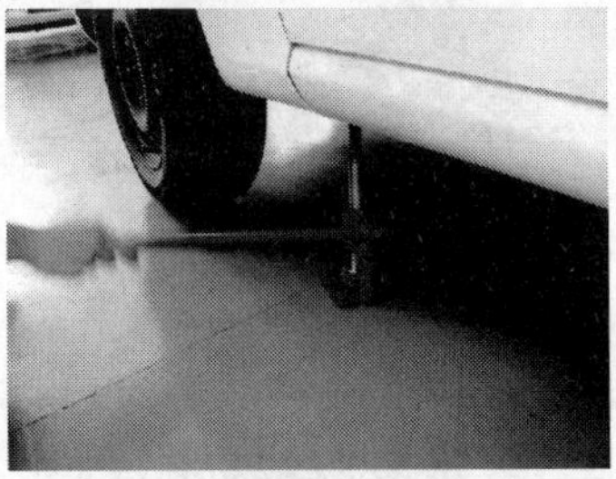 | 千斤顶的顶起高度要拆够，便于安全支架的撤除，但不易太高 |
| 5 | 拿去三角垫木，把相关的工具器材放回原位 |  | 所有的器材及时放回原处 |

## 二、液压传动概述

### 1.液压传动系统的组成

液压传动系统的组成如表12-2所列。

表12-2　液压传动系统的组成

| 组　成 | | 示　意　图 | 作　用 |
|---|---|---|---|
| 动力元件 | 液压泵 | 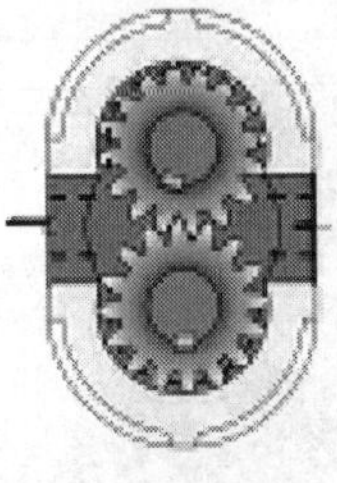 | 将发动机的机械能转换成液体的压力能 |

| 组　　成 | | 示　意　图 | 作　　用 |
|---|---|---|---|
| 执行元件 | 液压缸 |  | 将液压能转换为机械能并分别输出直线运动（液压缸）和回转运动（液压马达） |
| | 液压马达 |  | |
| 控制元件 | 控制阀 |  | 控制油液的流动方向、流量、压力 |
| 辅助元件 | 油箱<br>油管<br>滤清器<br>密封件 | 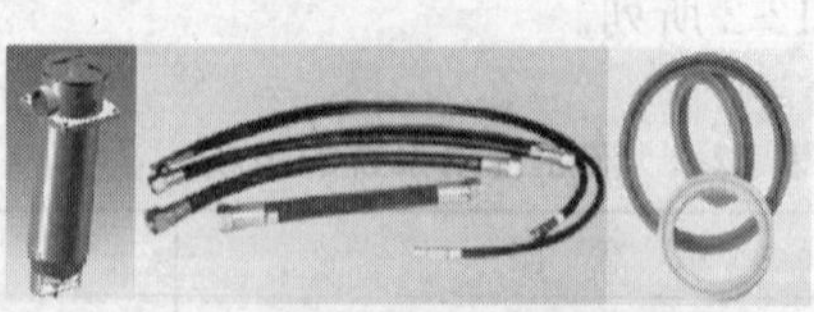 | 储存液体<br>输送液体<br>净化液体，防止油路堵塞<br>密封，防止渗漏 |
| 工作介质 | 液压油 |  | 系统内传递能量 |

2. 液压传动系统的工作原理

(1) 通过液压千斤顶结构示意图来分析

图 12-1 是液压千斤顶的工作原理和结构示意图。大油缸 9 和大活塞 8 组成举升液压缸。杠杆手柄 1、小油缸 2、小活塞 3 以及单向阀 4 和 7 组成手动液压泵。如提起手柄使小活塞向上移动，小活塞下端油腔容积增大，形成局部真空，这时单向阀 4 打开，通过吸油管 5 从油箱 12 中吸油；用力压下手柄，小活塞下移，小活塞下腔压力升高，单向阀 4 关闭，单向阀 7 打开，下腔的油液经管道 6 输入举升油缸 9 的下腔，迫使大活塞 8 向上移动，顶起重物。再次提起手柄吸油时，单向阀 7 自动关闭，使油液不能倒流，从而保证了重物不会自行下落。不断地往复扳动手柄，就能不断地把油液压入举升缸下腔，使重物逐渐地升起。如果打开截止阀 11，举升缸下腔的油液通过管道 10、截止阀 11 流回油箱，重物就向下移动。这就是液压千斤顶的工作原理。

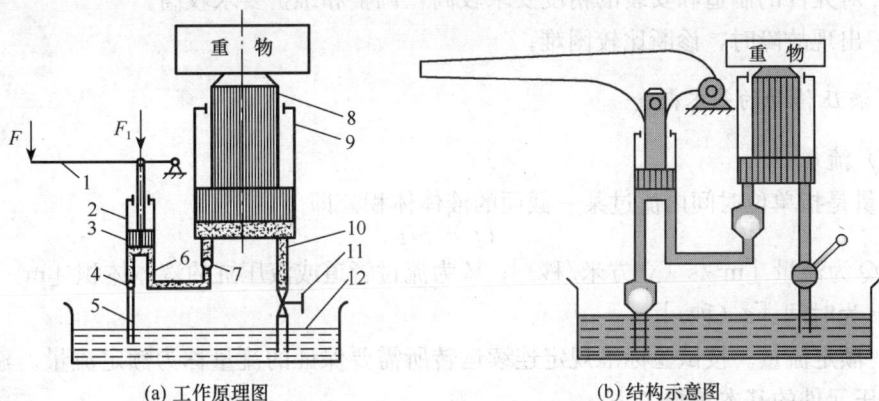

(a) 工作原理图          (b) 结构示意图

图 12-1 液压千斤顶工作原理和结构示意图
1-杠杆手柄；2-小油缸；3-小活塞；4、7-单向阀；5-吸油管；
6、10-管道；8-大活塞；9-大油缸；11-截止阀；12-油箱

通过对上面液压千斤顶工作过程的分析，可以初步了解到液压传动的基本工作原理。液压传动是利用有压力的油液作为传递动力的工作介质，将机械能转换成油液的压力能，又将油液的压力能转换成机械能的一个不同能量的转换过程。

(2) 通过图形符号式原理图来分析

为简化液压系统图的绘制，每一个元件都用一种符号来表示，这种表示元件的符号称为图形符号；将表示各种不同功能的图形符号用管路连接起来，所绘

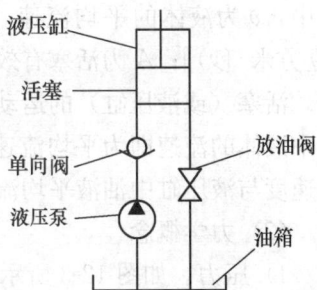

图 12-2 图形符号式千斤顶原理图

制出来的液压系统原理图称为图形符号式原理图，如图 12-2 所示。

### 3. 液压传动的特点

液压传动的优点如下。

1) 功率密度大（即单位体积所具有的功率大），结构紧凑，重量轻。

2) 工作平稳、反应快，能迅速换向和变速，动作快速性好。

3) 易实现过载保护，能自行润滑，使用寿命较长。

4) 易实现自动化控制，调节简单，操纵方便，特别是与电气控制结合时。

5) 元件易实现系列化、标准化、通用化，设计、生产与应用方便。

液压传动的缺点如下。

1) 传动比不如机械传动准确，传动效率较低。

2) 对油温变化敏感，不宜在高温和低温场合工作。

3) 对元件的制造和安装的精度要求较高，调整和维护要求较高。

4) 出现故障时，诊断比较困难。

### 4. 液压传动的基本概念

(1) 流量

流量是指单位时间内流过某一截面的液体体积。即

$$Q = v/t$$

式中，$Q$ 为流量 [m³/s（立方米/秒）]；$V$ 为流过管道或液压缸的液体体积 [m³（立方米）]；$t$ 为时间 [s（秒）]。

1) 额定流量。按试验标准规定连续运转所需要保证的流量称为额定流量。额定流量是液压元件的基本参数之一。

2) 流速。流速是指液体质点在单位时间内流过的距离。由于液体具有黏性，液体在管道或液压缸中流动时，在同一截面上各点的速度不可能完全相同，一般都以平均流速来计算，即

$$\bar{v} = Q/A$$

式中，$\bar{v}$ 为液体的平均流速 [m/s（米/秒）]；$Q$ 为流入液压缸或管道的流量 [m³/s（立方米/秒）]；$A$ 为活塞有效作用面积或管道通流密集 [m²（平方米）]。

活塞（或液压缸）的运动是由进入的油液促使工作容积增大而产生的运动，液压缸中液体的流速即为平均流速，活塞（或液压缸）随油液流动而移动，因此活塞的运动速度与液压缸中油液平均流速相同。

(2) 力学概念

1) 压力。如图 12-3 所示，习惯上把垂直压向单位面积上的力称为压力，用 $P$ 表示，即

$$P = F/A$$

式中，$P$ 为油液的压力 [Pa（帕斯卡）]；$F$ 为作用在油液表面上的外力 [N（牛顿）]；$A$ 为活塞有效作用面积 [$m^2$（平方米）]。

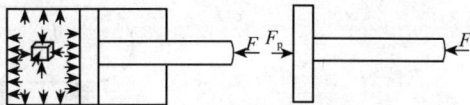

图12-3　压力示意图

2）额定压力。按试验标准规定连续运转的最高压力称为额定压力。一般在系统铭牌上所标注的都是额定压力，它是液压元件的主要参数之一。

3）压力的传递原理。密闭容器中的静止液体受到压力作用时，这个压力将通过油液传递到连通器的任意点上，而且其压力值处处相等，这称为静压力传递原理，又称为帕斯卡原理。静压力传递原理是液压传动基本原理之一。

## 工作页

**液压千斤顶的应用工作页**

| 序　号 | 项　　目 | 内　　容 |
|--------|----------|----------|
| 1 | 记录本次操作所需工量具 | |
| 2 | 记录液压千斤顶起顶车辆的步骤 | |
| 3 | 有哪些相关的安全防护 | |
| 4 | "5S" 操作规范有哪些 | |
| 5 | 本次任务收获与不足 | |

## 课堂练习

1. 反复练习液压千斤顶顶起车辆的操作。
2. 分析如图12-4所示液压千斤顶的工作原理。
3. 总结液压传动的特点。

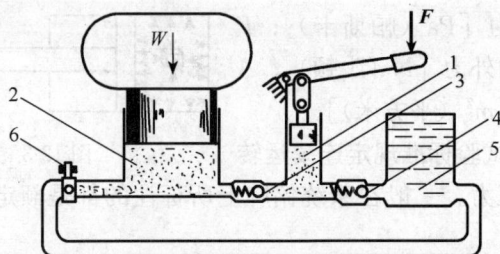

图 12-4　液压千斤顶

1—小油缸；2—大油缸；3—单向阀；4—单向阀；5—油箱；6—阀门

## 任务评测

| | 检测项目 | 评分标准 | 分　　值 | 学生自评 | 教师评估 |
|---|---|---|---|---|---|
| 任务知识内容 | 流量、压力概念的了解 | 要求会描述 | 5 | | |
| | 静压力传递原理的掌握 | 要求会描述 | 6 | | |
| | 液压传动系统组成的掌握 | 要求会描述 | 8 | | |
| | 液压元件图形符号的了解 | 要求会描述 | 4 | | |
| | 液压传动特点的掌握 | 要求会描述 | 5 | | |
| | 液压千斤顶的结构 | 要求会描述 | 6 | | |
| | 液压千斤顶工作原理的了解 | 要求会描述 | 6 | | |
| 任务操作技能 | 液压千斤顶的起顶操作 | 按规定要求会规范操作 | 15 | | |
| | 车辆支撑操作 | 按规定要求会规范操作 | 10 | | |
| | 放松液压千斤顶操作 | 按规定要求会规范操作 | 15 | | |
| | 安全文明操作 | 操作中严格遵守安全守则 | 10 | | |
| | "5S"规范 | 操作中执行"5S"规范 | 10 | | |

# 任务二　液压制动装置的拆装

## 任务分析

　　汽车液压制动装置是汽车上液压控制的典型装置，在汽车的制动过程中发挥了重要的作用。通过对液压制动装置的结构认识、工作过程分析和拆装操作，进一步了解液压系统的组成与各部件的作用，了解液压基本回路的相关知识。

## 简述任务

　　1）通过对液压制动装置的结构认识，了解液压制动系统的基本组成。

　　2）观察液压制动系统中起液压传动作用的各元件。

3）通过对液压制动系统的工作过程分析，掌握液压制动系统的回路特点。

## 任务教学方式

| 教 学 步 骤 | 时 间 安 排 | 教 学 方 式 |
|---|---|---|
| 阅读教材 | 课余 | 自学、查询资料、相互讨论 |
| 知识点讲授 | 学时数 2 | 进一步掌握液压传动系统中的各元件及其相互关系，结合多媒体课件演示，了解液压各基本回路 |
| 任务操作 | 学时数 1 | 学生通过台架，在教师的指导下认识液压制动装置的各组成元件名称和作用，通过部分拆装，分析工作原理，理解液压制动装置的工作过程 |

## 任务准备

准备 1：学生正确穿戴工作服、鞋帽；按指令列队依次进入实训工场，分组后每组在操作工位前立正待命。

准备 2：做好 5S（整理、整顿、清扫、清洁、自律作业规范）。

准备 3：清洁工作台及工具，将常用工具依次整齐摆放在工具车上。

准备 4：要求学生明白操作要求。操作作业时每一道工序都必须按实习老师的指令统一进行操作，每一操作步骤完成后学员必须举手报告完毕，然后立正站立在工位前。

准备 5〔器材准备（每组）〕：①17～19mm 梅花扳手一把；②15mm、17mm 套筒扳手（带加长杆）；③6mm 内六角扳手；④棉纱。

## 任务实施

### 一、液压制动装置的拆装（包括相关的结构认识）

液压制动装置的拆装如表 12-3 所列。

表 12-3　液压制动装置的拆装

| 序 号 | 步 骤 | | 示 意 图 | 说 明 |
|---|---|---|---|---|
| 1 | 液压制动装置的组成零件 | 制动踏板 | | 观察其结构，了解其作用 |

| 序号 | 步 骤 | | 示 意 图 | 说 明 |
|---|---|---|---|---|
| 1 | 液压制动装置的组成零件 | 制动总泵 | | 观察其结构特点，了解其作用 |
| | | 连接油管 | | 观察油管的走向，前后连接的零件 |
| | | 制动轮泵 | | 观察其结构特点，了解其作用，并了解其安装位置 |
| 2 | 踩下制动踏板，拧松轮胎螺栓，拆下轮胎 | | | 拧松轮胎螺栓后，用制动液加注器将系统中的制动液抽出，用开口扳手拧松制动总泵出油管接头，流出的残留制动液用棉纱擦干净 |
| 3 | 松开制动钳壳体的拧紧螺栓，将前制动器与车轮支承分离 | | | 观察油管的连接位置 |

续表

| 序号 | 步　骤 | 示　意　图 | 说　明 |
|---|---|---|---|
| 4 | 松开制动钳壳体定位螺栓，拆下摩擦片定位弹簧 | | 注意操作安全 |
| 5 | 分离制动钳，摩擦片架及摩擦片 | | 观察摩擦片的安装方向 |
| 6 | 观察制动轮泵活塞 | | 联系液压制动装置的各组成零件，理解其工作原理 |
| 7 | 装复 | | 以先拆后装的原则，按顺序在教师指导下进行装复。最后按规定加注好制动液 |

## 二、液压元件及液压基本回路

### 1. 液压动力元件——液压泵

液压泵是将机械能转换成液压能的装置，其作用是为液压系统提供压力油，它是液压系统的动力源。

（1）液压泵的工作原理

图 12-5 所示为液压泵的工作原理图。柱塞装在缸体内，并可进行左右移动，在弹簧的作用下，柱塞紧压在偏心轮的外表面上。当电动机带动偏心轮旋转时，偏心轮推动柱塞左右运动，使密封油腔的大小发生周期性的变化。当密封油腔由小变大时就形成部分真空，使油箱中的油液在大气压的作用下，经吸油管道顶开单向阀 1 进入油腔实现吸油；反之，当油腔由大变小时，油腔中吸满的油液将顶开单向阀 2 流入系统而实现压油。电动机带动偏心轮不断旋转，液压泵就不断的吸油和压油。

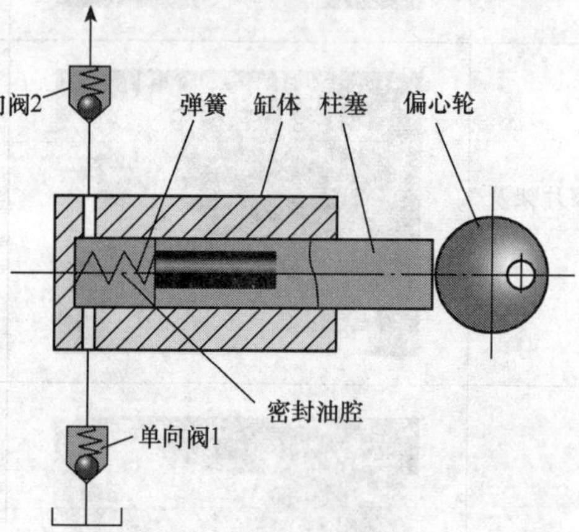

图 12-5　液压泵的工作原理图

（2）液压泵的类型和图形符号

1）液压泵的类型。液压泵的种类很多，按流量是否可调节分为定量泵和变量泵，按输油方向能否改变可分为单向泵和双向泵；按其结构不同可分为齿轮泵、叶片泵、柱塞泵等；按其额定压力的高低可分为低压泵、中压泵和高压泵等。

2）液压泵的图形符号。液压泵的图形符号如表 12-4 所列。

表 12-4　液压泵图形符号

| 类　型 | 单向定量液压泵 | 双向定量液压泵 | 单向变量液压泵 | 双向变量液压泵 |
| --- | --- | --- | --- | --- |
| 图形符号 | 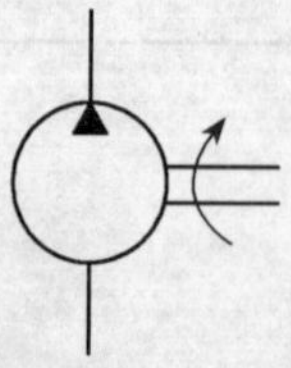 | 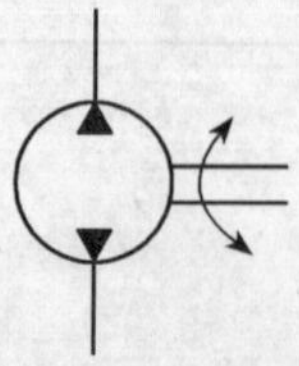 | 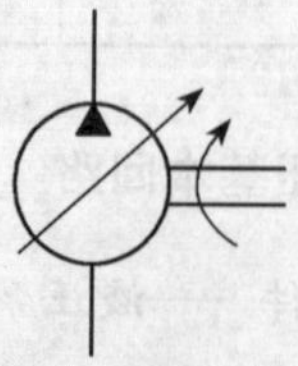 | 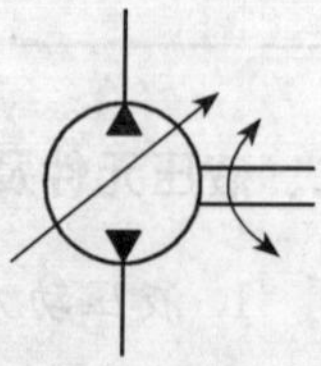 |

（3）常见液压泵

常见液压泵有齿轮泵、叶片泵、柱塞泵等，如表 12-5 所列。

表 12-5　常见液压泵

| 名称及符号 | 类　型 | 工作原理图 | 密封容积组成及交替变化 |
|---|---|---|---|
| 齿轮泵 | 单向定量泵 | 压油口　吸油口 | 泵体、端盖和齿轮的各齿间组成密封工作容积，轮齿进入啮合，密封容积减小，实现压油过程，轮齿脱离啮合，密封容积增大，实现吸油过程 |
| 单作用叶片泵 | 双向变量泵 | 2转子 3定子 4叶片 1压油口 5吸油口 7配油盘压油阀 6配油盘吸油阀 | 定子、转子、叶片和配油盘间形成若干个密封容积，定子与转子间有偏心距，转子的回转产生密封容积的交替变化 |
| 双作用叶片泵 | 单向定量泵 | 3转子 4叶片 2压油口 5吸油口 1定子 | 定子、转子、叶片和配油盘间形成若干个密封容积，定子的内表面为椭圆形，转子的回转产生密封容积的交替变化 |
| 柱塞泵 | 双向变量泵 | 吸油口 定子 转子 配流轴 压油口 柱塞 | 柱塞与转子间形成若干个密封容积，定子与转子间有偏心距，转子的回转产生密封容积的交替变化 |

### 2. 液压执行元件

液压缸是将液压能转变为机械能的能量转换装置，它是液压系统的执行元件。运动形式一般为直线往复式。汽车的液压制动器、液压翻斗车、单臂剪床刀口的移动控制等均用到各式液压缸。

按结构特点的不同，液压缸可分为活塞式、柱塞式、伸缩套筒式等形式；按油压作用形式可分为单作用式和双作用式液压缸。液压缸类型及图形符号如表 12-6 所列。

表 12-6　液压缸类型及图形符号

| 液压缸类型 | | 实 物 图 | 名称及符号 |
|---|---|---|---|
| 活塞式 | 单活塞杆单作用式 |  | 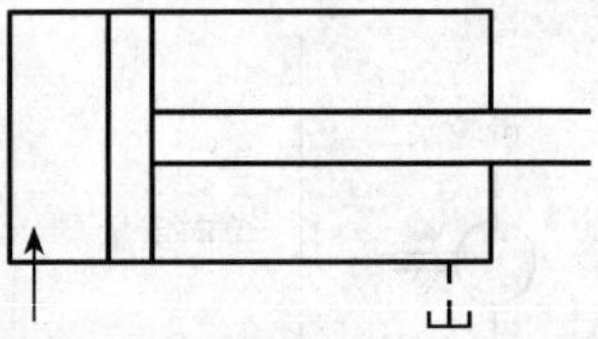 |
| | 单活塞杆双作用式 |  | 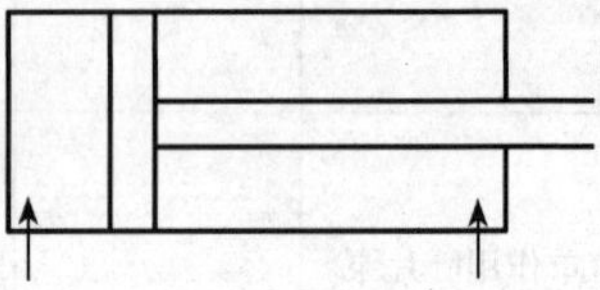 |
| | 双活塞杆双作用式 |  | 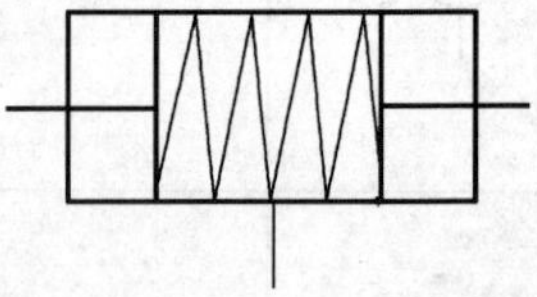 |
| 柱塞式 | |  | 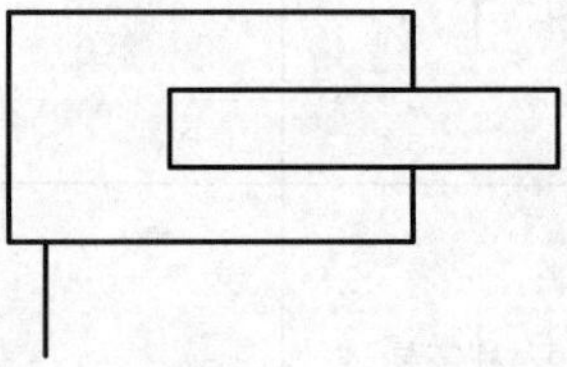 |

3. 液压控制元件

在液压系统中，用于控制系统中液流的压力、流量和液流方向的元件，统称为液压控制阀。液压控制阀可以控制液压执行元件的开启、停止及换向，调节它的运动速度和输出的力或力矩，对液压系统或液压元件进行保护等。因此，用不同的阀，经过不同形式的组合，可以满足不同液压设备的要求。

根据用途和工作特点的不同，可分为以下三类。

1）压力控制阀用来控制和调节液压系统中液流压力，如溢流阀、减压阀、顺序阀等。

2）流量控制阀用于控制和调节液压系统中液流流量，如节流阀、调速阀等。

3）方向控制阀用于控制和改变液压系统中液流方向，如单向阀、换向阀等。

常用控制阀图形符及工作原理如表 12-7 所列。

表 12-7 常用控制阀图形符号及工作原理

| 类 型 | | 实 物 | 名称及图形符号 | 工 作 原 理 |
|---|---|---|---|---|
| 方向控制阀 | 单向阀 | 普通单向阀 | $P_2 \quad P_1$ | 当压力油从 $P_1$ 端流入时，顶开阀心，经 $P_2$ 端流出；当油液反向流动时，在压力油和弹簧作用下，阀心压紧在阀体上，截断通道，使油液不能过 |
| | | 液控单向阀 | $K$ $P_2 \qquad P_1$ | 当控制油口 K 不通控制压力油时，油液只能从 $P_1$ 端流入、经 $P_2$ 端流出，不能反向流动、当控制油口 K 通控制压力油时，在 K 口压力油的作用下，阀心移动，阀口打开，油液可在两个方向自由流通 |
| | 换向阀 | 手动换向阀 | | 手柄往左扳动，则接通换向阀左位；手柄往右扳动，则接通换向阀右位；放松手柄，则依靠弹簧复位 |
| | | 机动换向阀 | | 滚轮受压，则接通换向阀的左位；滚轮被放松，则依靠弹簧复位（右位） |
| | | 电磁换向阀 | | 左电磁铁得电，则接通换向阀的左位；右电磁铁得电，则接通换向阀右位；两电磁铁失电，则依靠弹簧复位（中位） |

| 类 型 | | | 实 物 | 名称及图形符号 | 工 作 原 理 |
|---|---|---|---|---|---|
| 方向控制阀 | 换向阀 | 液动换向阀 | | | 左控制油口接通压力油时，换向阀接通左位；右控制油口接通压力油时，换向阀接通右位；两控制油口都不通压力油时，则依靠弹簧复位（中位） |
| | | 电液动换向阀 | | | 该阀为电磁换向阀和液动换向阀的组合，其中电磁换向阀为先导阀，液动换向阀为主阀。当左电磁铁得电，则接通换向阀的左位；右电磁铁得电，则接通换向阀右位；两电磁铁失电，则依靠弹簧复位 |
| 压力控制阀 | | 溢流阀 | | | 当进口压力低于调定压力时，阀口关闭；当进口压力达到调定压力时，阀口打开，并保持进口压力恒定 |
| | | 减压阀 | | | 当出口压力低于调定压力时，阀口打开，进、出口压力相等；当出口压力达到调定压力时，阀口变小，出口压力低于进口压力，并保持出口压力在设定的范围内 |
| | | 顺序阀 | | | 当进口压力低于调定压力时，阀口关闭；当进口压力达到调定压力时，阀口打开，且出口压力取决于负载 |
| | | 压力继电器 | | | 压力继电器是一种将压力信号变换为电信号的转换元件。当系统压力达到压力继电器的调定值时，发出电信号，使电气元件（如电磁铁、电动机、时间继电器、电磁离合器等）动作，使油路卸压、换向，执行元件实现顺序动作，或关闭电动机使系统停止工作，起安全保护作用等 |

续表

| 类　　型 | 实　　物 | 名称及图形符号 | 工　作　原　理 |
|---|---|---|---|
| 流量控制阀 | 节流阀 | | 通过节流阀的流量受负载和温度变化的影响，用其调节执行元件的速度，则速度将随负载和温度的变化而波动，因而速度的稳定性较差 |
| | 调速阀 | | 由一个定差减压阀和一个节流阀串联组合而成，定差减压阀用来保证节流阀前后的压力差不受负载变化的影响，从而保证通过节流阀的流量保持稳定，速度的稳定性好 |

4. 液压辅助元件

（1）油管

1）钢管：能承受较高的工作压力，价格较低，工作可靠。

2）铜管：弯曲方便，装配容易，且管壁光滑，摩擦阻力小，但耐压能力低，主要用在中、低压系统。

3）橡胶软管：能吸收冲击和振动。

4）尼龙管：装配弯曲比较方便。

（2）管接头

管接头用于油管与油管、油管与液压元件的连接，如图 12-6 所示。

图 12-6　管接头实物图

（3）油箱

油箱的主要功用是储存油液，散发油液中的热量，分离油液中的气体和沉淀油液中的杂质等。

（4）过滤器

过滤器是用于过滤油液中的杂质和灰尘，其工作原理是利用油液流经有无数微小间隙滤芯将其中的固体杂质滤除。图12-7所示为过滤器实物图及符号。

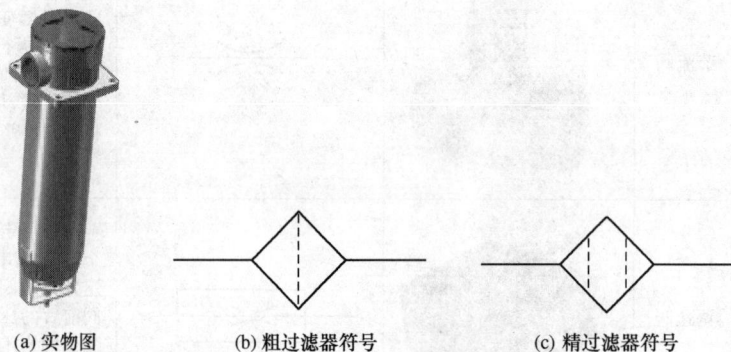

(a) 实物图          (b) 粗过滤器符号          (c) 精过滤器符号

图 12-7　过滤器实物图及符号

常用的过滤器种类如下。

1）网式过滤器。这是一种应用最多的粗过滤器。其结构一般是在金属或塑料圆筒形骨架上包一层或两层铜丝网。

2）线隙式过滤器。滤芯通常用直径为 0.4mm 的铜线或铝线（也有用不锈钢丝的）缠绕在开有孔眼的筒形芯架上做成。

3）纸芯式过滤器。纸芯式过滤器采用纸芯作为过滤材料来滤除杂质的。

4）烧结式过滤器。烧结式过滤器的滤芯部分一般有颗粒状的青铜、低碳钢或镍铬粉末压制后烧结而成。它利用颗粒之间的微孔滤去油液中的杂质。

5）磁性过滤器。主要用于过滤油液中的铁质杂质。

5. 液压基本回路

液压系统由许多液压基本回路组成。液压基本回路是指由一些液压元件组成并能完成某些特定功能的回路。液压基本回路按功能可分为方向控制回路、压力控制回路、速度控制回路和顺序动作回路等四大类。熟悉这些回路，对分析整个液压系统，维护、修理及设计新的液压系统都十分重要。

（1）方向控制回路

在液压系统中，控制执行元件的启动、停止（包括锁紧）及换向的回路，称为方向控制回路。方向控制回路主要有换向回路和锁紧回路，如表12-8所列。

表 12-8　方向控制回路

| 类　　型 | 功　　能 | 回路图示例 | 说　　明 |
|---|---|---|---|
| 换向回路 | 用于控制执行元件的运动方向 | 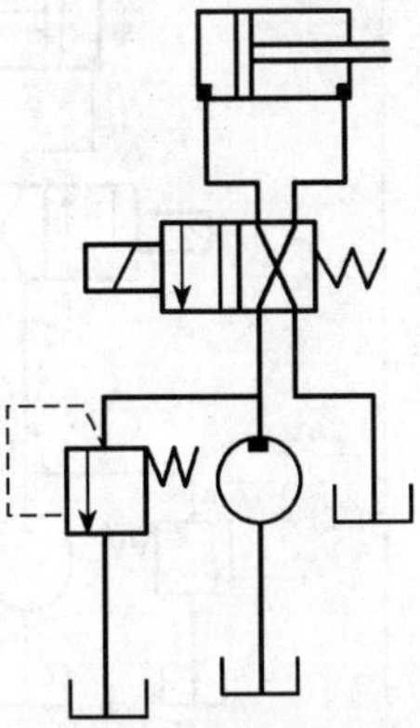 <br>二位四通电磁换向阀 | 执行元件的换向，一般可采用各种换向阀来实现。当二位四通电磁换向阀得电时，换向阀接左位，液压泵的油液通往液压缸的无杆腔，使活塞向右运动；当电磁铁失电时，换向阀接右位，液压泵的油液通往液压缸的有杆腔，使活塞向左运动 |
| 锁紧回路 | 使执行元件能在任意位置上停留以及在停止工作时防止因受外力作用而发生移动 | 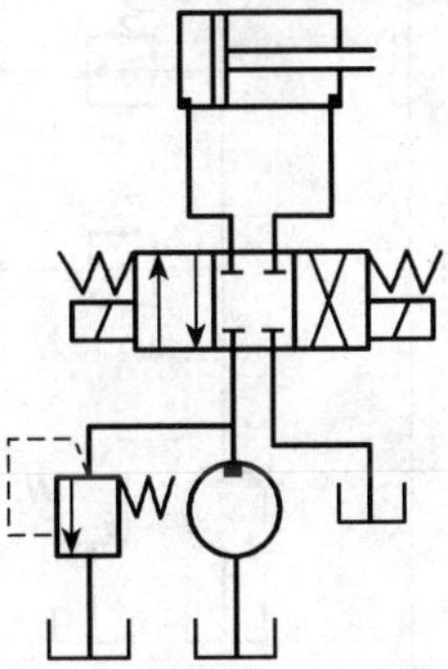 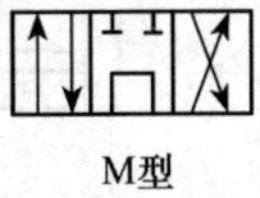 <br>M型 | 可通过三位四通换向阀的 U 型、M 型中位机能来实现<br>当换向阀处于中位时，液压缸的进、出口都被封闭，可以将液压缸锁紧 |

（2）压力控制回路

在液压系统中，用来调节系统或系统某一部分的压力的回路，称为压力控制回路。压力控制回路可实现调压、减压、增压及卸荷等功能。表 12-9 所列为常见的一些压力控制回路。

（3）速度控制回路

用于控制执行元件运动速度的回路称为速度控制回路。速度控制回路一般是通过改变进入执行元件的流量来实现的。速度控制回路可分为调速回路和速度换接回路两类。

表 12-9　常见的压力控制回路

| 类　型 | 功　能 | 回路图示例 | 说　明 |
|---|---|---|---|
| 调压回路 | 使液压系统的压力保持恒定或不超过某一数值 | 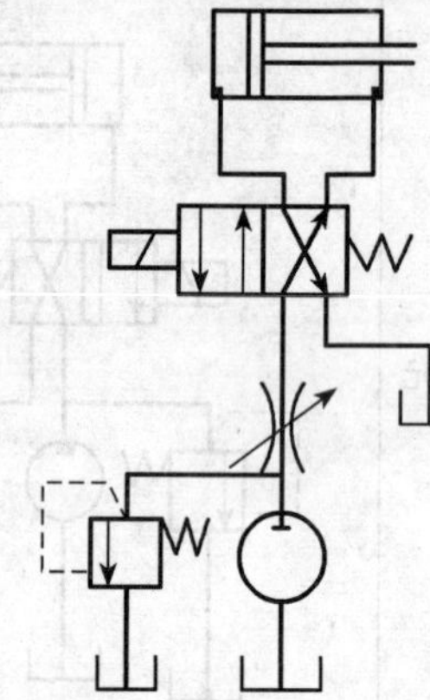 | 调压功能主要由溢流阀完成 |
| 减压回路 | 使系统中某个执行元件或某条支路所需的工作压力低于主系统的压力 | 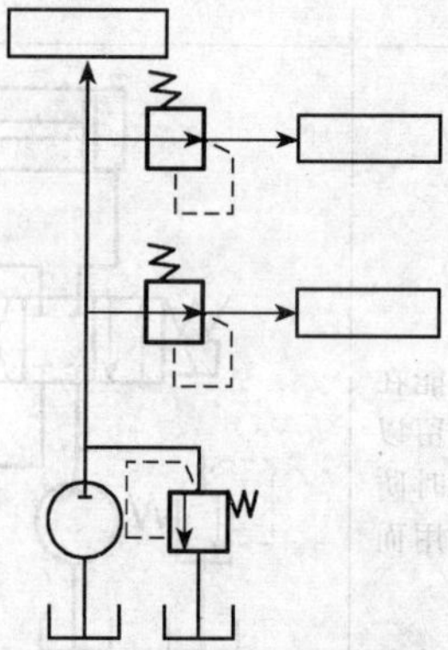 | 减压功能主要由减压阀完成 |
| 卸荷回路 | 让液压泵在接近零压的情况下运转，使其输出功率为零，以减少功率损失和系统发热，延长泵和电动机的使用寿命 | 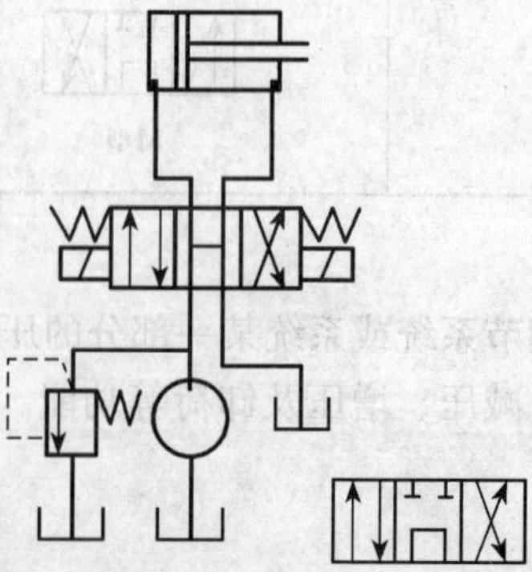 　M型 | 可通过换向阀的 H 型、M 型中位机能等方式来实现 |

1）调速回路。调速回路就是用于调节执行元件的工作速度的回路。表 12-10 所列为一些常见的调速回路。

表 12-10 常见的调速回路

| 类 型 | 回路图示例 | 说 明 | 应 用 |
|---|---|---|---|
| 进油节流调速回路 | 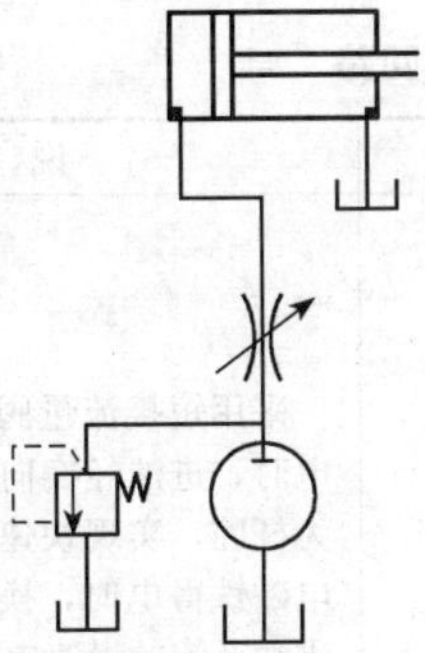 | 溢流阀串接于进油路上，泵的出口并联一溢流阀。工作时，泵输出的油液一部分经节流阀进入液压缸，多余的油液经溢流阀流回油箱，泵的出口压力由溢流阀调定。调节节流阀的通流截面积，即可改变通过节流阀的流量，从而调节液压缸的运动速度 | 一般用于功率较小、负载变化不大的液压系统中 |
| 回油节流调速回路 | 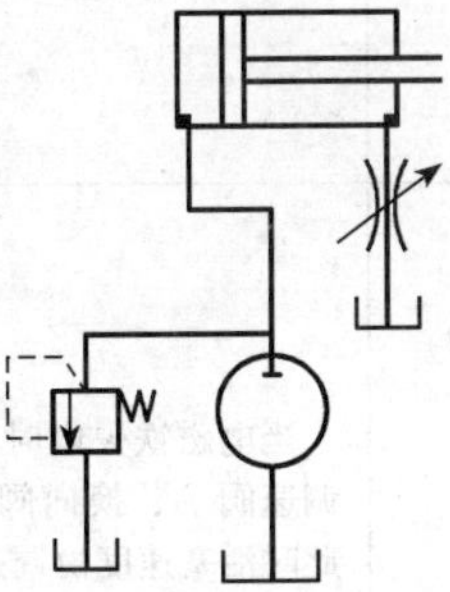 | 溢流阀串接于回油路上，泵的出口并联一溢流阀。工作时，泵输出的油液一部分进入液压缸，多余的油液经溢流阀流回油箱，泵的出口压力由溢流阀调定，调节节流阀的通流截面积，即可改变从液压缸流回油箱的流量，从而调节液压缸的运动速度 | 主要用于功率较小、负载变化较大和运动平稳性要求较高的液压系统中 |
| 容积调速回路 | 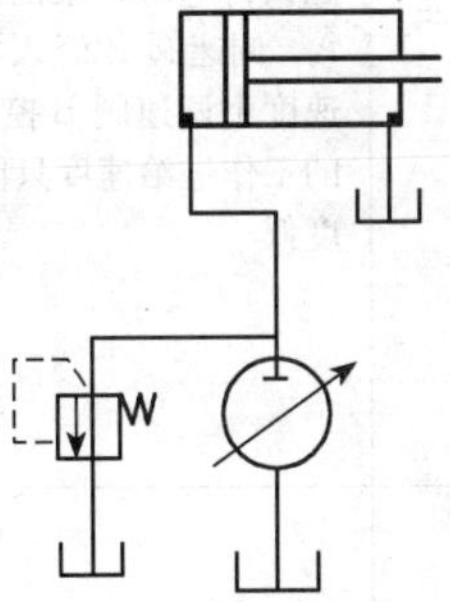 | 泵为变量泵，依靠改变液压泵的输出流量来调节液压缸的运动速度，溢流阀起安全保护作用 | 适用于功率较大的液压系统中 |
| 容积节流复合调速回路 | 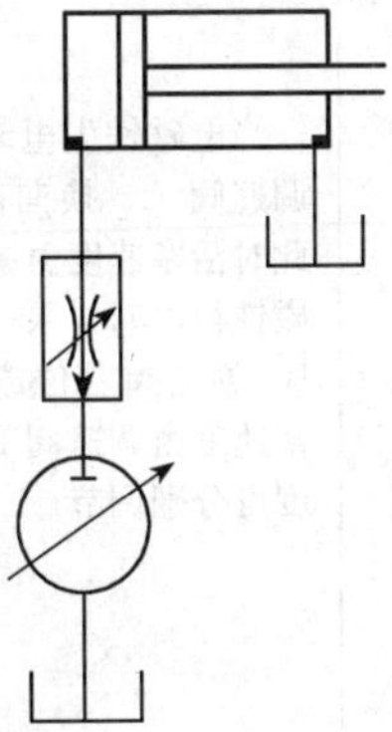 | 泵为限压式变量泵，其输出流量随压力增大而自动减小。调节流量阀的通流截面积时，使泵的出口压力发生变化，泵的流量也随之改变，从而使液压缸的速度发生改变 | 主要适用于负载变化大、速度较低的中小功率系统 |

2）速度换接回路。速度换接回路是使不同速度相互转换的回路。表 12-11 所列为一些常见的速度换接回路。

表 12-11　常见的速度换接回路

| 类　型 | 回路图示例 | 说　明 |
|---|---|---|
| 快速与慢速的换接回路 | 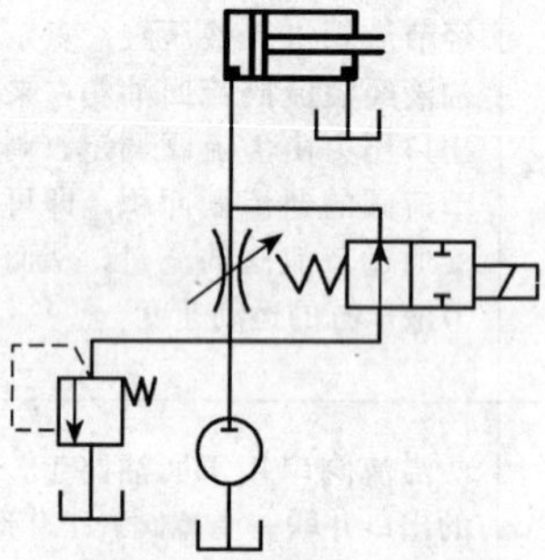 | 采用短接流量阀方式。当电磁铁失电时，进油经换向阀左位流入液压缸无杆腔，实现快速向右进给运动；当电磁铁得电时，换向阀接右位，成为进油节流的慢速向右运动 |
| 两种不同进给速度的换接回路<br><br>采用串联流量阀 | 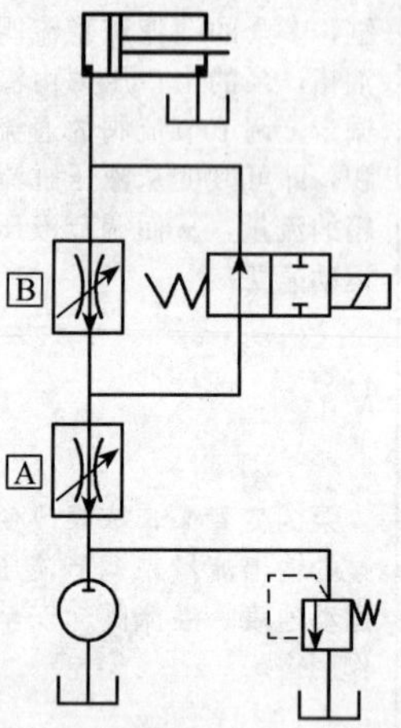 | 当电磁铁失电时，泵的输出油液经调速阀 A、换向阀左位流入液压缸，此时活塞速度由调速阀 A 控制；当电磁铁得电时，泵的输出油液经调速阀 A、调速阀 B 流入液压缸，此时活塞速度由调速阀 B 控制，调速阀 B 调节的工作进给速度只能比调速阀 A 的速度低 |
| 采用并联流量阀 | 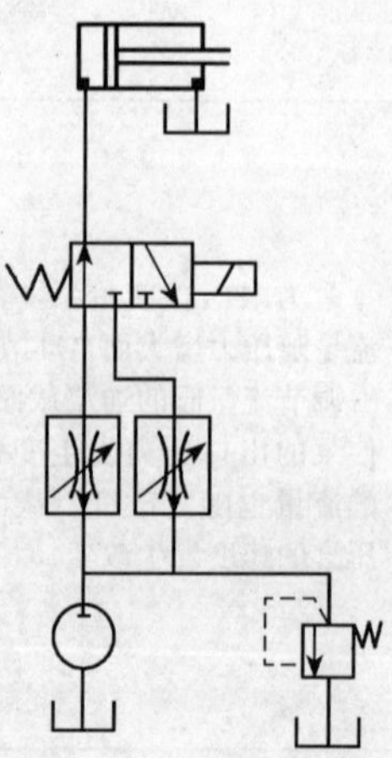 | 当电磁铁失电时，泵的输出油液经调速阀 A、换向阀左位流入液压缸，此时活塞速度由调速阀 A 控制；当电磁铁得电时，泵的输出油液经调速阀 B，换向阀右位流入液压缸，此时活塞速度由调速阀 B 控制，两次进给速度可分别调节 |

（4）顺序动作回路

当一个液压系统里存在几个液压执行元件时，这几个执行元件的动作往往存在一定的先后顺序。顺序动作回路就是指控制液压系统中执行元件动作的先后次序的回路。表 12-12 所列为一些常见的顺序动作回路。

表 12-12　常见的顺序动作回路

| 类　　型 | 回路图示例 | 说　　明 |
|---|---|---|
| 采用顺序阀控制的顺序动作回路 | 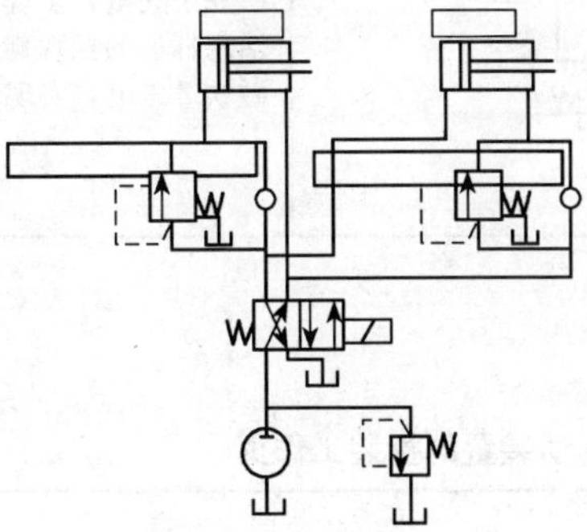 | 　当电磁铁得电时，换向阀右位接入系统，泵的输油进入夹紧缸无杆腔，活塞右移实现夹紧动作；夹紧结束后，系统压力升高，使顺序阀 A 打开，泵的油液进入加工缸的无杆腔，活塞右移实现加工、加工完毕，电磁铁失电，换向阀左位接入系统，泵的输油进入加工缸有杆腔，活塞左移实现快退动作；快退结束后，系统压力升高，使顺序阀 B 打开，泵的油液进入夹紧缸的有杆腔，活塞左移松开机件。为保证顺序动作的可靠性，顺序阀的调定压力应大于先动作缸的最高工作压力 0.8~1MPa |
| 采用压力继电器控制的顺序动作回路 | 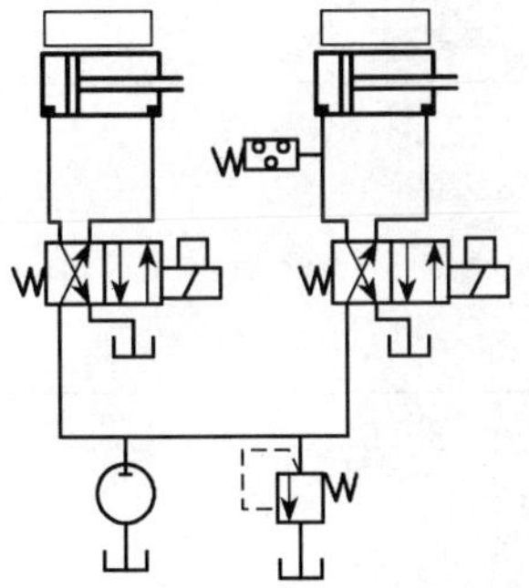 | 　按下按钮，使电磁铁 1 得电，换向阀右位接入系统，夹紧缸右移，实现夹紧动作；夹紧完毕，系统压力升高，使压力继电器动作，发出电信号，使电磁铁 2 得电，加工缸右移，实现加工动作，为保证顺序动作的可靠性，压力继电器的调定压力应大于先动作缸的最高工作压力 0.3~0.5MPa |
| 采用行程阀控制的顺序动作回路 | 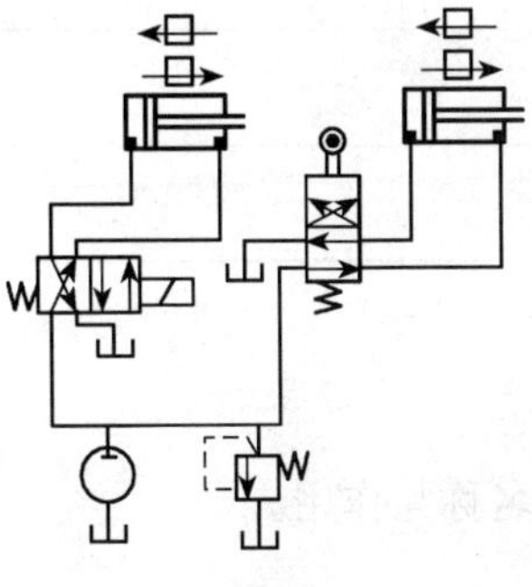 | 　按下按钮，使电磁铁得电，换向阀右位接入系统，实现动作 1；动作 1 终了时，活塞杆上的挡块压下行程阀，使行程阀上位接入系统，实现动作 2。当电磁铁失电时，换向阀左位接入系统，实现动作 3；当挡块离开行程阀滚轮时，行程阀复位（下位），实现动作 4 |

续表

| 类　型 | 回路图示例 | 说　明 |
|---|---|---|
| 采用位置开关控制的顺序动作回路 | 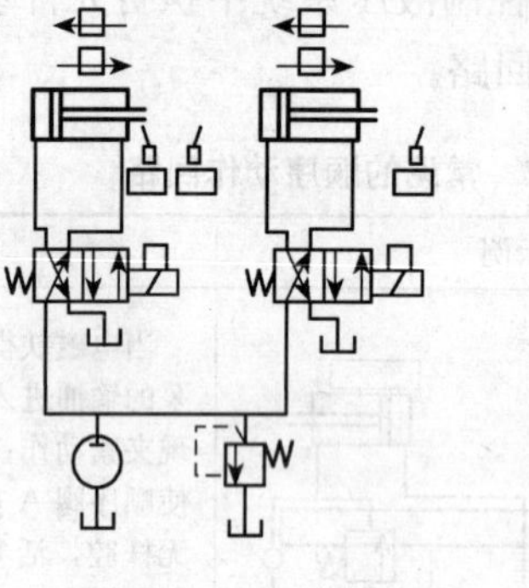 | 按下按钮，使电磁铁1得电，换向阀右位接入系统，实现动作1；动作1终了时，活塞杆上的挡块触动位置开关SQ1，使电磁铁2得电，实现动作2；动作2终了时，活塞杆上的挡块触动位置开关SQ2，使电磁铁1失电，实现动作3；动作3终了时，活塞杆上的挡块触动位置开关SQ3，使电磁铁2失电，实现动作4 |

## 工作页

### 液压制动装置的拆装工作页

| 序　号 | 项　目 | 内　容 |
|---|---|---|
| 1 | 记录本次操作所需工量、设备 | |
| 2 | 液压制动装置的组成零件名称 | |
| 3 | 拆装步骤记录 | |
| 4 | "5S"规范 | |
| 5 | 本次任务收获与不足 | |

## 课堂练习

1. 复述液压制动装置组成的各零件名称与作用。

2. 反复进行液压制动装置的拆装。

3. 液压基本回路有哪几大类？

## 任务评测

| | 检测项目 | 评分标准 | 分　值 | 学生自评 | 教师评估 |
|---|---|---|---|---|---|
| 任务知识内容 | 液压制动装置组成 | 要求会描述 | 5 | | |
| | 液压制动特点 | 要求会描述 | 5 | | |
| | 制动踏板作用和位置 | 要求会描述 | 5 | | |
| | 制动总泵作用和位置 | 要求会描述 | 5 | | |
| | 连接油管的连接走向 | 要求会描述 | 5 | | |
| | 制动轮泵位置和作用 | 要求会描述 | 5 | | |
| | 液压制动装置工作过程 | 要求会描述 | 5 | | |
| 任务操作技能 | 轮胎的拆装 | 按规定要求会规范操作 | 10 | | |
| | 前轮制动器总成拆卸 | 按规定要求会规范操作 | 5 | | |
| | 制动摩擦片的拆卸 | 按规定要求会规范操作 | 10 | | |
| | 制动轮泵活塞位置 | 指出位置说明作用 | 5 | | |
| | 装复 | 顺序正确，会规范操作 | 15 | | |
| | 安全操作 | 操作中严格遵守安全守则 | 10 | | |
| | "5S"规范 | 操作中执行"5S"规范 | 10 | | |

## 知识拓展

### 液力变矩器

变矩器主要由三个元件组成：与发动机飞轮连接的泵轮、与变速器输入轴连接的涡轮和单向转动的导轮。

液力变矩器通过液力传动改变输出轴的转矩和转速，起到离合器和变速器的作用，如图 12-8 所示。

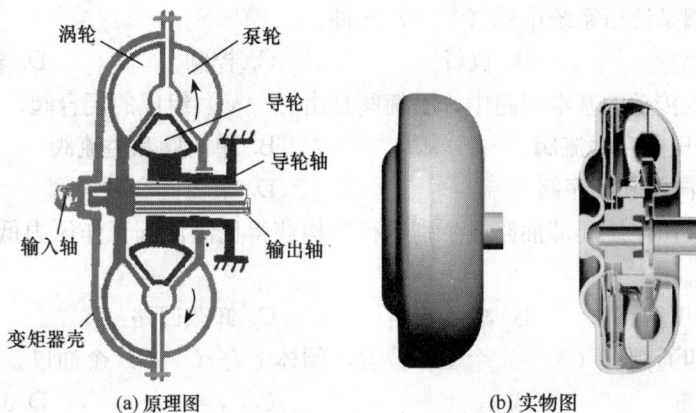

图 12-8　液力变矩器

## 项目小结

1) 通过液压制动装置的实际拆装,掌握典型液压元件的名称与作用。

2) 通过对液压基本回路的介绍,了解液压基本回路的定义、分类与典型液压回路的工作原理。

## 思考与练习

1. 判断题

(1) 液压传动系统中的调压回路的作用是调节主油路的压力。(　　)

(2) 在液压传动的基本回路中,平衡阀通常是由顺序阀和单向阀构成的组合阀。(　　)

(3) 齿轮泵属于单向变量泵。(　　)

(4) 液压翻斗车中液压系统的执行元件是液压缸。(　　)

(5) 压力控制阀用来控制和调节液压系统中液流压力,典型的压力控制阀有溢流阀和调速阀。(　　)

2. 选择题

(1) 粗滤油器一般装在(　　)。

　　A. 泵的吸油口前　B. 泵的输出管路中　C. 重要元件之前

(2) 溢流阀是液压系统中的(　　)元件。

　　A. 动力　　　　　B. 执行　　　　　C. 控制　　　　　D. 辅助

(3) 在液压传动的基本回路中,平衡阀是由(　　)组成的复合阀。

　　A. 减压阀和溢流阀　　　　　　　B. 单向阀和溢流阀

　　C. 单向阀和顺序阀　　　　　　　D. 节流阀和顺序阀

(4) 如果液压系统局部油路或个别执行机构获得比溢流阀工作压力低的压力油时,可采用(　　)。

　　A. 增压回路　　　B. 减压回路　　　C. 卸载回路

(5) 三位四通阀有(　　)个工作位置,阀体上有(　　)个油口。

　　A. 3,5　　　　　B. 2,4　　　　　C. 3,4　　　　　D. 3,5

# 项目 13

## 汽车常用材料的认识

# 任务一　发动机结构认识

## 任务分析

汽车发动机的很多组成零件因为安装位置、工作环境和结构作用的不同，采用了不同的金属材料，通过对发动机各零件材料的认识，让学生了解各金属材料的性能、分类、特点和用途，并能正确识别不同的金属材料。

## 简述任务

1) 认识汽车发动机的各组成零件。
2) 区分不同零件的金属材料。

## 任务教学方式

| 教学步骤 | 时间安排 | 教学方式 |
| --- | --- | --- |
| 阅读教材 | 课余 | 自学、查资料、相互讨论、上网查询 |
| 知识点讲授 | 学时数1 | 利用多媒体课件的演示，让学生掌握汽车常用金属材料的性能、分类、特点和用途，以汽车发动机的重要组成零件所用的材料为例举例说明 |
| 任务操作 | 学时数2 | 通过实验室发动机的实物认识，让学生边看边学，认识发动机的重要组成零件的相关金属材料，并了解选用的依据，和理论知识有机的结合起来 |

## 任务准备

准备1：相关的教室、课件、实训室准备。

准备2：学生分组，每组8人，要求正确穿戴工作服，确定每位学生的学习工位。

准备3〔器材准备（每组）〕：①发动机相关零件（已拆下）：气缸盖、曲轴、飞轮、凸轮轴、活塞、活塞环、连杆、连杆轴承、排气门、气门弹簧、滚动轴承、油管接头、气缸盖螺栓；②零件均装在自制的零件架上；③抹布若干。

注意：操作前先观看多媒体演示，初步了解发动机主要零件的组成材料，然后学生分组逐一进行各零件材料的辨别。

## 任务实施

### 一、发动机结构的认识（主要零件已经拆下）

发动机结构的认识如表 13-1 所列。

表 13-1　发动机结构的认识

| 零件名称 | 示意图 | 材料分析 |
| --- | --- | --- |
| 气缸盖 | | 灰口铸铁 |
| 曲轴 | | 优质碳素结构钢 |
| 飞轮 | | 灰口铸铁 |
| 凸轮轴 | | 优质碳素结构钢 |

| 零件名称 | 示 意 图 | 材料分析 |
|---|---|---|
| 活塞 |  | 铝合金 |
| 活塞环 |  | 球墨铸铁 |
| 连杆 |  | 合金调质钢 |
| 连杆轴瓦 |  | 轴承合金 |
| 排气门 |  | 耐热钢 |

续表

| 零件名称 | 示意图 | 材料分析 |
|---|---|---|
| 气门弹簧 |  | 合金弹簧钢 |
| 滚动轴承 | 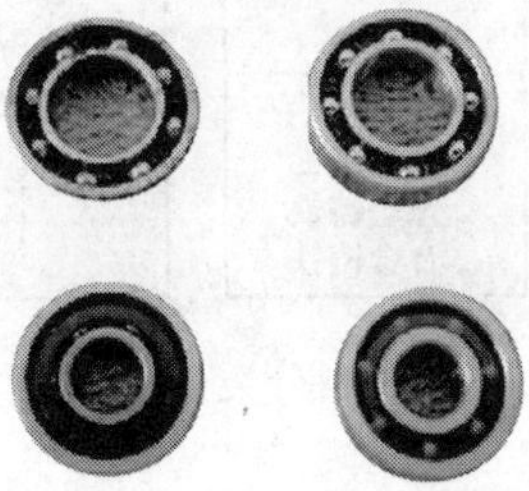 | 滚动轴承钢 |
| 油管接头 | 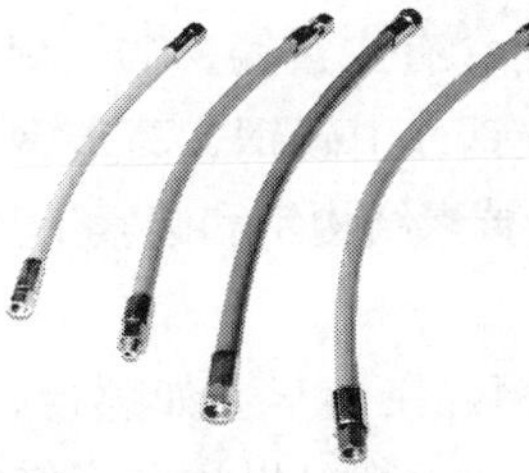 | 黄铜 |
| 气缸盖螺栓 | 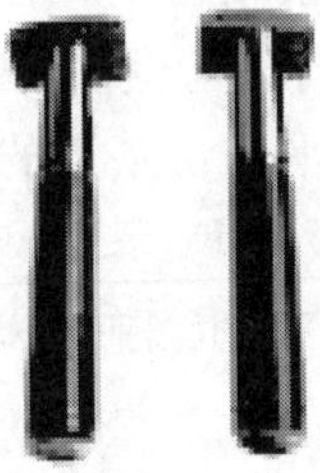 | 普通碳素结构钢 |

## 二、金属材料

汽车上采用的金属材料主要有钢铁材料和有色金属，其分类如图 13-1 所列。

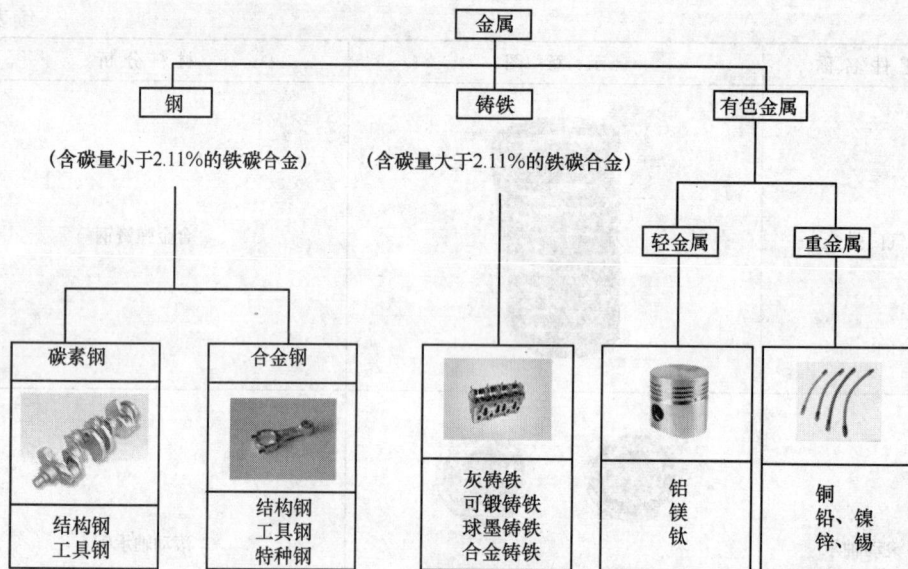

图 13-1　金属材料分类

### 1. 碳素钢

碳素钢主要含有铁和碳两种元素，还含有少量锰、硅、硫、磷、氧、氮等特意加入的元素。碳素钢根据含碳量可分为低碳钢、中碳钢、高碳钢；根据质量可分为普通钢、优质钢、高级优质钢；根据用途分为碳素结构钢和碳素工具钢。

（1）碳素结构钢

碳素结构钢是应用非常广泛的一类钢，在汽车上如螺栓、螺母、开口销、铆钉、齿轮、油底壳、油箱、凸轮轴、曲轴、弹簧等都可以用碳素结构钢来制造。碳素结构钢根据质量可分为普通碳素结构钢和优质碳素结构钢。普通碳素结构钢的牌号由代表钢材屈服点的字母、屈服强度值、质量等级符号、脱氧方法等四个部分按顺序组成；优质碳素结构钢的牌号用两位数字表示钢中平均含碳量的万分数。如 Q235—AF 表示的含义：Q 代表屈服点，235 表示钢材的屈服强度 $\sigma_S \leqslant 235\text{MPa}$，A 表示质量等级为 A 级，F 表示脱氧方法为沸腾钢。08 钢表示的含义是钢中平均含碳为 0.08%。

（2）碳素工具钢

碳素工具钢一般都经热处理，有较高的硬度和高耐磨性，广泛应用于制造各种刃具、模具和量具。根据硫、磷含量的不同，碳素工具钢可分为优质碳素工具钢和高级优质碳素工具钢，其牌号是拼音字母"T"加数字表示，其中 T 表示碳素工具钢，数字表示含碳量的千分数，若为高级优质碳钢则在牌号后加"A"，如 T8 表示平均含碳量为 0.8% 的优质碳素工具钢。

**2. 合金钢**

合金钢就是在碳钢的基础上加入其他元素的钢。常用的合金元素有硅、锰、镍、钨、钛、硼等，合金元素在钢中的作用，是通过与钢中的铁和碳发生作用，合金元素之间的相互作用以及影响钢的组织和组织转变过程，从而提高钢的力学性能，改善钢的热处理工艺性能和使其获得某些特殊性能。合金钢根据用途可以分为合金结构钢、合金工具钢和特殊性能钢。

（1）合金结构钢

合金结构钢用于制造重要工程构件和机器零件，是合金钢中用途最广、用量最大的一种钢。按用途的不同，合金结构钢可分为以下四种。

1）合金渗碳钢。合金渗碳钢主要用于制造既要有优良的耐磨性、耐疲劳性，又要承受冲击载荷的作用而有足够高的韧性和强度的零件，如在汽车上用于制造半轴齿轮、万向节十字轴等。

2）合金调质钢。合金调质钢主要用于制造承受较大循环载荷与冲击载荷或在各种复合应力下工作，具有高强度、高韧性和高塑性的零件，如汽车上的半轴、连杆、万向节叉、发动机螺栓等。

3）合金弹簧钢。合金弹簧钢主要用于制造各种弹簧和弹性元件，如气门弹簧、离合器压紧弹簧等。它利用在工作时产生的弹性变形，在各种机械中起缓和冲击、吸收振动的作用，并可利用其弹性储存能量。具有高疲劳强度、足够的塑性和韧性、良好的表面质量。

4）滚动轴承钢。滚动轴承钢用于制造各种滚动轴承的滚动体和内、外套圈，由于滚动轴承钢的化学成分和主要性能特点与低合金工具钢相近，因此也用来制造各种工具（如丝锥、板牙、铰刀等）和耐磨零件（如一些量具、柴油机上喷油泵柱塞、喷油嘴的针阀等）。

合金结构钢的牌号是采用"两位数字＋元素符号＋数字"表示，前面的两位数字表示钢的平均含碳量的万分之几，元素符号表示钢中所含的合金元素，而后面数字表示该元素平均质量分数。当合金钢中的合金元素质量分数小于1.5%时，牌号中只标明元素符号，而不标明质量分数；如果质量分数大于1.5%、2.5%、3.5%等，则相应地在元素符号后面标上2、3、4等；高级优质钢，则在钢号的最后加符号"A"表示。例60Si2Mn表示的含义：60表示平均含碳量为0.6%；Si2表示平均含硅量为2%；Mn表示平均含锰量小于1.5%的合金钢。

（2）合金工具钢

合金工具钢按用途可分为以下三种。

1）合金刃具钢。合金刃具钢可分为低合金刃具钢和高速钢。低合金刃具钢是在碳素钢的基础上加入少量合金元素而形成的一类钢，应具有高硬度、高耐磨性、高淬透性、变形小等性能，主要用于制造切削速度较低的工具、刃具等，如丝锥、板牙、钻头、铰刀、刮刀等，也常用作冷冲模。高速钢属于高碳合金钢，具有高热硬性、高耐磨性、高硬度，足够的强度和韧性。主要用于制造切削速度较高的刃具（如车刀、钻头等），以及形状复杂、负荷较重的成形刀具（如铣刀、拉刀等）。此外，高速钢还可用于制造冷冲模、冷挤压模以及某些耐磨零件。

2）合金模具钢。合金模具钢主要用于制造各种金属成型用的工、模具，一般分为冷变形模具钢和热变形模具钢。冷变形模具钢应具有高硬度、高耐磨性、足够的韧性和抗疲劳能力及较小的热处理变形倾向，主要用于使金属在冷态下变形的模具，如冷冲模、冷挤压模等。热变形模具钢应具有在高温下能保持足够的强度、韧性和耐磨性，以及较高的抗热疲劳性和导热性，主要用于使金属在高温下成型的模具，如热锻模、压铸模等。

3）合金量具钢。合金量具钢应具有高硬度、高耐磨性和高的尺寸稳定性及足够的韧性，还要求具有良好的磨削加工性，主要用于制造各种量具，如游标卡尺、千分尺、塞尺、样板等。

合金工具钢的牌号表示方法与合金结构钢相似，其区别在于含碳量的表示方法：当含碳量小于1.0%时，首部只用一位数字表示平均含碳量的千分之几；当含碳量大于或等于1.0%时，首部数字则不予标出。例 9SiCr 表示的含义：9 表示平均含碳量为0.9%；SiCr 表示平均含硅量和平均含铬量均小于1.5%的合金钢。高速钢和其他一些高合金钢，即使含碳量小于1.0%，也不标注含碳量。

(3) 特殊性能钢

特殊性能钢是指具有特殊物理、化学性能的钢，一般包括以下三种。

1）不锈钢。不锈钢是指在腐蚀介质中具有高的抗腐蚀能力的钢，在汽车上主要用于制造汽轮机叶片，水压机阀、弹簧、轴承、管道、储槽、容器等。

2）耐热钢。耐热钢是指在高温下不发生氧化并有较高强度的钢，通常分为抗氧化钢和热强钢。抗氧化钢有较好的铸造性，用来制造铸件。热强钢主要用于制造发动机的排气门。

3）耐磨钢。耐磨钢是指具有较高耐磨性能的钢，主要用于制造拖拉机履带、挖掘机的铲齿等。

特殊性能钢的牌号表示方法与合金工具钢基本相同，首部的数字表示平均含碳量的千分之几，当平均含碳量小于千分之一时，用"0"表示。

3. 铸铁

铸铁具有良好的铸造性、耐磨性、减振性和切削加工性，生产简单，价格便宜，经合金化后具有良好的耐热性或耐蚀性，因此，铸铁在工业生产中得到了广泛的应用。由于铸铁的塑性、韧性较差，因此只能用铸造加工方法成形零件，而不能用压力加工方法成形零件。根据碳在铸铁中的存在形式不同，铸铁可以分成以下五种。

1）白口铸铁。白口铸铁中的碳几乎全部以渗碳体的形式存在，断口呈白亮色，性能硬而脆，不易切削加工，很少用来制造零件。

2）灰铸铁。灰铸铁是在碳钢的基体上分布着一些片状石墨，虽然降低了铸铁的力学性能，但有优良的铸造性能、良好的切削加工性、良好的耐磨性和减振性能。因此，灰铸铁是应用最广泛的一种铸铁，对于形状复杂的零件，如机床床身，汽车上的气缸盖，气缸体，变速器体等均可采用灰铸铁制造。

灰铸铁的牌号以"HT加数字"表示，其中"HT"是"灰"与"铁"的汉语拼音的第一个字母，字母后的数字表示最低抗拉强度（单位为MPa）。例HT25表示的含义是抗拉强度不小于250MPa的灰铸铁。

3）可锻铸铁。可锻铸铁是将一定成分的白口铸铁经过退火处理，使渗碳体分解，形成团絮状石墨的铸铁。与灰铸铁相比，可锻铸铁不仅有较高的强度，而且有较好的塑性和韧性，并由此得名"可锻"。可锻铸铁适用于制造一些形状复杂、强度和韧性要求较高的薄截面零件，如汽车的后桥壳、轮毂、制动踏板、钢板弹簧支架等。

可锻铸铁的牌号由三个字母和两组数字表示，前两个字母为"KT"，即"可铁"的汉语拼音的第一个字母，第三个字母是类别的代号，"H"和"Z"分别表示"黑"心和"珠"光体的可锻铸铁，其后的数字分别表示抗拉强度和延伸率。例KTH350—10，其中"KTH"表示黑心可锻铸铁，"350"表示抗拉强度不低于350MPa，"10"表示延伸率不小于10%。

4）球墨铸铁。铁水经过球化处理而使石墨大部或全部呈球状（有时团絮状）的铸铁，称为球墨铸铁。球墨铸铁的力学性能比灰铸铁和可锻铸铁都高，其抗拉强度、塑性、韧性与相应基体组织的铸钢相近。球墨铸铁兼有铸铁和钢的优点，因而得到广泛应用。它可以用来代替碳钢、合金钢、可锻铸铁等材料，制成受力复杂，强度、硬度、韧性和耐磨性要求较高的零件，如柴油机曲轴、减速箱齿轮以及轧钢机轧辊等。球墨铸铁的牌号由"球铁"两字的汉语拼音字母的字头"QT"及两组数字组成。两组数字分别代表其最低抗拉强度和延伸率。例如QT400—18，"QT"表示球墨铸铁，"400"表示最小抗拉强度值为400MPa，"18"表示延伸率最小值为18%。

5）合金铸铁。在合金铸铁或球墨铸铁中加入一定量的合金元素的铸铁称为合金铸铁。与特殊性能钢相比，合金铸铁熔炼简便，成本较低，脆性大，综合性能不如钢。常用合金铸铁包括耐磨铸铁、耐热铸铁和耐蚀铸铁，一般在汽车上用来制造活塞环、凸轮轴、炉子传送链构件、挺柱、阀门等零件。

4. 有色金属及合金

除铁以外的所有金属，以及铁不作为主要合金成分的所有金属合金，均属于有色金属。有色金属可按密度大小分为两类：轻有色金属和重有色金属。铝、镁、钛等是轻有色金属，铜、镍、铬等是重有色金属。

（1）铝及铝合金

铝是一种具有银白色外观的轻金属。在大气中，铝表面生成一层致密而坚固的氧化物薄膜，因此铝的耐腐蚀能力很强，同时具有导热性好、导电性好、冷变形和热变形性能好、铸造性能好、切削加工性能好的特点。

在铝中加入某些合金元素可使其性能（特别是强度和硬度）得以改善，以适应各种负荷的要求。主要合金元素有镁、铜、锌、锰、硅。按铝合金的加工工艺方法，可将铝合金分为塑性铝合金和铸造铝合金两类。塑性铝合金的主要合金元素是镁，可用于制造载重汽车车身。铸造铝合金的主要合金元素是硅，可用于制造小轿车车轮。

（2）铜及铜合金

铜是一种具有红色外观的重金属，也很容易与其他金属形成合金。具有良好的导电性、导热性，良好的化学稳定性，变形性能好，钎焊性能和焊接性能好。但纯铜的强度不高，硬度较低，且价格昂贵，为贵金属。一般不直接用纯铜制造各种构件，常用铜合金。在铜中加入某些合金元素可以改善铜的铸造性能、切削性能和强度。主要合金元素有、锡和铅。在汽车中常用以下铜合金：铜锌合金（黄铜）、铜锡合金（锡青铜）、铜锡铅合金（铅青铜）。在汽车上同步器变速箱的同步器齿环由特种黄铜制成，蜗杆滚轮式转向器中转向滚轮的材料采用锡青铜，凸轮轴轴承由钢制瓦背浇铸铅青铜制成。

（3）轴承合金

轴承合金是用来制造滑动轴承的材料，根据滑动轴承的工作条件，轴承合金必须具有高的抗压强度和疲劳强度，足够的塑性和韧性，良好的磨合能力、减摩性和耐磨性，除此，还应符合便于加工制造、价格低廉等要求。常用的轴承合金有锡基、铅基、铝基、铜基等轴承合金。在汽车上高速、重载下的重要轴承采用锡基轴承合金，中等负荷的轴承采用铅基轴承合金，用于较大压力与速度场合的汽车、内燃机车轴承采用铝基轴承合金，用于承受高载荷、高速度及高温下工作的轴承采用铜基轴承合金。

## 工作页

**发动机结构认识工作页**

| 序号 | 零件名称 | 采用材料 | 材料分析 |
| --- | --- | --- | --- |
| 1 | | | |
| 2 | | | |
| 3 | | | |
| 4 | | | |

续表

| 序号 | 零件名称 | 采用材料 | 材料分析 |
|---|---|---|---|
| 5 | | | |
| 6 | | | |
| 7 | | | |
| 8 | | | |
| 9 | | | |
| 10 | | | |
| 11 | | | |
| 12 | | | |
| 13 | | | |

## 课堂练习

1. 简述发动机曲柄连杆机构中汽缸盖、连杆、活塞、活塞环、活塞销、轴瓦、曲轴、飞轮等零件的材料分别是什么？
2. 识别材料牌号：Q235AF，QT400-18、35、HT200 等。
3. 画出金属材料分类结构图。

## 任务评测

| | 检测项目 | 评分标准 | 分值 | 学生自评 | 教师评估 |
|---|---|---|---|---|---|
| 任务知识内容 | 发动机零件名称的掌握 | 要求会正确描述 | 5 | | |
| | 黑色金属与有色金属的区别 | 要求能描述并能进行区别 | 5 | | |
| | 了解碳钢、合金钢、铸铁之间联系与区别 | 要求会描述，并能进行区分 | 5 | | |
| | 了解碳素钢的分类 | 要求理解并能描述 | 5 | | |
| | 碳素结构钢的牌号的解释 | 要求理解并能解释 | 5 | | |
| | 碳素工具钢的牌号的解释 | 要求理解并能解释 | 5 | | |
| | 了解合金钢的分类 | 要求理解并能描述 | 5 | | |
| | 合金结构钢的牌号的解释 | 要求理解并能解释 | 5 | | |
| | 合金工具钢的牌号的解释 | 要求理解并能解释 | 5 | | |

233

续表

| 检测项目 | 评分标准 | 分 值 | 学生自评 | 教师评估 |
|---|---|---|---|---|
| 了解铸铁的分类 | 要求理解并能描述 | 5 | | |
| 灰铸铁的牌号的解释 | 要求理解并能解释 | 5 | | |
| 可锻铸铁牌号的解释 | 要求理解并能解释 | 5 | | |
| 球墨铸铁牌号的解释 | 要求理解并能解释 | 5 | | |
| 铝合金种类的了解 | 要求能描述 | 5 | | |
| 铜合金种类的了解 | 要求能描述 | 5 | | |
| 轴承合金种类的了解 | 要求能描述 | 5 | | |
| 能在汽车上找出碳钢、合金钢、铸铁制造的典型零件 | 能区分，并能找出典型零件 | 10 | | |
| 安全规范操作 | 操作中严格遵守安全守则 | 10 | | |

注：表格最左侧纵向合并单元格为"任务知识内容"。

## 知识拓展

**铁与钢是怎么样炼成的？**

炼铁和炼钢的主要原料有：铁矿石、焦炭、石灰石、空气。

### 一、炼铁的过程

1）把铁矿石、焦炭、石灰石按一定比例配成炉料，从炉顶进料口分批加入炉内，同时把预热过的空气从炉腹底部的进风口鼓入炉内。

2）因为热的气体由下上升，炉料由上下落，它们在炉内能够充分接触，使反应得以顺利进行，同时又能使炉料逐步预热，使热能得以充分利用。在进风口附近，焦炭遇热空气燃烧生成二氧化碳，并放出大量的热。二氧化碳气体上升，跟炽热的焦炭反应，生成一氧化碳。一氧化碳气体上升，跟从炉顶不断装入并逐步下降的铁矿石接触。在炉身中部，绝大部分铁的氧化物被一氧化碳还原成铁。

3）在冶炼过程中，混在铁矿石里的锰、硅、硫、磷等元素也会被碳或一氧化碳从它们的化合物中还原出来。少量的碳、锰、硅、硫、磷等在高温下熔合在铁里，成为生铁。生铁的熔点（1100～1200℃）比纯铁的熔点（1535℃）低得多。

4）铁矿石里除了铁的氧化物外，还含有难熔化的脉石，如果不把它们除去，就会影响生铁的冶炼。加入的石灰石是作为溶剂用来除去脉石的。因为石灰石在高温下分解出的氧化钙，能跟脉石里的二氧化硅起反应而生成熔点较低的硅酸钙，从矿石里分离出来。

## 二、炼钢的过程

炼钢是根据所炼钢种的要求，把生铁中的含碳量去除到规定范围，并使其他元素的含量减少或增加到规定范围的过程。简单地说，炼钢是对生铁降碳、去硫磷、调硅锰含量的过程。这一过程基本上是一个氧化过程，是用不同来源的氧（如空气中的氧、纯氧气、铁矿石中的氧）来氧化铁水中的碳、硅、锰等元素。化学反应主要为

$$2FeO + Si = 2Fe + SiO_2$$
$$FeO + Mn = Fe + MnO$$

反应生成的一氧化碳很容易从铁水排至炉气中而被除掉。生成的二氧化硅、氧化锰、氧化亚铁互相作用成为炉渣浮在钢水面上。生铁中硫、磷这两种元素在一般情况下对钢是有害的，在炼钢过程中必须尽可能除去。在炼钢炉中加入生石灰（CaO），可以去除硫、磷，反应式为

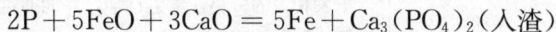

$$2P + 5FeO + 3CaO = 5Fe + Ca_3(PO_4)_2 (入渣)$$

在使碳等元素降到规定范围后，钢水中仍含有大量的氧，是有害的杂质，使钢塑性变坏，轧制时易产生裂纹。故炼钢的最后阶段必须加入脱氧剂（例如锰铁、硅铁和铝等），以除去钢液中多余的氧，反应式为

$$Mn + FeO = MnO + Fe$$
$$Si + 2FeO = SiO_2 + 2Fe$$
$$2Al + 3FeO = Al_2O_3 + 3Fe$$

同时调整好钢液的成分和温度，达到要求后可出钢，把钢水铸成钢锭。

炼钢的方法主要有转炉、电炉和平炉三种。平炉炼钢的主要特点是可搭用较多的废钢（可搭用钢铁料的 20%～50% 的废钢），原料适应性强，但冶炼时间多。我国目前主要采用平炉炼钢。转炉炼钢广泛采用氧气顶吹转炉，生产速度快（1 座 300t 的转炉吹炼时间不到 20min，包括辅助时间不超过 1h，而 300t 平炉炼 1 炉钢要 7h），品种多、质量好，可炼普通钢，也可炼合金钢。电炉炼钢是用电能作为热源进行冶炼。可以炼制化学工业需要的不锈耐酸钢，电子工业需要的高牌号硅钢、纯铁，航空工业需要的滚珠钢、耐热钢，机械工业用的轴承钢、高速切削工具钢，仪表工业需要的精密合金等。

# 任务二 汽车内、外饰件的认识

## 任务分析

汽车发动机的组成零件除了由金属制造之外，很多零件为了满足汽车轻量化的要

求，耐腐蚀的工作环境要求和特殊结构作用的要求不同，采用了不同的非金属材料，本任务通过对汽车内外饰件中非金属材料的认识，让学生了解各非金属材料的性能、分类、特点和用途，并能正确识别和选用不同的非金属材料。

## 简述任务

1）认识汽车各种不同的内外饰件。

2）区分不同零件的非金属材料。

## 任务教学方式

| 教学步骤 | 时间安排 | 教学方式 |
|---|---|---|
| 阅读教材 | 课余 | 下发相关的资料让学生自学，并能通过相互讨论、上网查询等做好相关的预习工作 |
| 知识点讲授 | 学时数 2 | 结合多媒体课件演示，并通过一些实物的展示，让学生掌握汽车内饰件的相关知识 |
| 任务操作 | 学时数 1 | 让学生分组，通过对汽车整车的内外饰件的观察和分析，比较不同零件采用了哪些不同的非金属材料，让学生边观察边比较，通过积极思考让学生掌握非金属材料相关的知识 |

## 任务准备

准备 1：相关的教室、课件、实训室准备。

准备 2：学生分组，每组 8 人，要求正确穿戴工作服，确定每位学生的学习工位。

准备 3［器材准备（每组）］：整车一辆。

注意：操作前先观看多媒体演示，初步了解汽车中的内外饰件和它们的组成材料，然后学生分组逐一进行各内饰件材料的辨别。

## 任务实施

### 一、汽车内、外饰件的认识（整车）

汽车内、外饰件如表 13-2 所列。

表 13-2　汽车内、外饰件

| 零件名称 | 示意图 | 材料分析 |
| --- | --- | --- |
| 前保险杠 | | 塑料 |
| 前挡风玻璃 | | 玻璃 |
| 刮水条 | | 橡胶 |
| 轮胎 | | 橡胶 |
| 车尾灯灯罩 | | 塑料 |

续表

| 零件名称 | 示 意 图 | 材料分析 |
|---|---|---|
| 车门封条 | | 橡胶 |
| 仪表板 | | 塑料 |
| 转向盘 | | 塑料 |
| 遮阳板 | | 塑料＋皮革 |
| 座椅 | | 皮革 |

续表

| 零件名称 | 示意图 | 材料分析 |
|---|---|---|
| 半轴护套 |  | 橡胶 |
| 火花塞 |  | 陶瓷 |

## 二、非金属材料

汽车上采用的非金属材料主要有无机材料和有机材料，其分类如图 13-2 所列。

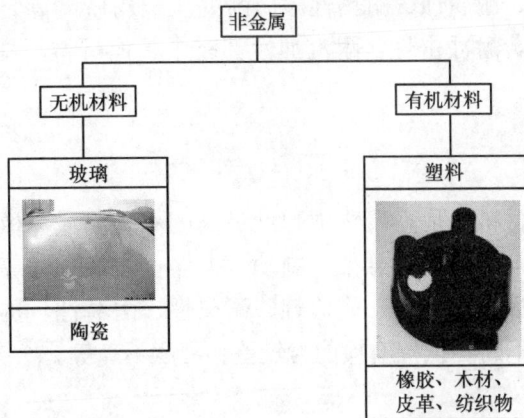

图 13-2　汽车上常用非金属材料分类

### 1. 塑料

塑料在汽车制造行业具有非常重要的地位，在当今的每一辆现代化汽车上都会有 1000 多个塑料零件，这些零件由大约 600 种各不相同的、并且几乎全部是由为特殊用途而专门生产的塑料组成。塑料具有质量小、吸水率小，化学稳定性和抗腐蚀性好，良好的绝缘性，优良的耐磨、减摩性能和自润滑性，以及优良的减振性和消声性等特点。

（1）塑料的组成

塑料是通过化学方法从石油中获得的。塑料主要由树脂和添加剂两大部分组成。树脂一般包括天然树脂和合成树脂，添加剂包括填料和增强材料、填充剂、增塑剂、固化剂、着色剂、稳定剂、润滑剂、抗静电剂、发泡剂、阻燃剂。

（2）塑料的分类

塑料的品种很多，有不同的分类方法。塑料常用的分类方法有两种：一种是按其热性能和成形特点分为热塑性塑料和热固性塑料；另一种是按应用范围不同分为通用塑料和工程塑料。汽车上常用的塑料有聚乙烯（PE）、聚丙烯（PP）、ABS树脂（ABS）、尼龙树脂（PA）、聚氯乙烯（PVC）、酚醛树脂（PE）和球氧树脂（EP）等。

（3）塑料在汽车上的应用

1）塑料在汽车内装件上的应用。聚丙烯（PP）由于价格低，在内饰件上得到了广泛应用。ABS树脂的强度高，刚性好，耐高温，易于将装饰材料和软质表面黏结在一起，能降低成本。仪表板较多地使用ABS树脂。

2）塑料在汽车外饰件上的应用。普通车以聚丙烯（PP）保险杠为主，高级车以玻璃纤维复合聚氨酯保险杠为主。

3）塑料在汽车结构件上的应用。分电器盖和分火头要求有良好的绝缘性能，同时还要求有足够的强度、耐腐蚀、耐热性，而酚醛压塑粉就能满足这些要求。采用聚乙烯或尼龙制成的油箱，耐冲击性、耐汽油性都高于其他材料，具有加工时成形方便等优点，而被逐渐应用。

### 2. 橡胶

橡胶属于高分子材料，是高聚物中弹性最高的一种物质。橡胶制品广泛分布于汽车发动机及附件、传动、转向、悬架、制动、电器仪表及车身等系统内。橡胶具有弹性高，良好的热可塑性、黏着性、耐镀性、耐热性、耐磨性、抗酸和抗碱的优点。橡胶的缺点是抗拉强度不高、抵抗磨损能力较差和硬度不高等。

（1）橡胶的组成

橡胶主要由生胶、配合剂、增强材料等组成。其中，配合剂主要包括硫化剂和硫化促进剂，增塑剂，防老化剂，填充剂等。

（2）橡胶的分类

橡胶按生胶的来源不同可分为天然橡胶和合成橡胶两种。

1）天然橡胶：是由橡胶树的液状乳汁经采集和适当加工而成。

2）合成橡胶：是由某些低分子化合物作原料，经过复杂的化学反应制成。合成橡胶按其性能和用途可以分为通用橡胶和特种橡胶两大类。

用于制造轮胎和其他一般橡胶制品，且性能与天然橡胶相近的合成橡胶，称为通用合成橡胶；专供耐热、耐油、耐寒、耐化学腐蚀等橡胶制品，且具有特殊性能的合成橡胶，称为特种合成橡胶。合成橡胶比天然橡胶的种类更多。

橡胶在汽车上得到广泛的应用，用来制造轮胎、胶带、胶管、减振零件、油封、门窗嵌条、密封件、内胎、橡胶弹簧、输油管等零件。

### 3. 陶瓷

陶瓷是无机非金属固体材料，陶瓷具有很高的抗压强度和硬度，优良的耐高温、耐磨损、抗氧化性能，隔热性和耐蚀性好等一系列优点。缺点是质脆，受力后不易产生塑性变形，韧性低，成形加工时间长，急冷急热时性能较差等缺点。

陶瓷一般可分为传统陶瓷和精细陶瓷两种。

（1）传统陶瓷

传统陶瓷是以天然的硅酸盐矿物（如黏土、长石、石英）为原料制成的，又称为硅酸盐陶瓷，主要用于日用、建筑、卫生陶瓷制品以及低压、高压电瓷，耐酸及过滤陶瓷等。

（2）精细陶瓷

精细陶瓷是采用高强度，超细粉末原料，经过特殊的工艺加工，得到结构精细且具备各种功能的无机非金属材料。精细陶瓷按其用途可分为工程陶瓷（如氧化铝、氧化锆、氧化硅等）和功能陶瓷。这类陶瓷在汽车上的应用有两个方面：一方面用于功能材料，如氧传感器、水温传感器等，另一方面用于结构性部件，如火花塞、隔热板、活塞等。

### 4. 复合材料

复合材料是由多种性质不同的材料组成并结合在一起而形成的一种材料，复合材料中各组成材料的性质并未发生变化，通过人工复合而成的一种新型材料。复合材料组合了各组成材料所具有的优良性能，同时又消除了各组成材料原有的缺陷，汽车上采用的复合材料主要有纤维增强塑料（FRP），纤维增强陶瓷（FRC）和纤维增强金属（FRM）。汽车车身、切削刀具、齿轮等汽车零件和刀具都有使用复合材料制造的。

### 5. 粘接剂

粘接剂又称胶粘剂或黏合剂，是能把相同或不同的材料牢固地黏合在一起的物质，它以富有黏性的物质为基础加入各种添加剂而制成。

粘接与铆接、焊接、螺栓连接相比，具有如下优点：粘接接头应力分布均匀，有良好的疲劳强度，重量轻，可连接各种不同材料；粘接接头具有优异的密封、绝缘和抗腐蚀性能等优点。但粘接也存在如下缺点：粘接接头抗剥离强度、不均匀扯离强度和冲击韧度较低，粘接质量检查困难，粘接剂的老化问题，耐热性差等。在汽车上离合器摩擦片、玻璃撑条、皮革顶棚、后组合灯等都用到粘接剂。

## 工作页

### 汽车内、外饰件的认识的工作页

| 序　号 | 零件名称 | 采用材料 | 材料分析 |
|---|---|---|---|
| 1 | | | |
| 2 | | | |
| 3 | | | |
| 4 | | | |
| 5 | | | |
| 6 | | | |
| 7 | | | |
| 8 | | | |
| 9 | | | |
| 10 | | | |

## 课堂练习

1. 简述汽车内、外饰件中保险杠、挡风玻璃、雨刮条、轮胎、座椅、火花塞等材料分别是什么？
2. 画出非金属材料分类结构图。

## 任务评测

| | 检测项目 | 评分标准 | 分　值 | 学生自评 | 教师评估 |
|---|---|---|---|---|---|
| 任务知识内容 | 非金属种类的掌握 | 要求会正确描述 | 5 | | |
| | 了解塑料的特点 | 要求会正确描述 | 5 | | |
| | 塑料种类的区别 | 要求会正确描述 | 5 | | |
| | 用塑料制造零件的识别 | 要求能描述并能进行区别 | 10 | | |
| | 了解橡胶的特点 | 要求会正确描述 | 5 | | |
| | 橡胶种类的区别 | 要求会正确描述 | 5 | | |
| | 用橡胶制造零件的识别 | 要求能描述并能进行区别 | 10 | | |
| | 了解陶瓷的特点 | 要求会正确描述 | 5 | | |

续表

| | 检 测 项 目 | 评 分 标 准 | 分 值 | 学生自评 | 教师评估 |
|---|---|---|---|---|---|
| 任务知识内容 | 用陶瓷制造零件的识别 | 要求能描述并能进行区别 | 5 | | |
| | 了解复合材料的特点 | 要求理解并能描述 | 5 | | |
| | 用复合材料制造零件的识别 | 要求能描述并能进行区别 | 5 | | |
| | 了解粘接的特点 | 要求理解并能描述 | 5 | | |
| | 了解汽车上粘接的运用 | 要求能识别和简单分析 | 5 | | |
| | 汽车内、外饰件的了解 | 要求能描述 | 5 | | |
| | 汽车上典型非金属材料内、外饰件的分析 | 要求能识别和分析 | 10 | | |
| | 安全规范操作 | 操作中严格遵守安全守则 | 10 | | |

## 知识拓展

### 烧 结 材 料

烧结材料由金属材料或非金属材料组成，或者由金属材料和非金属材料共同组成，并经过以下加工步骤而制成。

1. 粉料生产

将金属、金属氧化物或金属的碳化物粉碎成粉末，并根据材料的用途和性能要求，按一定比例配制成粉料。

2. 压制成形

通过压制将加工好的粉料制成坯体。

3. 烧结

将成形的坯体加热到其熔点以下的某一温度，此温度下粉末微粒相互黏结而形成硬的组。

烧结材料也称复合材料。

烧结材料在汽车上的应用如表13-3所列。

表 13-3 烧结材料在汽车上的应用

| 零 件 | 材 料 |
|---|---|
| 由高熔点材料制成的零件 | 卤素灯的灯丝由钨制成，钨的熔点为 3380℃。钨可以很好地通过烧结进行加工 |
| 由多孔材料制成的零件 | 滤清器的滤芯采用有较大气孔容积的青铜经烧结制成，可用于过滤润滑油。过滤细度小于 0.3mm |
| 由金属和非金属共同组成的零件 | 在液态下石墨和铜不能相互混合。通过单一材料烧结工艺可以制成电动机的电刷 |
| 直接成形的无切削零件 | 用纯铁以及钢、铜、铝的合金可经烧结制成对尺寸和形状均有较高精度要求的结构零件，例如油泵的内齿轮和外齿轮 |

# 任务三　更换汽车发动机机油

## 任务分析

运行材料是汽车正常行驶的根本保证，正确、合理地选用汽车的运行材料，能提高发动机工作的可靠性、经济性，并能延长汽车的使用寿命，减缓零部件的磨损。

## 简述任务

1）会正确进行汽车机油更换的规范操作。
2）熟悉汽车用燃油、润滑油的牌号规定和性能。

## 任务教学方式

| 教学步骤 | 时间安排 | 教学方式 |
|---|---|---|
| 阅读教材 | 课余 | 自学、查资料、相互讨论、上网查询 |
| 知识点讲授 | 学时数 2 | 在汽车运行材料的知识讲解中，充分利用实物进行教学，让学生掌握汽车实际使用的一些重要运行材料及其特点 |
| 任务操作 | 学时数 2 | 通过动手操作，了解汽车机油更换的实际操作，让学生边练边学，增加感性认识，通过教师的指导，更深入地掌握汽车运行材料的相关知识 |

## 任务准备

准备1：学生正确穿戴工作服，按指令列队依次进入实训工场，并在操作工位前立正待命；把相关工具、设备放置在指定位置。

准备2：学生分组，每组6人。

准备3〔器材准备（每组）〕：①轿车一辆；②放油筒一个；③14mm梅花扳手一把；④抹布若干；⑤机油若干。

注意：操作前先观看多媒体演示和教师的示范操作，学生按照教师的统一指令进行，有步骤的完成拆装任务。

## 任务实施

### 一、更换汽车发动机机油

更换汽车发动机机油步骤如表13-4所列。

表13-4　更换汽车发动机机油

| 步　骤 | 示　意　图 | 说　　明 |
|---|---|---|
| 1 | | 车辆上架举升，举升时注意四周的安全 |
| 2 | | 将放油筒推到发动机油底壳的正下方，注意油筒的位置，要在油底壳放油螺栓稍稍后面一点，以防止刚刚放油的时候，油的压力过大会流出放油筒 |
| 3 | | 用梅花扳手旋松排放塞螺栓，一手拿一块布，另一只手去旋出排放塞螺栓，放出机油。在旋松排放塞螺栓的时候必须一次性均匀用力旋松，不能用冲击力。<br>在旋松排放塞螺栓的过程中，注意，当旋到排放塞螺栓快要出来的时候，要控制好排放塞螺栓，用力顶住。当完全松掉的时候要迅速将排放塞从油底壳中拿出来 |

| 步　骤 | 示　意　图 | 说　　明 |
|---|---|---|
| 4 | | 机油放干净后旋上排放塞螺栓，擦拭干净。放油筒放回原位 |
| 5 | | 放下车辆。打开发动机 |
| 6 | | 　旋开机油加注口盖，加入适量的机油，加注机油时要随时检查机油液位 |
| 7 | | 旋上机油加注口盖，起动发动机，运行2～3分钟，再次检查机油是否符合标准 |

续表

| 步 骤 | 示 意 图 | 说 明 |
|-------|----------|-------|
| 8 | | 再次举升车辆，检查有无漏油 |
| 9 | | 放下车辆，整理好相关的设备工具，做好"5S"规范 |

## 二、汽车运行材料

### 1. 汽车燃料

汽车燃料主要有汽油和柴油，此外，还有一些正在开发中的代用燃料，如天然气、石油气、氢气等。

（1）汽油

1）车用汽油的牌号。汽车用汽油的常用牌号主要有 90 号、93 号、95 号和 97 号。

2）汽车用汽油的性能指标。汽油的性能指标有挥发性、抗爆性、安定性、防腐性和清洁性等，其中以抗爆性最为重要。汽油的抗爆性是反应汽油在发动机气缸内燃烧时，防止产生"爆燃"的能力。抗爆性用辛烷值评定，汽油的牌号越高，辛烷值也越高，其抗爆性就越好。

3）车用汽油的选择依据：①根据汽车使用说明书选择；②根据发动机压缩比选择；③根据车辆使用工况选择；④根据车辆技术状况选择。

（2）柴油

1）汽车用柴油的牌号。车用柴油的牌号是按凝点划分，共分为 10 号、5 号、0 号、−10 号、−20 号、−35 号、−50 号七个牌号，其凝点分别不高于 10℃、5℃、0℃、−10℃、−20℃、−35℃、−50℃。

2）汽车用柴油的性能指标。柴油的性能指标有发火性、低温流动性、黏度、防腐性和清洁性，其中以发火性最为重要。

轻柴油的发火性用十六烷值评定，十六烷值越高，燃烧性越好，燃烧越平稳，越容易起动，工作越柔和；但十六烷值过高，影响柴油的低温流动性、喷雾和蒸发等性能，致使燃烧不完全，降低发动机功率，增加油耗。

3）汽车用柴油的选择。由于柴油的冷凝点与实际使用温度之间有较强的对应关系，气温是选择汽车用柴油的主要依据，应根据当地不同季节，选用不同牌号的柴油。为保证在最低气温时不致凝固，凝点应高于当地最低气温 4～6℃，如表 13-5 所列。

表 13-5　汽车用柴油参照气温选用表

| 选用牌号 | 5 号 | 0 号 | —10 号 | —20 号 | —35 号 | —50 号 |
|---|---|---|---|---|---|---|
| 适用最低气温/℃ | 8 | 4 | —5 | —14 | —29 | —44 |

**2. 汽车用润滑材料**

**（1）机油**

发动机是汽车的心脏，发动机内有许多相互摩擦运动的金属表面，这些部件运动速度快、环境差，工作温度可达 400～600℃。在这样恶劣的工况下，只有合格的润滑油才可降低发动机零件的磨损，延长使用寿命。

1）机油的作用如下。

•润滑减磨。需要在两个滑动表面间建立油膜，从而达到减少磨损的目的。

•冷却降温。机油能够将热量带回机油箱再散发至空气中帮助散热器（俗称水箱）冷却发动机。

•清洗清洁。好的机油能够将发动机零件上的碳化物、油泥、磨损金属颗粒通过循环带回机油箱，通过机油的流动，冲洗了零件工作面上产生的脏物。

•密封防漏。如机油可以在活塞环与活塞之间形成一个密封圈，减少气体的泄漏和防止外界的污物进入。

•防锈防蚀。机油能吸附在零件表面防止水、空气、酸性物质及有害气体与零件的接触。

•减震缓冲。当发动机气缸口压力急剧上升时，突然加到活塞、活塞销、连杆和曲轴轴承上的负荷很大，这个负荷经过轴承的传递润滑，使承受的冲击负荷起到缓冲的作用。

2）机油的性能指标如下。

机油的主要性能指标有黏度与黏温性、剪切安定性、低温黏度及低温泵送性、氧化安定性、防腐性、洁净分散性、抗磨性和起泡性等指标。其中，机油的黏度决定机油润滑性能的好坏，黏度的大小与温度有关，并成反比例关系，温度升高，机油变稀，黏度减小；温度降低，机油变稠，黏度增大，低于某一温度即凝固温度后机油凝固，失去流动性。机油容易被氧化，即老化机油被氧化后会在油中形成油漆状的、树脂状的或泥浆状的沉积物，若这些黏性沉积物覆盖在滤网上，则会堵塞机油油路，妨碍发动机正常润滑。

　　3）内燃机油的分类如下。

　　• 目前市场上的内燃机油因其基础油不同可简分为矿物油及合成油两种（植物油因产量稀少故不计）。合成机油中又分为全合成机油及半合成机油。全合成机油是最高等级的。

　　二者的差别在于：矿物机油的加工是通过蒸馏、精炼、提纯，以及在最终产物中加入矿物质和合成成分（添加剂）一系列工艺加工而成。合成机油采用石油化工方法制造，而不是借助蒸馏和精炼。合成机油使用的温度更广，使用期限更长，成本更高；同样的油膜要求，合成机油可用较低的黏度就可达成，而矿物油就需用相对于合成机油较浓的黏度才可达到如此要求。在相同的工作环境里，合成机油因为使用期限比矿物机油长很多。综合分析，使用合成机油的成本与使用矿物机油的成本相差不大。

　　• SAE分类。SAE分类（SAE为美国汽车工程师协会）是根据机油的黏度进行分类，SAE分类不表明机油的润滑性能，只表明机油可以使用的温度范围。按照SAE分类，我国内燃机油分为单级油和多级油，单级油主要有0W、5W、10W、15W、20W、25W等六个低温黏度级号和20、30、40、50、60等五个100℃运动黏度级号。其中低温黏度级号适用于冬天寒冷地区，100℃运动黏度级号适用于温度较高的地区使用。多级油主要有5W/20、5W/30、10W/30、15W/40、20W/40等牌号，其中分子（如5W）表示低温黏度等级，分母（如20）表示100℃时的运动黏度等级。多级油可以四季通用SAE分类如图13-3所示。

(a) 适合极热地区的60系列机油　　　　　　(b) 适合极冷地区的0W系列机油

图13-3　SAE分类

• API 分类。API 分类由美国石油学会与其他一些组织（ASTM 美国材料试验学会及 SAE）共同确定。API（美国石油学会）按机油的用途进行分类。按照 API 分类，我国将内燃机油划分为汽油机油（用"S"表示）和柴油机油（用"C"表示）两个系列，汽油机油分 SA～SH 等八个质量等级，柴油机油分为 CA、CB、CC、CD、CD-Ⅱ、CE、CF-4 等七个质量等级。质量等级排列越靠后，油品使用性能越好。其中 SD/CC、SE/CC、SF/CD 这三个品种的内燃机油是汽油机和柴油机通用机油。

国产机油的品种与牌号如表 13-6 所列。

表 13-6　国产机油的品种与牌号表

| 品　种 | 黏度牌号 | 备　注 |
|---|---|---|
| SC | 5W/20、10W/30、15W/40、30、40 | |
| SD（SD/CC） | 5W/30、10W/30、15W/40、30、40 | |
| SE（SE/CC） | 5W/30、10W/30、15W/40、20W/20、30、40 | A 级和 B 级内燃机油已经废除 |
| SF（SF/CD） | 5W/30、10W/30、15W/40、30、40 | |
| CC | 5W/30、5W/40、10W/30、10W/40、15W/40、20W/40、30、40、50 | |
| CD | 5W/30、5W/40、10W/30、10W/40、15W/40、20W/40、30、40 | |

4）内燃机油选用注意事项如下。

• 根据工作环境温度、发动机负荷和转速选择相应黏度等级的机油，尽量选用黏温特性好、黏度指数高的多级油。

• 汽油机油根据发动机压缩比、发动机工况的苛刻程度、附加装置、生产年代选择相应质量登记的机油。压缩比越高，要求机油的质量等级也越高。柴油机油根据发动机的强化系数选择相应质量等级的机油。强化系数越大，要求机油的质量等级也越高。

• 要根据厂家说明书所规定的要求选择内燃机油的质量等级和黏度等级。不同牌号的内燃机油不能混用混存，以免相互起化学反应。

• 高等级机油可以替代低等级机油，但低等级机油不能替代高等级机油。

• 为了保证发动机的正常工作，应保持曲轴箱通风良好、油面正常，机油如果发生变色、变味，应及时更换机油。

（2）齿轮油

1）要求齿轮油有良好的油性和极压抗磨性，适宜的黏度和良好的黏温特性，低温流动性好，良好的热氧化安定性，对机件的腐蚀性要小，抗泡沫性要好，分散热量、冷却作用好。

2）齿轮油的分类。我国按照车辆齿轮油的使用性能，把车辆齿轮油分为普通车辆齿轮油、中负荷车辆齿轮油、重负荷车辆齿轮油三种，如图 13-4 所示。

(a) 普通齿轮油　　　　　(b) 中负荷齿轮油　　　　　(c) 重负荷齿轮油

图 13-4　齿轮油分类

国产汽车齿轮油按黏度为 150Pa·s 时的最高温度和 100℃时的运动黏度，可以分为 70W、75W、80W、85W、90、140 和 250 七个黏度牌号。

3）车辆齿轮油的选择原则为：严格按照使用说明书的规定选择，根据车辆齿轮种类及传动负荷选择，根据使用条件和环境温度选择，经常处于满载高负荷状况下行驶的车辆应选用高一级齿轮油，螺旋锥齿轮必须选用双曲线齿轮油，直齿或斜齿齿轮可选用普通齿轮油。

4）齿轮油使用注意事项如下。

- 不能将低级别油应用在较高要求的车辆上。
- 齿轮油不能代替内燃机油。
- 齿轮油的牌号越高，其黏度越大，发动机的内耗也越大，燃料消耗显著增加。
- 润滑油油量过多时，搅油损失增加，过少时，润滑不良。
- 齿轮油使用寿命较长，一般在 5 万公里以上，过早换油会造成不必要的浪费。
- 不同产地、同牌号的齿轮油不能混用，换油必须趁热进行。

（3）汽车制动液

汽车制动液，如图 13-5 所示，又称刹车油或刹车液，是汽车液压制动系统中传递制动压力的液态介质。

1）对汽车制动液的性能要求。黏温性好，凝固点低，低温流动性好；沸点高，高温下不产生气阻；使用过程中品质变化小，并不引起金属件和橡胶件的腐蚀和变质。

2）国产制动液的品种、牌号和规格。国产制动液依据其平衡回流沸点，可分为 JG0、JG1、JG2、JG3、JG4、JG5 六个质量等级，序号越大平衡回流沸点越高，高温抗气阻性越好，行车制动安全性越高。

图 13-5　汽车制动液

目前国内还在使用的制动液按原料不同分类，有合成型、醇型和矿油型三种。按原石油部标准生产的合成型制动液有 4603、4603-1 和 4604 等牌号。4603 和 4603-1 号合成制动液适用于各类载货汽车的制动系。4604 则适合于高级轿车和各种汽车的制动系，醇型汽车制动液分为 1 号和 3 号两个牌号，它是以乙醇或丁醇及蓖麻油为原料，其抗阻性和低温流动性达不到要求，行车安全性差，已被淘汰。矿油型制动液牌号有良好的润滑性，无腐蚀性，但对天然橡胶有溶胀作用，相应的制动系统须配用耐矿油的橡胶件。中国的矿油型制动液分"7 号"和"9 号"两种，"7 号"用于严寒地区，"9 号"用于气温不低于－25℃的地区。

3）制动液使用注意事项如下。

● 尽可能购买长期为汽车厂提供配套制动液的生产厂家的产品，确保质量可靠，性能稳定；不同型号的制动液不能混用，以免相互间产生化学反应，影响制动效果。

● 尽量到资质合格的大型销售场所购买，以防伪劣产品；最好使用专业设备进行更换，这样才更彻底，不至于残留杂质，同时避免出现气阻。

● 在种类选择上，最好考虑选合成制动液，不要购买已淘汰的醇型制动液。

● 制动液具有吸水特性，会出现沸点降低、污染及不同程度的氧化变质，长时间不更换会腐蚀制动系统，给行车带来隐患。一般汽车行驶两年或者 4 万公里必须更换一次制动液。

● 制动液应密封存放，避免高温。

（4）发动机防冻液

现代汽车发动机与传统发动机相比，一个显著的特点就是现代发动机的运行温度高，正常的工作温度在 85～115℃之间。如果用普通水作为冷却液，发动机温度达到100℃就会沸腾"开锅"，在 0℃状态就会结冰。因此，必须采用一种特殊的冷却介质——防冻液，如图 13-6 所示，才能满足发动机冷却液的使用性能要求。

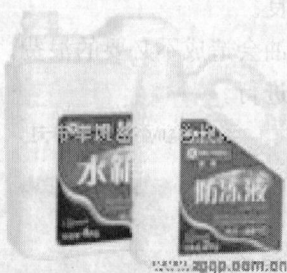

1）防冻液的指标：较低的冰点，良好的传热效果，对金属的腐蚀要小，对非金属材料（如橡胶、塑料等）无影响，低温黏度不能太大，化学安定性好，产生泡沫少，蒸发损失小。

2）防冻液的组成和性能。发动机常用防冻液的主要成分是乙二醇。乙二醇的沸点高，与水可以以任何比例互溶，同时可使水的冰点显著降低，最低可达－68℃，它与水的比例不同便可以得到不同冰点的冷却液。用乙二醇配制的冷却液的优点是沸点高，蒸发损失小；冰点低，且乙二醇的用量小，热容量大，冷却效率高；黏度小，流动性好。缺点是有毒性，对金属有腐蚀作用，并对橡胶有轻度的侵蚀。但由于其优点突出，所以目前汽车中的防

图 13-6　发动机防冻液

冻液大都是这一种，其中还加有防腐剂和染色剂。

3）乙二醇型防冻液的牌号。按SH0521—1992生产的乙二醇防冻液，按冰点不同，有－25、－30、－35、－40和－50等五个牌号，其浓缩液加入50％（以体积）的蒸馏水后，冰点不高于－37℃。

4）使用注意事项如下。

- 乙二醇对人体有毒性，使用时应严防入口。
- 乙二醇防冻液可四季使用。
- 乙二醇的沸点（197.4℃）在无渗漏的情况下，液面下降时只需补加少量水即可。如果泄漏时，一定要添加蒸馏水。
- 乙二醇价格较高，应注意节约使用，有些地区夏季不用，换下后密封保存，避免污染，可在冬季再次使用。
- 更换防冻液时，放掉旧液后，加入清水，起动发动机以高速运转10分钟进行循环清洗，停机后，放掉清洗水，再加入新液。

## 工作页

**更换汽车发动机机油工作页**

| 序　号 | 项　目 | 内　容 |
|---|---|---|
| 1 | 记录本次操作所需工量具与设备 | |
| 2 | 记录操作步骤 | |
| 3 | 操作中需注意的事项 | |
| 4 | "5S"规范执行反馈 | |
| 5 | 本次任务收获与不足 | |

### 课堂练习

1. 分组进行更换发动机机油的操作。
2. 汽车常用的运行材料有哪些？
3. 以丰田卡罗拉在夏季行驶为例，汽车运行材料应如何选用？

### 任务评测

| | 检测项目 | 评分标准 | 分值 | 学生自评 | 教师评估 |
|---|---|---|---|---|---|
| 任务知识内容 | 汽油的牌号与性能 | 要求会讲述 | 5 | | |
| | 柴油的牌号与性能 | 要求会描述 | 5 | | |
| | 车用燃油选用依据 | 简单讲述车用燃油选择原则 | 5 | | |
| | 机油作用的掌握 | 要求会描述 | 5 | | |
| | 机油的分类 | 要求会描述 | 5 | | |
| | 机油的选用原则 | 简单讲述机油选择原则 | 5 | | |
| | 齿轮油的了解 | 要求会描述 | 5 | | |
| | 制动液的了解 | 要求会描述 | 5 | | |
| | 防冻液的了解 | 要求会描述 | 5 | | |
| 任务操作技能 | 车辆的举升 | 按规定要求会规范操作 | 10 | | |
| | 排放机油 | 按规定要求会规范操作 | 10 | | |
| | 加入适量机油 | 按规定要求会规范操作 | 15 | | |
| | 检查机油油面高度 | 按规定要求会规范操作 | 5 | | |
| | 安全操作 | 操作中严格遵守安全守则 | 10 | | |
| | "5S"规范 | 操作中执行"5S"规范 | 5 | | |

### 知识拓展

#### 新型燃料汽车介绍专题——氢汽车

2004 年 9 月 20 日，法国 Marseille Hysun 3000 燃料电池车（见图 13-7）从柏林行驶到巴塞罗那仅仅用了 2kg 的氢燃料，创造了一个新的世界纪录。从来没有过汽车仅仅使用氢燃料跑过这么远的路程。这种低消耗折合每 100km 使用 0.2L 燃料。Hysun 汽车的核心部分是一个质子交换膜燃料电池。在这里，氢和氧发生反应生成水，这种反映产生的能量驱动电动机。当制动的时候，电动机相当于发电机，同时对电容器进行控制。对于这种三轮车来说，它的空气阻力仅仅是普通轿车的一半。不算驾驶员和氢燃料，车的质量为 120kg，最大的时速为 80km/h，平时巡游的时速为 38km/h。随着世界第一辆氢汽车的诞生，人们开始密切关注氢汽车的发展和氢汽车的相关知识，由于氢汽车是最清洁、最环保的汽车，科学家也格外青睐氢汽车，对氢汽车的研究已经有很多很多，也取得了较多可喜的成果。

图 13-7  氢汽车

氢汽车是以氢为主要能量进行移动的汽车。一般的内燃机，通常注入柴油或汽油，氢汽车则改为使用气体氢。燃料电池和电动机会取代一般的发动机，即氢燃料电池的原理是把氢输入燃料电池中，氢原子的电子被质子交换膜阻隔，通过外电路从负极传导到正极，成为电能驱动电动机；质子却可以通过质子交换膜与氧化合为纯净的水雾排出。这样有效减少了其他燃油的汽车造成的空气污染问题，高速车辆、巴士、潜水艇和火箭已经在不同形式的使用氢。另一方面能源从来都是个问题，近年来，国际上以氢为燃料的"燃料电池发动机"技术取得重大突破，而"燃料电池汽车"已成为推动"氢经济"的发动机。科学家们发现汽油燃烧后会放出二氧化碳，这样下去会对环境造成污染。就设想用另一种燃料来代替汽油，科学家们经过多次实验，终于发现氢气可以代替汽油。用氢气作燃料有许多优点，首先是干净卫生，氢气燃烧后的产物是水，不会污染环境，其次是氢气在燃烧时比汽油的发热量高。提取氢有多种方法，但目前都不太可能大规模推广。从水中提取氢要消耗大量能量，成本很高。氢还可以从天然气中制取，但天然气目前越来越短缺。从煤中制取氢，又产生温室气体二氧化碳。还有种办法是用甲醇或植物性物质制氢，壳牌公司目前正研究如何用甲醇制氢。

今年1月世界上最环保的氢气燃料汽车在英国伦敦投入运行。中国也正在发展和使用氢汽车。上海汽车工业总公司与美国通用最近披露，双方计划从2005年第一季度开始，进行为期两年的燃料电池示范运行。另外，戴姆勒-克莱斯勒公司也表示，计划明年在北京测试三种氢燃料电池公共汽车。业界很多人士认为，氢汽车技术出现时间并不长，中国的氢汽车技术与美国和日本这样的氢汽车研制水平高的国家之间也没有不可逾越的鸿沟。事实上，随着中国汽车工业与先进汽车生产国之间的合作日益密切，中国的氢汽车技术正在迎头赶上，氢汽车在中国的使用甚至可以与世界同步。

## 项目小结

1）通过更换发动机机油的实际操作，掌握车用机油的作用、分类、性能指标及选用的依据。

2）通过对汽车运行材料的介绍，了解汽车运行材料的种类、性能、牌号、选用依据以及使用中的注意事项。

## 思考与练习

1. 判断题。

（1）更换发动机润滑油时必须同时更换润滑油滤清器。（　　）

（2）机油牌号中 10W/30 这种形式称为多级机油，只能夏季使用。（　　）

（3）在车速不高的平原地区，除冬季外，可选 JG0 级的制动液。（　　）

（4）冷却液是由水、防冻剂、添加剂三部分组成。（　　）

（5）汽油的抗爆性用辛烷值评定，汽油的牌号越高，辛烷值越低，其抗爆性就越差。（　　）

2. 选择题。

（1）0 号轻柴油的凝点不高于（　　）。

　　A. 10℃　　　　B. 0℃　　　　C. 5℃　　　　D. −10℃

（2）根据车辆使用地区冬季的最低温度来选用防冻液的牌号，选用的防冻液冰点应比最低温度低（　　）。

　　A. 5～10℃　　　B. 0～5℃　　　C. 10～15℃

（3）汽车常用润滑脂的品种有（　　）、钠基润滑脂、锂基润滑脂、极压复合锂基润滑脂和石墨钙基润滑脂等。

　　A. 钛基润滑脂　　B. 锌基润滑脂　　C. 钙基润滑脂　　D. 钾基润滑脂

(4) 根据制动液的组成和特性，一般分为醇型、醇醚型、（    ）、矿油型和硅油型 5 种。

    A. 酒精型        B. 脂型        C. 酚型        D、醛型

(5) 排放液压制动管路内的空气应按（    ）的原则，对各缸依次进行放气作业。

    A、由近及远             B、由远及近

    C、先左侧车轮，后右侧车轮        D、先右侧车轮，后左侧车轮

# 参 考 文 献

陈海明，高建平. 2007. 汽车机械常识. 上海：复旦大学出版社

冯学敦. 2008. 汽车机械基础. 武汉：华中科技大学出版社

李世维. 2006. 机械基础. 北京：高等教育出版社

王幼龙. 2005. 机械制图. 北京：高等教育出版社

尹万建. 2006. 汽车机械基础. 北京：中央广播电视大学出版社